文庫

スーザン・ストレンジ
小林襄治［訳］

カジノ資本主義

岩波書店

CASINO CAPITALISM
by Susan Strange

First published 1986 by Blackwell Publishing Ltd., Oxford.

First Japanese edition published 1988,
this paperback edition published 2007
by Iwanami Shoten, Publishers, Tokyo
by arrangement with
Manchester University Press, Manchester.

謝　辞

本書を執筆できたのは筆者を助けてくれた多くの人々のおかげである。謝辞はその恩恵から免責されるためでなく、それを確認するためである。執筆に専念できる学問研究の場所と資金を見つけてくれた人々と、また、本書の一部を読んで有益なコメントをしてくれた友人や同僚たちに感謝したい。

ジョン・スタインブリュンナーは、ワシントンのブルッキングス研究所の素晴らしい施設を夏学期の間提供してくれ、英国社会経済研究協議会のファンドをつけてくれた。ワーナー・マイホファーとマルチェロ・デ・チェッコはサン・ドメニコ・ディ・フィエゾレのヨーロッパ大学研究所を二カ月間利用させてくれた。ハーラン・クリーブランドとボブ・キュードルは一九八三年四、五月にミネソタ大学ヒューバート・ハンフリー研究所での仕事に協力してくれた。ここで筆者は教壇に立つかたわら、この仕事を進捗させることができた。最後に、一九八四年には，ブルース・ミラーがキャンベラのオーストラリア国立大学で行政事務と日々の雑用に煩わされないように取り計らってくれた。

コメントについては、筆者は特別のお願いをして皆の協力を得た。本書の第三章に収められた、一九七四—八四年の「世界経済をめぐるさまざまな解釈」のサーベイの最初の原稿は、英国社会経済研究協議会が資金提供したLSD(ロンドン大学政治経済学部)とチャタム・ハウス(王立国際問題研究所)の共同プロジェクト「一九七〇年代の国際通貨関係」への私の長文の寄稿であった。そのプロジェクトはツーカリス教授がチャタム・ハウスから積極的に指導したものである。教授は評論集『国際通貨関係の政治学——新しい経済秩序を求めて』(Sage, 1985)の編者である。ルーカス・ツーカリス、デイビッド・カレオ、ジェリー・デイビス、ラッド・ホリスト、ボブ・コックス、ボブ・コヘイン、ゴータム・セン、ジェフ・フリーデン、ジョン・バレット、ウォルフガング・デッカーズからは有益な助言をいただいた。

本書の残りについては、三人の評論家の批判に多くを負うている。私の夫クリフォード・セリー、友人フランセス・ピンター、出版社のルネ・オリビエリである。残されている誤りはすべて私のものである。最後に、調査を助け、秘書の仕事をしてくれたニレシュ・ダッタニ、アート・キルゴア、ヒラリー・パーカーとパム・ハジズの勤勉さ、およびアンナ・モーガンとリズ・レズリの助力に謝辞を呈したい。

目　次

第1章　カジノ資本主義

西側世界の金融システムは急速に巨大なカジノ以外の何物でもなくなりつつある。毎日ゲームが繰り広げられ、想像できないほど多額のお金がつぎ込まれている。夜になると、ゲームは地球の反対側に移動する。世界のすべての大都市にタワーのようにそびえ立つオフィス・ビル街の部屋部屋は、たて続けにタバコに火をつけながらゲームにふけっている若者でいっぱいである。彼らの目は、値段が変わるたびに点滅するコンピュータ・スクリーンにじっと注がれている。彼らは国際電話や電子機器を叩きながらゲームを行っている。彼らは、ルーレットの円盤の上の銀の玉がかちっと音をたてて回転するのをながめながら、赤か黒へ、奇数か偶数へ自分のチップを置いて遊んでいるカジノのギャンブラーに非常に似ている。

カジノと同じように、今日の金融界の中枢ではゲームの選択ができる。ルーレット、ブラックジャックやポーカーの代わりに、ディーリング〔売買〕――外国為替やその変種、政府証券、債券、株式の売買――が行われている。これらの市場では先物を売買したり、オプションあるいは他のあらゆる種類の難解な金融新商品を売ったり買ったりすることで将来に賭をできる。遊び人の中では、特に銀行が非常に多額の賭をしている。きわめて小口の相場師も数多くいる。アドバイスを売っている予想屋も、騙されやすい一般投資家をねらうセールスマンもいる。この世界的な金融カジノの元締めが大銀行と大ブローカーである。彼らは、いわば、「会社のために」プレーしている。しかし、長期的には、最もよい生活をするのは彼らである。

現代の銀行員やディーラーは、昔の人が考える金融の世界や典型的銀行とは全く別の世界で働いている全く別の人間であるかのように見える。銀行員は、威厳のある顔をして、控えめな濃紺の細い縦縞のスーツを着た、用心深くて慎重で、顧客の預金の守護者であるという世間の評判を気にしている、誠実で落ちついた人物である、と考えられてきた。しかし、国際金融システムを賭博場と非常に似たものにしてしまった、何か根本的で深刻な事態が起きたのである。それがいかにして生じたのかは明らかでない。

確かなことは、それがすべての者に影響を及ぼしていることである。自由に出入りができるふつうのカジノと、金融中枢の世界的カジノとの間の大きな違いは、後者では我々のすべてが心ならずもその日のゲームに巻き込まれていることである。通貨価値の変動は農民の農作物の価値を収穫前に半減させてしまうかもしれないし、輸出業者を失業させてしまうかもしれない。金利の上昇は小売商の在庫保有コストを致命的なまでに引き上げてしまうかもしれない。金融的利害に基づいて行われるテークオーバー〔企業買収〕が工場労働者から仕事を奪ってしまうかもしれない。大金融センターのオフィス街のカジノで進められていることが、新卒者から年金受領者まですべての人々の生活に、突然で予期できない、しかも避けられない影響を与えてしまうのである。金融カジノでは誰もが「双六」ゲームにふけっている。サイコロの目がうまくそろって突然に好運をもたらすか、あるいは振り出しに戻してしまうかは、運がよいかどうかの問題である。

このことは深刻な結果をもたらさざるを得ない。将来何が起きるかは全くの運によって左右されるようになり、熟練や努力、創意、決断、勤勉がだんだん評価されなくなる。そうなると社会体制や政治体制への信念や信頼が急速に消えていく。自由な民主社会が最終的に依拠している倫理的価値への尊敬が薄らいでいく危険な兆候が生じる。健康や愛、天災、遺伝などはこれまでも運が支配してきたが、まったく新しい予期できない方向からも運が襲ってくる時、人々に精神的変化が引き起こされる。今や、運が、怠惰や無能と同じように仕事を奪うかもしれない。多かれ少なかれ安定的で信頼できるものとみなされていた金利や商品価格やその他の要素が予期できない変化をとげる時、運が一生涯の貯金を台無しにしたり、海外での休日を倍増したり半減したり、あるいは事業を破産に追い込んでしまうかもしれない。偶然に左右されるルーレット円盤がどのように回転し、どこで止まるのかを知るのは非常に難しいので、正しい決定を下すために努力することもだんだん無意味に思われる。赤と黒への賭も同様に不確実な結果をもたらす。こうしたわけで、不確実性の増大が、ほとんどの場合は自発的にでないにしても、我々のすべてを賭博常習者にしてしまっている――筆者はこのように考えている。

現代社会は、ただでさえいささか不公平になったシステムだというのに、その上不運によって傷つきやすくなっているというのでは、まったく平等とかけ離れた事態である。不運のショックを和らげたり、自らを守る方法を発見できる者もいるが、できない者もいる。かつては多様な要因によるものと納得されていた不運が、突然ずっと痛切に感じられ、不平等に対する恨みも深くなる。運によって左右される領域が大きくなりすぎ、システムが非常に恣意的で不平等に運営されているように思われる。こうなると欲求不満や怒りが強まり、いっそう暴力的に表現されるようになる。

このことが個人にとって真実であるならば、大企業にとっても各国の政府にとっても真実である。野党も含めた政治指導者は、自分たちが依然として自国の経済をコントロールしており、自分達の政策が失業を減らし、経済成長を復活させ、繁栄を取り戻し、将来における投資を促進させる力をもっている、と主張している。しかし最近では、政治家の計画が、予想もしなかった国外での変化によってくつがえされるのを我々は再三見せられている。ドルは弱くなったり、強くなりすぎたりした。金利が高くなり、対外債務の元利支払いの負担をあまりにも重くした。銀行は突然その国へこれ以上融資しないと決定した。石油価格は突然に上昇し、そして下がった。一国の輸出所得を左右する商品の価格も、主要消費国の経済が景気後退に入ったために下落した。金融の世界を支配している不確実性は、個人の生活ばかりでなく、政府や国の運命にも、そして遅かれ早かれ国と国との間の関係にも拡がっていく。この拡散は、五〇年あまり前に、一九二九年大恐慌の後にも生じた。今また、この不確実性が世界市場経済に劇的な恐慌あるいは、もっとありそうなことに、手に負えない慢性の病をもたらすかどうかは、経済学者ばかりでなく一般の人々にとっても関心のあることに違いない。

混　乱

新聞等の見出しや今現在の動向からやや離れて見るなら、我々は二つのことを観察できるであろう。一つは、現在の混乱をもたらしている変化は、ほぼこの一五年間という短い間に急速に生じたことである。もう一つは、この変化が世界経済の機能を司る基軸価格のいくつかに同時に影響を及ぼしていることである。基軸価格はすべて同じ時期にますます不安定になっている。各国の経済体制を相互に結び付けている外国為替市場における通貨の価格すなわち為替相場、貨幣タームでみた財貨一般の価格の上昇つまりインフレ率、すべての財貨とサービスの生産にとっての重要な要素である信用の価格すなわち利子率、すべての機械的生産と財貨の輸送が依存しているもう一つの重要投入物である石油の価格、これらすべてが不安定になっている。それぞれの価格の不確実性が他の価格の不確実性と変動性を大きくした。それらを相互に結び付けている共通の要素が国際金融システムである。国際金融システムは、それがひとたび混乱すると、次から次へ拡がっていく伝染病のように国際政治経済を悩ますさまざまな諸問題を生じさせる根幹なのである。

新聞、テレビ、多くの書籍とパンフレットのおかげで誰もがこれらの問題をよく知っている。第一に、最もよく知られ理解されているのが発展途上国債務問題である。すなわち、余りにも多額の資金が、貸付が停止されると債権者ともども困難に陥るような条件で貸し出されたのである。これが第二の問題、一九七〇年代後半の世界経済全体の低成長と一九八〇年代の景気後退の問題に関係している。そして銀行システムの不安定が第三の問題である。しかしこの不安定は債務国に限られた問題ではない。銀行に対する法人企業の債務も巨大であり、低成長が続くと、信頼できる最後の貸し手〔金融危機に際して銀行システムの崩壊を避けるために必要な貸出しを行う中央銀行の役割〕が不在の場合に、途上国債務と同じように問題となるかもしれない。第四に石油価格の不確実性を付け加えることができよう。

これは生産者にとっても消費者にとっても重大な問題であり、中東における主要産油国だけに限らず多くの国の国際収支にとっても決定的要因である。中東地域は国内的にも国際的にも、経済的および政治的不安定によって二重に苦しめられている。以上の問題はすべて主として経済的な問題として認識されている。しかし、これらに劣らず大きな第五の問題がある。国際政治情勢の脆弱さ、ソ連とアメリカの間の不安定な均衡、アメリカとヨーロッパの間の心配な同盟関係である。これらの問題にさえ、金融の混乱と不確実性がなんらかの原因となって影響している。そしてそのどちらもが、世界中の銀行の外国為替ディーリング・ルームにあるコンピュータ・スクリーンの上で点滅しているドルの強さや弱さに影響しているし、逆にまた影響を及ぼされている。

後に議論するように、これらの問題はすべて相互に結び付いており、そのすべてに共通の要因として金融的不確実性があり、巨大金融カジノのテーブルの上で繰り広げられるゲーム遊びの影響を受けやすいという弱さがある。とすれば、その共通項に注意を払えばどの問題もきっと容易に解決されるに違いない。これは十分条件ではないかもしれないが、必要条件であることはほぼまちがいない。金融の確実性と安定性を取り戻すことが各々の問題にとっての助けとなれば、他の問題の解決もずっと容易になるであろう。

しかし、問題の解決を検討する前に、国際金融システムの腐朽がいつ、いかにして始まったのかを尋ねなければならない。多くの政治的、経済的反作用をともなったこの急速な変化は本当はいつ始まったのであろうか。いかにしてそれは始まったのであろうか。この多重の混乱がいかに発展してきたかを振り返り、検討してみることによってしか、問題を根本的に解決することはできないのである。

いかにして始まったのか

一九七三年が、悠長な一九六〇年代からせわしく上下するヨーヨーのような一九七〇、八〇年代へと、雪ダルマがころがるように変化にはずみがつき始めた転換点である。一九七三年はまた、いくつかの大きな変化が同時に起きた年としてもきわ立っている。ドルの実質的な切下げと為替レートの決定を市場へまかせるという決定がなされた年である。これは変動相場〔フロート〕制への移行としても知られているが、フロートという表現はそれほど適当な表現ではない。なぜならあるものは上昇し、他のものが下降するからである。一九七三年はまた、石油価格の最初の大幅な上昇の年であり、これに続いて、貧しい国々（および一部の先進国）が経済発展と経常消費をファイナンスするために銀行へ大きく依存するようになる年でもあった。これらの変化の各々が、それぞれの方法でシステムの不確実性を増大させることになる。

このことがどのようにして生じたのかを見るために、国際通貨関係の歴史を少し思い出すことが役に立つであろう。そうすればまた、一九七三年であるとか、何月何日であるとかを何故いささか恣意的に転換点として選んだかが明らかになる。ここで言えることはただ、国際通貨システムが安定的な時期から非常に不安定な時期へ移行したので、その年が一種のギア・チェンジを記しているかのように見えることである。

国際通貨システムにある破れ目や弱点は一五年も前に発見されていた。すでにその時点で、戦争中にブレトン・ウッズでアメリカとその他の国々の間で合意されたルールと取り決めが、計画されたようにはうまく作動しないことが明らかとなっていた。すべての国に同一のルールが適用される公平なシステムの代わりに、極端に非対称的なシステムが発展していた。アメリカの国際収支の持続的な赤字が、アメリカの貿易相手国によるドル保有の増大によって釣り合わされていたのである。これらのドル準備が、一九四五年にイギリスが抱いたような、輸入の支払いのための貨幣が尽きてしまうかもしれないという他の国々の心配を和らげていた。貿易は復活した。しかし、とくにヨーロッパにおいて蓄積されたドルは、投資をファイナンスするのに役立ったけれども、まもなく、アメリカの非常に巨額の金準備を追い越してしまった。アメリカはドルを戦前の固定価格で金と交換することを約束していたので、ヨーロッパやその他の国々がドルをアメリカの「借用証」として保有することが、国際通貨システムの本質的構成要素となった。この「過剰ドル」に内在する危険は早くも一九五八年にアメリカではR・トリフィン教授によって(Triffin, 1960)、またフランスではJ・リュエフ教授によって(Rueff, 1971)指摘されていた。この分析はフランスと他のヨーロッパ諸国の政府によって取り上げられ、これら政府は(いささか両義的に)繁栄の拡大を享受することを望むとともに、各国がアメリカ(およびイギリス)の通貨を「借用証」の準備として保有することからアメリカに特権が生じることに不平を述べるようになった。不公平な国際通貨システムだというのである。これはドゴール将軍が「法外な特権」と呼んだものであり、財貨とサービスの輸出によってでなく「借用証」で請求書、とりわけ国防支出に対する勘定書を支払えることを意味した。

一九六〇年代が進むにつれて、国際金融・資本市場が拡大し、貨幣はますます国境を超えて移動するようになった。これにシステムの欠陥についての各国政府の間での政治的不一致などの圧力が絡み合って、国際通貨システムの破れ目が拡大し、きしみ始めた。破れ目には、金プールや、緊急の場合に外国通貨を加盟国へ貸し出すためにブレトン・ウッズで設立された国際通貨基金(IMF)の資力を増加させるための一般借入協定(GAB)などの一時的手段でつぎが当てられた。外国人によるニューヨークでの借入によって国際収支の赤字がいっそう悪化するのを抑えるため、アメリカは外国人の借入に対して課税した。しかし、そうすることはアメリカの銀行を海外へおもむかせ、ユーロドル信用のための新生のロンドン市場の成長を促すことになってしまった。政治的不一致は続いたが、若干の妥協も成立した。たとえば、一九六八年のストックホルムにおける合意であり、これによってIMFは特別引出権(SDR)を発行できるようになった。SDRは、各国政府が準備として保有できる資産としてのドルに取って代わるものでなく、ドルを補完するものである。

一九六〇年代後半になってさえ、国際通貨システムの緊張は、主としてドイツマルク(一九六九年切上げ)のようなヨーロッパの強い通貨と、ポンド(一九六七年切下げ)やフランスフラン(一九六九年切下げ)のようなヨーロッパの弱い通貨を悩ましているように思えた。しかし最終的にはその緊張はアメリカ経済にも影響を与えた。ジョンソン大統領は、ベトナム戦争で多額の支出をしながらドルの為替相場を維持するために、デフレ的国内金融引締め政策と高金利に頼るようになった。これが貿易収支の悪化を緩和するのにいく分か役立った。

ジョンソン大統領が外国為替市場はドルを投機的な圧力の下にさらす敵であるとみなしていたのに対して、知恵をつけられたニクソン大統領、キッシンジャー国務長官、コナリー財務長官らは、市場を味方として使うことができるとみなした。すなわちアメリカは他の国々が抵抗したり、対抗したりできないようにドルの切下げを進めるために市場を利用するのである。一九七一年八月のニクソン大統領によるブレトン・ウッズ体制の一方的破棄は、金の窓口を閉鎖し(アメリカはドルの「借用証」をこれ以上アメリカの金準備と交換することを拒否した)、ドルが他の国との固定為替相場から離れて下がって行くことを許容した。

これが一九七三年における固定為替相場制の永久的放棄の決定へ向かう第一歩であった。それまでの間に、一九七一年一二月のスミソニアン協定があり、これによってドルに対する日本円やドイツマルクの相場が交渉で再調整された。しかし、インフレの継続と、ドルの将来価値の不確実性によって引き起こされた商品ブームとが、まず最初にポンドを固定相場取り決めから引き離し、ついでヨーロッパ諸国の通貨の為替相場を相互に安定的に維持しようとする最初の試み、すなわち「トンネルの中の蛇」と呼ばれた共同フロートをぶち壊した。通貨市場における動乱は最終的にはアメリカの思い切った措置を余儀なくさせ、政府でなく市場が、一ドルとどれだけのポンドや円やマルクが交換されるのかを決定するようにさせるのであった。

変動相場の効果

簡単なものであっても、現在の時点にいたるまでの事件を記録しておくことは、なによりも、変動為替相場についての約束と実際のパフォーマンスとの間にどんな大きな開きがあるかを見るために重要である。アメリカの経済学者の大半は、変動相場への移行によって以前の五年間の不安と混乱に満ちた通貨危機は終焉するであろうと約束し、保証した。すなわち変動相場では「外貨準備の代わりに為替相場が緊張を引き受ける。したがって政府は何も悩む必要がない。市場は各国のコスト、物価(インフレ率)とその貿易相手国におけるそれらとの間の適切な関係を徐々に反映するにちがいない。為替相場の暴力的なシフトはもはや必要ではないであろう」と。

これが理論であり、約束であった。しかし実際は非常に違ったものとなった。変動相場、言い換えると政府が市場への介入をやめることは、市場の変動性を減らすどころか増やしているのである。

ほんの五年ばかりの変動相場の試みの後で、主要国の国際収支の黒字と赤字のいずれもが、小さくなるどころかいっそう大きくなっていることが明らかとなった。自由な通貨市場の見えざる手はどういうわけか機能しなかった。固定相場の下で最大の黒字を抱えていた国、日本、西ドイツ、スイス、オランダおよびベルギーは、一九七八年には以前の二倍もの黒字となっていた。五カ国の黒字の合計は一九七二―七三年の平均で九〇億ドルであったが、一九七七年には一八〇億ドルに達していた。赤字国のアメリカ、イギリス、フランス、イタリアおよびカナダは、市場がこれらの国の通貨を切り下げていたにもかかわらず、以前の三倍以上もの赤字を出していた(Triffin, 1979)。したがって、変動相場制の下で外貨準備の必要は減少するどころか、どの国も赤字の拡大の可能性に対処するために、いっそう多くの外貨準備を必要としたのであった。

より多くの外貨準備が必要となったということは、もちろん、アメリカには当てはまらない。一九六〇年代に機能していた金・ドル体制に代わる、今や事実上の紙幣ドル体制とでもいうべき体制における最高準備通貨国として、アメリカのドル準備は無限であった。またアメリカの経済は、ヨーロッパと比べて為替相場の変動に対してそれほど傷つき易くはなかった。ヨーロッパはアメリカ以上に貿易を行っているだけでなく、その貿易の多くは同じヨーロッパの国を相手方として行っていた。ヨーロッパは、変動相場が通貨を強い通貨と弱い通貨へ二極分解しながら、極端にまで押しやる傾向にあることに気がついた。特に一九七六年以降、ドルが弱くなったので、自由に移動する資金はドイツマルクやスイスフランに流入し、これらの為替相場を赤字国イギリス、フランス、イタリアの通貨に対してかつてないほど引き上げた(Fabra, 1978)。為替相場の年々の変動は、七〇年代には六〇年代のほぼ二倍も大きくなっていた(Vaubel, 1978)。

その上、将来の為替相場の不確実性が強まり、外貨準備を保有する必要も増えたので、準備として何を保有するべきか、金、ドル、ドイツマルク、それともその他の資産なのかという問題が残っていた。アメリカは、七〇年代半ばに、ドル防衛のために金排斥キャンペーンを展開し、中央銀行による公式の金売買価格を最初は元の一オンス三五ドルに、それから一九七九年にいたるまで一オンス四二ドルに維持した。一九七九年には、ドルの弱化に対応して民間の金価格が公式売買価格から離れ(1)、この時いくつかの政府が保有金の再評価を決定した。この金排斥キャンペーンは大量の金準備を獲得する機会が限られていることを意味した。それ故に、外貨準備の増大の大半は外国為替であった。すなわち、一九七八年までの二〇年間に増加した外貨準備二五〇〇億ドル以上のうち二九〇〇億ドルを除けばそのすべてが外国為替であった。民間のオペレーターだけでなく政府までが為替選好を変える可能性が生じ、外国為替市場の不安定性は強まった。

公的および民間の財務マネージャーによる外国為替市場への通貨の出し入れの動きが激しくなったことは、変動相場への移行期にだけ特徴的な一度限りの現象でなかったことも付け加えなければならない。それは段々と激しくなっていった。ゲームへの参加者が増えれば増えるほど、市場の変動性もそれだけ大きくなる。そして変動性が大きければ大きいほど、そこに引き寄せられてくる新規の参加者も増え、為替相場の変動によって影響を受ける者が市場の外にとどまっていることはそれだけ難しくなる。ニューヨーク連邦準備銀行は一九七七年のニューヨーク外国為替市場における一日の外国為替売買高はほぼ一〇〇億ドルから一二〇億ドルの間であると推定した。三年後にその推定は約二五〇億ドルとなり、その売買の九割が銀行によるものであった。同じ期間、一九七七―八〇年の間に、ニューヨークにおける先物為替の売買高は一日三五億ドルから一日一〇八億ドルへと増大した(Blin, 1981)。グループ・オブ・サーティ〔三一四頁参照〕による推定では、一九八〇年のロンドンの外国為替市場における一日の売買高の数字はニューヨークの二倍であり、一九八五年までには倍増して四五〇億ドルに達した。全世界では一九八五年の一日当り外国為替売買高は約一五〇〇億ドルに達すると推定されている。

外国為替市場における売買高の本当に革命的な拡大、国際貿易の伸びによって説明できる限界をはるかに超えた拡大の理由は明らかである。これこそが、大都市にタワーのようにそびえ立つビル街の部屋でタバコにたて続けに火をつけている若者がどんなにモーレツな活動をしているのかを物語っている。

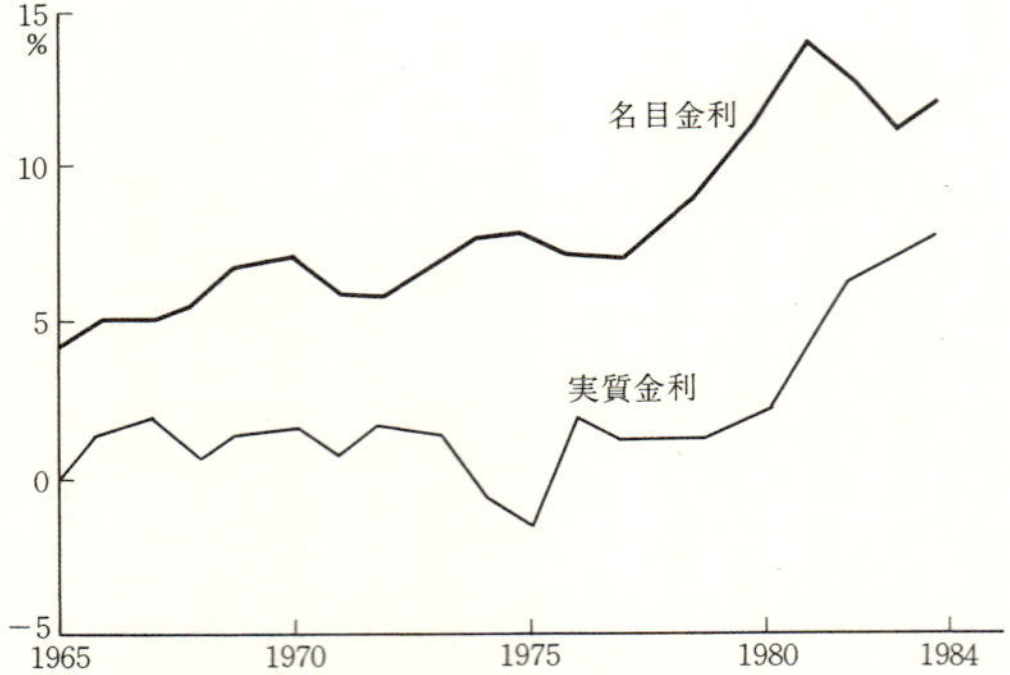

［出典］ *World Development Report*, 1985, p. 5.
年データは四半期データの平均による．

図 1-1 アメリカの長期金利（1965-84 年）

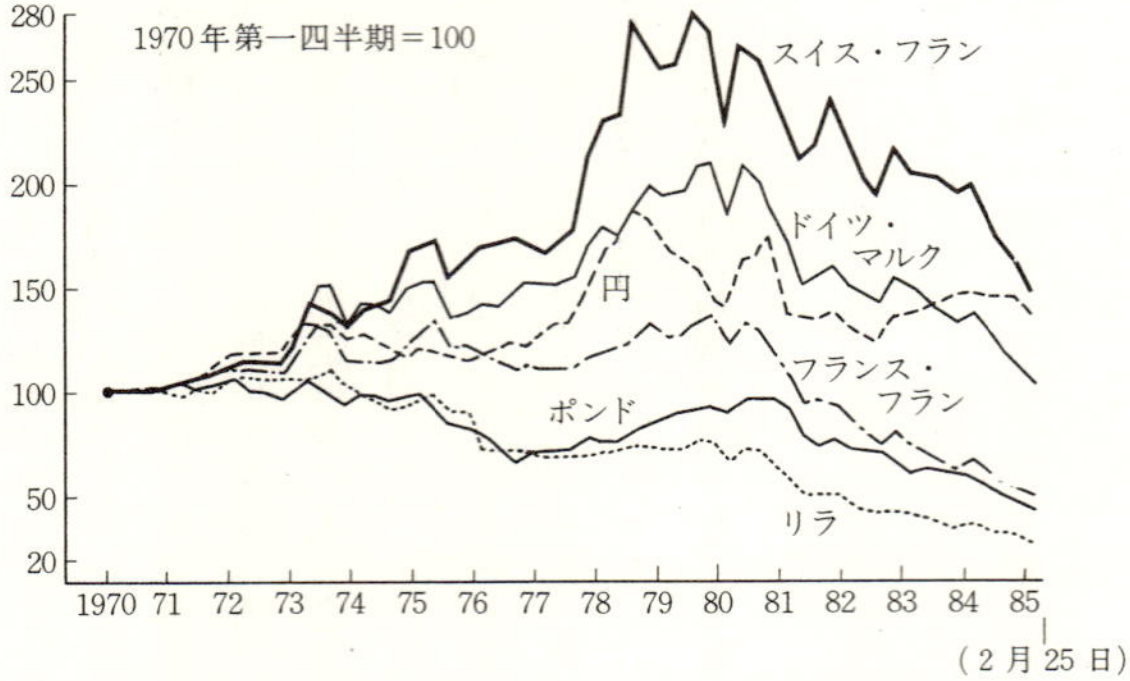

［出典］ *The Economist*, 16 March, 1985(原資料は IMF/OECD)．

図 1-2 主要国通貨の対ドル為替相場

固定為替相場制の下でも、企業の財務マネージャーは、外国通貨で負っている債務や金融資産の金利格差の将来の変化に備えるために、外国為替先物市場を利用するであろう。特定の為替相場の変動が予想される時、予想される変化の方向にしたがって為替を売買することで投機に加わる誘因が存在した(より一般的には、為替の支払いを早くしたり、遅らせたりする「リーズ・アンド・ラグズ」)。しかし大方は、中央銀行が責任をもって固定相場を維持したので、財務マネージャーは為替相場の日々の変動に悩む必要から解放されていた。

変動ないし弾力的為替相場制の下では、企業はドルの他の通貨に対する為替相場の日々の変動に対処しなければならない。中央銀行が為替相場の変動を抑えるために外貨準備を使って介入するコストは、現在民間企業部門が負担している通貨ヘッジのコストよりも全体ではるかに小さいであろう。しかも、通貨ヘッジは銀行の利潤を増やし、事業の生産的な側面よりも金融的側面に重要性を向けるようにしてしまった。

確実なことは、コストが公的部門から民間部門へ、それから最終的には消費者へシフトしたことであった。変動為替相場の下では、企業の銀行口座に出たり入ったりするさまざまな国の通貨ごとの収支が不釣り合いになるのは避けられない。このため財務マネージャーは、将来の予算を立てるために、予想される受取りが今日の為替相場で計算されるものより少なくなったり、予想される支払いが同じ理由から増えたりすることのないように、企業の口座を防衛したり、カバーし〔保険をかけ〕たりしなければならない。財務マネージャーは、先物で外貨を買い、同額を短期金融市場へ、あるいはユーロカレンシー市場へ投資することで、カバーすることができる。銀行は通常は夜を越して外貨ポジションを「開けておく」、つまり不均衡のままにしておくことをしないので、企業が銀行へ与えるそのための指示は、反対方向の取引によって相殺されなければならない。企業のヘッジ取引に釣り合わせ、帳簿をスクウェア〔外国為替の売りと買いの持高差をゼロ〕にするために、銀行はさまざまな通貨で預金をスワップする必要がある。このことが前述の銀行間市場の成長と規模の拡大の主たる理由である。先物為替の価格（通貨のスポット〔現物〕価値に対するプレミアムないしディスカウント）は、さまざまな通貨のユーロカレンシー預金に対して提供される金利格差にしたがって、銀行間市場での取引で決められる。これが外国為替市場を短期信用市場と、すなわち為替相場を金利と結びつける環である。為替相場の変動性が増大したので、ユーロカレンシー市場は、貿易収支の変化であれ、政治的事件であれ、特定の通貨にとって市場でプラスないしマイナスとみなされる影響を、つまり為替相場に及ぼすあらゆる出来事を信用市場へ即座に伝達する径路となっている。この伝達のための必要条件は、銀行が、自己や他者の過去の経験に照らして外国為替でリスクを取ろうとしないこと、および国際的事業、輸出業者や輸入業者がそのようなリスクから自らを守る必要である(Moffitt, 1982 ; Mendelsohn, 1980 ; Lever and Huhne, 1985 ; Sampson, 1981 ; Versluysen, 1981 and many others)。

この必要は国際貿易の成長と、いわゆる「多国籍」企業、より正確には超国籍企業による生産の国際化から生じたものであった。しかし、ここにもまた循環性がある。企業が気づいているように、先物市場が与える保証はほんの限られたものでしかない。企業はさまざまな国におけるさまざまな通貨でのキャッシュフロー・ポジション、利潤と損失、投資および売上高の変化に悩んでいる。しかし、証券取引所における株式相場と期末における連結貸借対照表はひとつの通貨で計算されなければならない。それ故に、貸借対照表が「本当」の損失でなく、ある特定の取引の評価を別の通貨で測ったことによる「損失」を示すことがある。財務マネージャーにはこの種のリスクに対処し、批判を避けるための逃げ道を見出そうとする長期的誘因がある。したがってマネージャーは企業の資産と負債をできる限り分散しようとする。現地でファイナンスする、すなわち地元の銀行から借りたり、さらには、たとえばユーロ転換社債でファイナンスし、リスクの一部を引き受けてくれる現地の株主をしばしば獲得しようとする。実際、企業活動の地理的分散は合理的な長期的ヘッジ戦略である。要するに、為替相場の変動は、多国籍企業にとってのリスクを高め、そのことが多国籍企業をさらに「多国籍」にしたのである。しかし、このような長期的な戦略は、為替相場リスクに対するヘッジの短期的必要を増やし、したがって金融カジノにおける取引量を一段と増大させることになっている。

いうまでもないが、とくにドルと他の主要通貨との間での為替相場の変動は変わり身の早い多国籍企業にとって以上に発展途上国にとってのリスクを増やした。少なくとも超国籍企業は多様な生産物を有し、多くの国で営業し、問題に対処するための高給の有能な税務アドバイザーと財務マネージャーの隊列を有している。発展途上国にはそのような十分な便宜は与えられていない。加えて、すべての途上国にとって別の問題がある。一九七一年以降、発展途上国は多くの為替相場戦略の中から自国通貨のための戦略を選択しなければならなくなった。メキシコのようにドルにペッグ〔釘づけ、すなわち固定〕したり、セネガルのようにフランにペッグしたり、SDRなどの通貨バスケット〔何種類かの通貨を組み合わせてつくられる合成通貨〕にペッグすることができた。あるいはその決定を市場にまかせることもできた。(2) しかし、各ペッグの間での相場は変化するので、ペッグした国の一部は明らかに誤った選択をしたのであった。さらに、一次産品の輸出収入の価値は、ドルの変動によって、時にはポンドの変動によって、大きく影響されるようになった(Stewart, 1981)。たとえば、ある発展途上国の金融的運命は、ドルが上昇し、ドイツマルクが下落するときに、もしその通貨がドルにペッグし、輸出はドル建ての一次産品であるのに、輸入はドイツからやってきて、債務も主としてドイツの銀行からドイツマルクで借りているとすれば、一年間で驚くほど良くなるであろう。しかし、為替相場の反対方向への変化は、まったく逆の効果をもたらすのである。

金利の変動性

一九七〇年代半ば以降、為替市場は、貨幣を借りる際の価格、つまり利子が著しく変動するようになったので、一層不安定になった。

一九三〇年代から一九六〇年代半ばまで、工業国における金利水準は、この時期に世界大戦があり、続いてすぐに長期の冷戦があったことを考えると、驚くほど低い水準にとどまっていた。国防予算はスウェーデンのような中立国家でさえ巨額であり、ヨーロッパでは社会福祉計画の上に防衛予算が重なったので、国民所得のうちの政府取り分が増大した。堤防に最初の亀裂を作ったのはジョンソン大統領とベトナム戦争だとして非難されている。ジョンソン政府は税金によって戦争と社会改革の両方をファイナンスすることを渋り、増大した連邦予算をまかなうために政府借入の増大に頼ったのであった。しかし、カレオが指摘しているように(Calleo, 1982)、この見解は単純化し過ぎである。アメリカの国防費の増大は、一九七一—八四年の間に起きた世界的現象を明快に説明するのに十分でなかった。一九六三年には、ニューヨークにおける商業手形の金利は、いぜんとして四%以下で、TB〔財務省短期証券〕が三%強であった。一九六六年には商業手形は六%以上であり、LIBOR(ロンドン銀行間貸付金利)として知られるユーロカレンシー市場での金利は七%以上であった。一九六九年に上述の金利はそれぞれ八%までと一一%近くまで上昇した。その後、両方の金利は、ヨーヨーのように上下しながら著しく上昇したが、ニューヨークの金利の動きの方がいつも穏やかな動きを示していた。

ユーロカレンシー市場が最初は金利の上昇に、それから金利の変動性の増大に大きな役割を果たしたことはまちがいない。主としてロンドンに所在するユーロカレンシー市場が成長したのはイギリス当局による許容ばかりでなく、その積極的なかかわりのおかげによるところが大きかった。六〇年代をとおしてイギリスは巨額の国債を有していたばかりでなく、ポンドに対する市場の信認の欠如に苦しんでいた。他の国々は、戦争に負けたので、敗北という事実によって国の内外の債権者に対する債務不履行が許されるという好運に恵まれていた。歴代のイギリス政府は、ポンド準備の保有者が逃げ出さないように(事実上の)賄賂を使うことで対応した。イギリス政府は、TBや国債に対して高い金利を提供し、六〇年代末にはさらにドル価値保証も提供した。ユーロカレンシー業務が成長すると、まず第一にそれは通貨間での裁定取引を可能とした。その結果、相対的に高金利の弱い通貨でもカバー付きで資金を引きつけることができるようになり、他方、強い通貨は金利が低いままで、依然として外国の資金を引きつけることができるようになった。第二に、ユーロカレンシー業務の成長は資金が国内市場とユーロカレンシー市場の間を移動して、裁定取引を行うことを可能にした。(3)

しかしその裁定取引を可能とする選択は当然にも二つの政治的に決定された要因の影響を受けたものであった。ひとつは「外国」通貨の取引に伴う余分のリスクであり、もうひとつは、ユーロ市場で行われる業務は規制が課されないのと較べて、国内ではほとんどすべての銀行業務に対して規制が課されるという要因である。この規制が問題となるポイントは、ユーロ市場はアメリカの連邦準備(中央銀行)制度に加盟する銀行に要求されている準備要件から自由なので、(市場を支配する)アメリカの銀行がより高い金利を提供できるようになった点である。このため、ユーロ市場の成長が国内信用市場の成長を凌駕し、両市場の競争によって、金利は必ずしもつねに一貫してではないにしても押し上げられる傾向になった。こうして、いま一つの予想できなかった要因、つまり金利の変動性が、既に悪化していた不確実性にさらに付け加えられたのである。

六〇年代後半以降、市場は、アメリカにおけるインフレーションの加速ばかりでなく、予想インフレ率格差にもますます敏感に反応するようになった。このため名目金利と実質金利との間の開きも当然拡大した。言い換えると、銀行貸付の金利に含まれるインフレ予想の要素が、「貨幣の価格」という要素に較べて一段と重要になったのである。おそらく証明できないであろうが、最大の規模を誇り、銀行・信用制度がもっとも発達した国の名目金利が、他の国の信用政策よりもユーロ市場に対して大きな影響を及ぼしてきたと思われる。同じように、大国は小国よりも、他国の市場へより強い影響を及ぼすであろう。大規模市場はいつも小規模市場を揺り動かすのである。いったんユーロ市場のような手軽で安価で効率的な伝達制度が各国市場の間に設けられると、信用市場でもこのような事態が生じないとする理由はないであろう。ともかく、実際に、一九七〇年代には、金利は一般にアメリカ市場がリードし、他の市場がその後を(インフレ率格差による差はあるが)追う傾向にあったのである。

この現象は、一九七九年のアメリカの国内通貨管理政策の大転換の前でさえ明らかであった。そしてもちろん、他の国に対するアメリカの影響力の強さは、一九七八年一〇月のカーター大統領の措置によってドル価値の下落が止められたので、レーガン政権がいわゆるマネタリスト的方法の採用でバックギアを入れたように思える時、さらに一段とはっき

表 1-1　LIBOR と発展途上国の変動金利債務(1973-83 年)

(単位 %)

	1973	1975	1977	1979	1980	1981	1982	1983
途上国債務全体に占める変動金利債務の比率*	6.4	9.4	11.8	15.5	17.3	19.0	20.2	21.6
LIBOR**	9.2	11.0	5.6	8.7	14.4	16.5	13.1	9.6

＊各国ごとの比率は大きく違う．1983 年では，アルゼンチン，メキシコ，ブラジルは債務の 75% 以上が変動金利であったが，トルコは 25%，ケニアは 9% であった．

＊＊ LIBOR とはロンドン銀行間貸付金利のことで，銀行貸付の基準となる金利．

［出典］ *World Development Report*, 1985, p. 79.

表 1-2　実質長期金利*

(単位 %)

	アメリカ	日　本	イギリス	西ドイツ	スイス
1965-9	1.8	2.1	3.1	4.7	1.0
1970-4	0.7	−3.4	1.0	3.2	−1.3
1975-9	0.3	0.5	−2.2	3.0	1.6
1980-4	4.9	4.1	2.9	4.2	0.3
1983	8.1	5.6	6.2	4.6	1.2
1984	8.2	4.5	5.8	5.4	1.6

＊実質金利は借し手の支払い金利からインフレ率を控除したもの．マイナスの符号はインフレ率以下の金利で借りたことを意味する．

［出典］ Bank for International Settlements.

りした。

ここで「いわゆる」が必要なのは、レーガン政権も（以前の他の政権と同じように）政府の予算赤字をコントロールできないからである。これができないのは主として国防費の増大のせいである。それ故に、このような状況では、マネー・サプライの実質的コントロールを意味する貨幣理論は作動できない。これが公平なコメントである。したがって、貨幣理論が実際に適切なやり方で試されることも決してなかった。通貨当局が信用の基礎となるマネタリー・ベースを制限し、きびしく監視するが、他方、自分のためにその信用のかなり大きな部分を先取りしてしまうとするなら、その当然の帰結は信用供給の制限と、それに伴って生じるその価格の上昇、すなわち金利の上昇である。

したがって、外国為替市場におけるドルの激しい変動が、七〇年代後半と八〇年代初頭にドルの借入市場へ、すなわち、金利の変動へ伝播したとしても驚くことではない。もちろん、少なくとも一時的にドルの為替相場が安定したことには、ソ連のアフガニスタン[4]侵攻など他の要素も存在した。そして、金利変動の激化は、前述のメカニズムを通して、最近の歴史的経験に照らしてだれしもが予想していたより容易に、ヨーロッパ通貨制度（ＥＭＳ）を誕生させ、揺籃期をむかえさせたのであった。けれども、そのようなＥＭＳの安易な誕生は、アメリカの金利水準を変えるどんな事件や決定に対しても脆いという新たな弱点をその代価として支払っていた。

石油価格

通貨と金利の変動性をさらに増幅したのが七〇年代と八〇年代の実質石油価格の変動であった。一九七三年に加速的な変化の時代が始まった時、一般的予想は、次のようであった。すなわちOPEC諸国の団結、ブーム的需要、イスラエルと近隣諸国との間での一〇月戦争の結果としてのパニック的購入、これらが結びついて石油価格がいったん引き上げられると、石油価格は高い水準にとどまるであろう。石油価格が一九七九年に五〇％以上も再び跳ね上がるとか、実質で測ると一〇年間に二度も下がる、すなわち一九七七年に約九％(一九七六年の二〇％の上昇の後で)、一九八三—八四年に平均して三〇％以上も下落するとかは、まったく予想できなかった。

第一次石油価格の引上げは、八〇〇億ドルもの余剰「オイルダラー」を生み出し、銀行がこれをリサイクリングすることになる。このことは、金融市場と金融機関の重要性を高めただけでなく、石油消費国の——究極的には産油国も——国際収支に影響を及ぼす、通常はまったく予想できないが、時には決定的な、新たな要因を持ち込むことになった。

たとえば、ドイツの場合、輸入への依存度が高かったので、第一次石油価格引上げはドイツマルクを貿易相手国通貨バスケット方式でみて、一九七三年半ばの一二一から一九七五年末には一一六へと引き下げた。しかし、ドイツは強力な金融政策を展開し、為替相場を元に上昇させた。ドイツが再びブレーキをかけられて悩むのは、第二次石油価格引上げ後の一九八一年になってである。日本のこうむった影響と、高くなった石油代金を支払うために輸出を増やすという対応は、いっそう顕著であった。一九七二年から一九八一年までの間に円は、一九七三年七月、一九七八年一〇月、一九八一年九月の三つの山と、(石油価格引上げの後の)一九七四年と一九八〇年の二つの谷の間をヨーヨーのように上下した。これらのポイントで、ドルとポンドはまったく逆の反応を示していた。

ＯＥＣＤ諸国は世界貿易のほとんどを占め、また、相互間の貿易が大きいので、石油価格の変動が個々のＯＥＣＤ諸国へ与えた影響の違いは、世界経済の全体的安定にとっても重要な問題であった。お互いの経済にもっとも多額を投資し、国際的資本の流れのほとんどを占めているのもＯＥＣＤ諸国である。したがって外国為替市場と国際信用市場にもっとも多くの仕事を提供するのもＯＥＣＤ諸国である。そして歴史的記録を見れば反論し難い次の二つの結論が出てくる。すなわち(1)石油価格が為替相場の不安定の一因である。(2)石油価格が安定的になるか、石油が世界貿易の中であまり重要でなくなるまで、為替相場は容易には安定しない。しかし、各国が石油についてより自給自足的になるか、あるいは国際収支と通貨の対外価値へあまりインパクトを与えないような代替的エネルギー資源が開発されれば、安定は達成されるかもしれない。

国際通貨システムの最大の混乱を引き起こしたのはＯＥＣＤ諸国の為替相場の不均衡である。この主張は正しいかもしれない。けれども、石油価格の引上げがもたらした影響は石油輸入発展途上国にとってもっともきびしかったようである。発展途上国の石油以外の商品価格は一九七三年には一九七二年ベースでの石油価格より高かったけれども、どの商品価格もその後再び追いつくことはなかった。一九八一年には食糧価格、農業原材料と鉱物価格は実質でみてほぼすべてが石油価格の六分の一以下であった。要するに、石油価格指数は他のすべての価格指数――食糧、農業原材料と鉱物の指数――を六倍以上も上回ったのである。一九七〇年代半ばにはＯＰＥＣの余剰のリサイクリングによって、非産油発展途上国は高い石油代金を支払うのに十分な額を借りることができた。しかし、すぐにその開発戦略は、いっそうの石油価格引上げや金利の上昇、あるいはドル高、あるいはこれらの要因の組み合わせに対して傷つきやすくなっていた。たとえば、ブラジルのような国にとって石油価格の一％の下落は国際収支に何百万ドルもの黒字要因をもたらすが、銀行貸出金利の一％の上昇は一〇億ドルもの赤字要因を生むのである。他方、苦境に陥った債務国であり、石油輸出国でもあるメキシコにとっては、いずれの変化も破滅的であった。

他の多くの国々や企業と同じように、非産油途上国も突然、自分たちが「双六」ゲームにふけっていることに気がついた。これらの国にとって、ゴールまでの距離は長くなり、途中の障害も増えていた。長期の選択、特にエネルギーや食糧生産についての意思決定が、手の込んだギャンブルになってしまった。問題となる一例として、パラグアイも少々参加しているブラジルのある巨大な水力発電プロジェクトがあげられる。このダムのタービンは将来は、世界中の水力発電プロジェクトの中では最大の一二六億キロワットを発電することになっている。しかし、その建設の経済性についての試算は七〇年代初めに行われたものであった。当初は経済性が良いと思われたが、その後は悪化し、それからも時によって良くなったり、悪くなったりしている。

長期的には、安い電力の自給は、コストの点でも国の経済的安全のためにもブラジルにとって正しい政策であるに違いない。しかし、そうこうするうちに、多くのプロジェクトの建設をファイナンスする信用の価格が高いので、ブラジルは渋々ながらＩＭＦと銀行に援助を求めるようになった。これはこの国にとって屈辱的な経験であった。というのはブラジルはほんの二、三カ月前までＩＭＦの関与を避けてきたことを自慢していたからである。

金利と同じように、石油価格の問題は、価格が高いということでなくて、むしろ価格が予想できず、非常に不安定なことである。またしても、不安定性が、巨大な金融カジノに新しいゲーム、石油先物取引を生み出した。これは次のようにして発展してきた。八〇年代にOPECによる石油市場の支配力が弱まり、一部の産油国は外国為替の獲得に必死になって、秘密の闇取引で協定価格を下げるようになった。このためますます多くの石油が、いささか誤解を与えるが、ロッテルダム・スポット〔現物〕市場と呼ばれるところで取引されるようになった。しかし、この市場は、買い手と売り手を確認でき、誰もが価格を知ることができるという、普通の意味での市場ではない。これは、長距離国際電話とテレックスで結ばれた、約一〇〇社ほどの石油トレーダーと石油ブローカーのネットワークにすぎない。穀物、豚肉、冷凍オレンジジュースなどの他のブローカーと同様に、業者はしばしば話し合いで市場価格を上げたり下げたりして利潤を増やそうとした。一九七八年になってもスポット市場は石油取引全体の五%を占めているにすぎなかった。しかし、今日ではこれが四〇%以上を占めている。ドル建ての石油価格と外国為替市場におけるドル価格との密接な結びつきのために、ドルおよびドル資産の先渡し〔フォワード〕市場や先物〔フューチャーズ〕市場に匹敵する、「架空バレル」の先物市場がロンドンとニューヨークで成長した。この「架空バレル」契約は、五〇回も所有者を変えることが可能であり、石油の実際の存在に基づいている必要はない。北海石油のブリティッシュ・ブレントというブレンドの先物契約は、ブレント油田の年間総算出量の八倍にも達するようである(Hooper, 1985)。

要約すると、為替相場の不安定性が石油市場の不安定化につながったことはまちがいないのに、今度は石油市場がその独自の賭博ゲームでギャンブルに加わろうとしているのである。

強い市場か弱い国家か

これまで、国際金融システムというカジノのギャンブラーが、時々、政府のコントロールの手から離れた、あるいはその手のほとんど届かなくなったように思える様相を述べてきた。ここで、過去一五年間に政府が弱くなったのか、あるいは偶然の一致によって市場が強くなるような方向に経済が動いたのかが問題となる。これは重大な問題である。というのはその答によって、大金融ギャンブル・ゲームをコントロールするか、節度をもたらすために、あるいはおしまいにするために何をなすべきかが決められるからである。

この問題は第二の問題とも結びついている。すなわち、すべての国家が市場との関係では弱くなったのか、それとも重要な政府のうちの一つだけ、あるいはほんの少数だけが弱くなったのか、である。すべての政府が弱くなったと考える者は、これがいかにして生じたのかについて広範で一般的な説明を見出そうとする。彼らが提案する解決策は、曖昧で一般的なものとなりがちである。対照的に、少数の大国、あるいはまさにすべての数字が示すように、国際金融システムの支配権力を握るアメリカ一国で説明できると思う者は、事実の説明も解決策の示唆もずっと具体的なものとなっている。

奇妙なことに、この説明は、政治的左翼からも右翼からも試みられ、各々が答の一部を握っている。左翼からは、第二次大戦以降アメリカが、より「開放的」世界経済を生み出すにあたって果たしてきた役割が評価されている。ここで開放的というのは国際貿易と並んで投資と国際的生産にとっても開放的という意味である(Block 1977; Wallerstein 1979; Magdoff and Sweezy 1981; Parboni 1980)。彼らのいうところでは、先進工業国は領土や人間、資源に対する支配権をめぐって競争する代わりに、世界市場でのシェアを求めて自国の生産者のために競争するようになり始めている。

これは、アメリカの右翼(ギルピン、クラズナー、カッツェンスタインなど)の著作による国家政策の分析の一部と一致する認識である。開放的で相互に結ばれている世界経済における国家は、経済成長と市場シェアにおいて独自の立場を保とうとするなら、軍事戦略ばかりでなく科学・産業戦略も必要とする。この新しいゲームでは日本がアメリカより成功したように思える。この主張では、アメリカはイギリスの例を追いかけることでその独自の力と富を損ない、アメリカの金融機関は、投資をとおして他国の富と力を増やしているのである。

世界経済における覇権権力の自滅的行動という考えが一九七〇年代に定着してきた。そして、アメリカのすべての雑誌と調査プロジェクトが「覇権安定理論」として知られるようになったものに頁を割くようになった。この考えは、世界経済の安定は支配国家ないし覇権国によって支えられなければならない、というものである。しかし、ここには「覇権国のジレンマ」があり、世界経済を支えるために覇権権力(すなわちアメリカ)は、自らを破滅させてしまうことになるのである。したがって、世界経済がかつてより不安定になったとしたら、それはアメリカが権力を失ったためであり、それは一部にはアメリカが覇権国として行動する負担を担ってきたからなのである(Krasner, 1983; Keohane, 1984)。

アメリカの外にいるほとんどの人々にとって、この手の込んだ議論は納得しがたい弁明である。アメリカの巨大な軍事力や金融システムにおけるアメリカの銀行の規模と影響を考えると、この泣き言のような不平を理解するのは非常に難しい(Sampson, 1981)。それはUSドルの普遍的な使用と受領という現実とも矛盾する。このことが、前に説明したように、アメリカを他の先進工業国よりも為替相場や他の価格の変動に対して傷つきにくくしたのであった。アメリカ人の多くは、他の国の人々のように敏感に気づいていないが、アメリカが国内金融政策の方向を変え、金利が政策の変化に対応して動くとき、他国は選択の余地なく、自国の金利や金融政策をその変化に適合させなければならないでいる。しかし、この逆は決して起きないのである。

「アメリカはいささか特殊な意味で「弱い国家」であり、長い間そうであった」、というこの著者達の主張は説得的である。これは、アメリカ政府は圧力団体に浸潤され、実際の政策に対して各々が拒否権を有する特殊な利害関係者に取り囲まれている、その結果、一般的な国益を強力にあるいは一貫して追求できなかった、という意味である。この状況は「強力な国家」のように見える革命後の中国やソ連とは対照的である。アメリカの弱さの理由は一部分はその憲法と、憲法に定められている行政、立法、司法の間での権力の分離という原則のせいにできる。また、企業が政府の干渉なしにその役割を果たす自由が政治原則として大切にされている市場志向型経済の自由主義的イデオロギーのせいにできる部分もある。

最後に、あまり言及されてこなかったことがある。これはアメリカのような大きな国に住んでいるとあまりはっきり見えなかったためかもしれないし、あるいは、市場ないし資本主義体制が依存している国際金融システム全体の不安定性の増大に対するアメリカの責任を承認するという歓迎できないことを意味するためかもしれない。それは、アメリカの銀行は金融システムから巨額の利潤をあげてきたにもかかわらず、政府の金融権力による大きなリスクを伴う操作の諸結果からは免れてきた、ということである。アメリカ社会の内部には、この不安定で不確実な環境でも、利潤をあげ、生き残ることができる銀行と大企業が存在する一方、他方では、利潤をあげ、生き残ることがずっと難しい農民、労働者、中小企業がおり、両者の間の利害の対立はいぜんとして今日も存在する。アメリカでの生活が世界最高であると思わせることがさまざまな短期的措置によってできる限り、アメリカの内と外のシステムの非対称性に注意を払うことに価値があると考える政治家は多くはいない。

アメリカにおいても他の国においても、政治の視界は恐ろしく限られている。しかし、アメリカの政治家の理解力が限られていること、その政治視界の奥行きが浅くなってしまったことは、他の国の政治家よりも重大な問題である。過去一五年間の記録が示唆するところでは、国際金融システムに影響を及ぼすいくつかの決定的な決断に際して、歴代アメリカ政府は、健全で、安定して繁栄する世界経済のために、健全で、安定した秩序ある金融システムをつくることの長期的な国家的利益に気づいていないようである。むしろ短期的な国内的配慮に影響されてきたのである。

(1)　市場価格は、いつものようにオーバーシュートしながら、一オンス約八〇〇ドルにまで上昇し、その後一オンス四〇〇ドル以下に下がった。

(2)　一九七一年に若干の国はポンドにペッグしたが、それ以降考え直した。三カ国が南アのランドに、一カ国がスペインのペセタにペッグした(Strange, 1972, 1976, chap. 11)。主としてはラテン・アメリカと中東の国々からなる四二カ国がドルにペッグした。ひとつの特定の通貨にペッグすることのリスクは、重要度にしたがってウエート付けされる主要通貨の「バスケット」ないし「コレクション」にペッグすることで幾分かは緩和することができる。SDR(Strange, 1972, p. 7)がそのようなバスケットのひとつである。ヨーロッパ通貨単位(ECU)はUSドルを含まないバスケットである。

(3)　「裁定」は、利潤をあげるため、あるいは損失を避けるために貨幣(あるいは資産や負債)をある市場から別の市場へシフトさせることを意味する。

(4)　ソ連の侵攻はソ連とアメリカの間での冷戦の激化の恐れを強めた。その時多くの人々は、もしそうなった場合には、ヨーロッパや中東よりもアメリカの方が彼らの貨幣は安全だと考えた。

第2章　重大決定とその帰結

我々は、最近の世界経済史の流れを変え、世界経済の発展を形作り、国や階級、その他の社会グループの間での費用と利益、利潤と損失、リスクと機会のシフトを決めた重大な決定を探し求めている。しかし、最初に、重大決定とは何を意味しているのか、何を探し求め、何を含める用意をしておかなければならないのかをはっきりさせておくことが重要である。

まず第一に、我々は通貨システムを分析している。ここでいう決定は、たとえば外交関係の研究で取り上げる決定とはまったく同じでない。外交関係では国家が戦争をするとか平和な世界をつくるとか、同盟を結ぶとか、外国の事件に介入するなどの決定を下す。外務大臣や外交官たちが行動し、重大な決定は彼らにまかせられる。通貨システムはこれとは異なっている。現実の世界は必ずしも経済理論が描くおとぎの国のようにはいかないが、通貨システムには国家(政治)権力と市場の両方が存在しなければならない。売り手と買い手の経済的交換が第三者の命令で行われるのでないなら、市場はつねに必要不可欠である。買い手や売り手が、選択の自由を行使できるなら、また取引が物々交換で行われるのでないなら、貨幣が存在しなければならない。しかし、通貨システムは、どの貨幣を使わなければならないか、あるいはどの貨幣を使ってよいかを定め、合意された貨幣取引の執行を強制する国家権力が存在しない限り、効率的に作動できない。国家権力はまた、通貨システムの主要オペレーターを認可し、必要な場合には支援を与えることになる。

したがって、通貨システムの重大な決定の起源は市場と国家権力との両方にあると考えられる。市場の規模や性格の変化、市場の内部における需要と供給関係の変化でさえ、国家が対応するのかしないのかの決定を迫るのである。また、おそらくその国家の目標や優先順位の変化も重大な決定となり得る。市場から変化が先に始まっていようと、国家が変化を主導しようと、どちらであれ決定は政治権力によって行われるのである。それは、積極的な決定、たとえば、市場へ影響を及ぼしたり、抑制したりするために、規則や資力を使って介入するという決定かもしれないし、あるいは市場に介入しないでなりゆきに任せ、自由にさせるという消極的な決定(つまり非決定)かもしれない。つまり、通貨システムにかかわる重大な決定は、国家間の権力のバランスよりも、市場と国家(あるいは他の政治権力)との間での力のバランスに左右されるのである。

概して、非決定が積極的決定よりも一般的である。これには二つの理由がある。一つは市場のグローバリゼーション〔世界化〕である。もう一つは技術変化の加速である。最初の点についてみると、市場が、特に金融市場が一国的である限り、各国権力が市場をコントロールし、どれだけ規制するべきかを決定できる。しかし、市場が密接に統合され、相互に依存し合うようになると、つまりグローバル化すると、各国はしばしば当該国間の合意によって、あるいは時には支配国家の影響を受けることになる。支配国家が行動することを望まない場合、あるいは影響力を持つ国が協調を拒否する場合、たとえ他の国が同意したとしても、非決定となる。国連海洋法会議での長年にわたる忍耐強い外交交渉の結果つくられた協定文の批准を拒否したアメリカの決定はその一例である。別の例は、最初、アメリカによって支持されたにもかかわらず、後にヨーロッパ諸国の不一致が生じた国連超国籍企業活動規則をめぐる交渉である。もう一つの技術的理由としては、発明家やプロモーターの才能がしばしば政府を出し抜いてしまうことを指摘できる。これは、殺虫剤、短波放送、多くの合成物質の開発の場合に起きたことである。それは金融革新の場合にも起きていることである。

どこにでもある簡単なテレックスが、毎日のビジネス用伝言はもちろん政治的に敏感なニュースやアイデアを伝達するのにも使われる今日では、国境を越える情報の流れを監視、検閲する政府の能力を出し抜くことができる。金融の分野では、技術進歩によって規制当局を出し抜いていくことが特に顕著になっている。これは、通信、データ収集、検索手段など機械技術ばかりでなく、金融技術についてもいえることである。金融当局がかつては夢にも考えなかったような金融取引の形態や全く新しい信用手段が「発明されている」。前に指摘したような非決定という形での受動的決定が、国家と市場の間の構造的権力のシフトをもたらし、能動的決定と同じように重要なことは、貨幣以外の分野の例を挙げて説明できる。一九六〇年代にアメリカは、大量の穀物在庫を保有する政策を変更した。当時の農務大臣アール・ブッツは、在庫保有コストが高すぎるという国内政策上の理由から、その決定を下した。アメリカ農務省は市場で保有在庫を処分し始め、一九七〇年までに在庫はほとんどなくなった。五〇年代と六〇年代初めには、世界の穀物価格は驚くほど安定していた。ほとんどの専門家は、この安定があまり当てにできない国際小麦協定によるよりも、北アメリカの備蓄の存在によるということで意見が一致していたようである(Morgan, 1979 : Hopkins and Puchala, 1979 : Davies, 1984)。在庫が北アメリカに存在する限り、世界の収穫がどんなに不作でも、穀物価格の流星のような上昇をあてこんで投機することは危険であった。というのは、アメリカ政府とカナダ政府は、不足を緩和するためにいつでも備蓄を放出する用意があったからである。しかし、いったん備蓄がなくなるや、投機家の頭の上にぶら下がっていたダモクレスの剣ははずされ、穀物価格がロケットのように急上昇し、ついでやがて崩落する可能性が全面的に開かれた。よく知られているように、一九七二年のソ連による穀物輸入がそのことをはっきりと示したのであった。ブームと崩壊の両方において、買い手と売り手の間における、および両者と穀物ブローカーの間における交渉力のバランスは変化した。輸出国と輸入国の国際収支もかなりの影響を受け、システムとしての世界経済は、不確実性と不安定性の深刻な要素をさらに増やすことになった。だが、このような結果をもたらした重大決定は、国際交渉の問題として決められたのでなく、アメリカの農民に対する国内政策の決定の過程で下されたのであった。

一九八三年のレーガン大統領による農民救済のための現物支払い政策も同様であった。農民たちは、戦間期の不況期における以上に多額の債務を抱え、穀物価格の不振のため、しばしば銀行に債務を返済するのに十分なだけ稼ぐことができなくなっていた。再び、政府保有在庫が登場し、今日ではかなりの備蓄量となっている。農民には、ある作物を作付しないことを条件に、販売用に穀物が与えられた。農民は、後に判明するように一時的ではあったが、価格の改善から利益を得た。しかし、肥料や農薬、その他の供給品の製造業者は販売不振に陥り、激しく不平を述べた。このように、ある市場への介入は、しばしば関連市場における交渉力のバランスに反作用を及ぼすのである。

前述した海洋法をめぐる紛糾も、同じような反作用をもたらした。海岸線を越えて国家の権力がどこまで及ぶのかについて、これまで合意されていたルールを見直す必要が生じたのは、メキシコ湾における石油探鉱免許を与える権利をめぐる、テキサス州と連邦政府の間での不一致に端を発していた。一八世紀以降の国際慣習法は国家主権を海岸線から三マイルまでに限るグロチウスの原則を受け入れてきた。トルーマン大統領は、海岸から二〇〇マイルの距離までの大陸棚に対する国の権利を認める新ドクトリンを一九四八年に発表し、州政府に対する連邦政府の優越を再び主張した。他国の政府もすぐにこれをまね、アメリカの例を拡大さえした。(魚はともかく)漁夫、石油会社、イギリスやノルウェーのような新興産油国、あるいはシェットランド諸島のような遠隔の共同体にとってもその影響は非常に大きかった。国際関係にさえ影響がおよんだ。最初にイギリスとアイスランドが「タラ戦争」において沖合漁業権の未解決の問題をめぐって紛糾した。後には、ともにヨーロッパ共同体のメンバーであるイギリスとデンマークが、「イギリス」の水域におけるデンマーク人の漁業権をめぐって激しく争った。

これらの特殊な例でも、また他の多くの例でも、以前の慣行や習慣からの離脱が、先に筆者が定義した「重大決定」であったという考えに誰しも納得するであろう。しかし、皆が国際経済における権力の性格や所在についての一般的な議論にとってそのことが持っている広範な意味を理解しているわけではない。この問題について多くの仕事に着手し、先導してきた二人のアメリカ人教授、ボブ・コヘインとジョー・ナイは、数年前に、「相互依存」――すなわち貿易、投資、生産資源、銀行業、保険、その他世界的に販売されるサービス――が生み出す諸結果に対する国家の「傷つき易さ」と「影響され易さ」との間に便利な区別をつけた(Keohane and Nye, 1977)。彼らによると、この相互依存から生じる変化に対して国家が影響を受ける程度は一様でない。一部の国は、この相互依存の望ましくない影響をそらしたり、相殺したりする点で他の国より大きな能力を有している。このような「影響され易さ」よりも「傷つき易さ」という点でずっと著しい非対称性が存在する。しかし、権力の分布と国際政治経済における「体制変化」と呼ばれるものの原因をめぐる討論では、彼らは「傷つき易さ」の非対称性を、政治構造における権力の不平等――経済的ならびに軍事的に自衛するために、弱い国は強い国より小さい権力しか有していない――のせいか、あるいは盲目的な経済の力のせいにしている。「体制変化」は、相対的な政治力の変化か経済過程の変化か、いずれかのせいに(あるいは、「体制」に責任がある国際機関の内部変化のせいに)することができる、とコヘインとナイは示唆している。「誰が変化をもたらす権力を持っているのか」という問題設定はこのため十分先にまで展開されなかった。この問題設定は政治構造の補完物――本当は分離できない一部分――としての経済構造の重要性を認めなかったのである。また、経済構造を修正し、変革し、形づくるための一国内の意思決定における権力が国家の間で不平等なことも認識しなかった。これがまさに一種の「構造的」権力なのであり、重大決定に必然的かつ当然に注意が向けられるところである。したがってここから「重大決定とは何であったのか」という質問がでてくる。

世界の貨幣・金融構造ということになると、たとえば商品市況の上がり下がりや金融図表や指標の変化など経済トレンドについて、あたかもそれらが本当に盲目的な経済力の結果であるかのように書かれている。市場は国家権力の下に、国の認可の下に存在し、国が命じ、許可する条件の下で営まれるのだということはいとも簡単に忘れられている。国の法律の外にある「闇」市場は小さなものである。確かに、政府が閉鎖したり、課税したり、規制しようとするあらゆる努力にもかかわらず、闇が営まれている。例えば、ほとんどの国の麻薬、武器や堕胎、盗品や密輸品、闇労働などであるが、それらは公開の市場の巨大な拡がりに比べれば非常に小さなものである。したがって、いつ、なぜ、誰が国家権力—市場の関係を形成する重大な決定を下したのかを明らかにするために、その関係の詳細をその起源にまでさかのぼってみることが重要となる。

世界の通貨システムの現状につながるその根は非常に深いことを認識することが重要である。今日ではかつての「決定」が「事実」となっているとしても、特定の問題の政策の決定が最初にどの時点で行われたかを見つけるために、時には歴史を相当さかのぼって探求しなければならない。もしタバコを出されたら、私は「ありがとう、でもタバコは吸いませんので」と答えるであろう。これは事実の陳述であるかのように見える。しかし、私がタバコを吸わないという事実の起源は、私が数年前に行った「禁煙する」という決定にある。これは国家の決定についても同じである。「決定」のもたらす結果はすぐ当り前のこととされ、疑う余地のない「生活の事実」となってしまうのである。

第二に、筆者は現代の国際通貨システムの中で、良い悪いはともかく、国際通貨の共同管理に関してアメリカが主導したのでない変化はないと主張するであろう(Strange, 1976)。アメリカが、他の国の同意が必要か望ましい決定を下すために、時にはその富裕な同盟国から突き上げられたり、外交的に押されたりしている、というのは真実である(一九六〇―六一年のイングランド銀行からの圧力による金プールの設立がそのような場合であった)。しかし、突き上げたり、押したりする国は単独では行動できないのである。変化を封じ込めたり、引き起こしたりする、他のすべてに優先する権力を分けあおうとする国はどこにもない。第三に、前述の非貨幣的性格を持つ重大決定の例から直接に導かれることであるが、重大決定の起源の探求は、多国間協定や国際機関で到達した決定にとどまらず、多くの重要な金融市場の民間のオペレーターに対する国内政策にも及ばなければならないことである。

遠い昔の五つの「非決定」

これらの主張の各々の証拠を順番に簡単にみていこう。現在の諸困難をもたらした政策定の根は過去の深くにあるという考えから、少なくとも五つの遠い昔の決定——あるいは大部分は「非決定」——が念頭に浮かんでくる。もっとも、このリストをもっと長くするのは難しいことではないが。

このような「非決定」の一つが、一九五〇年代初めの北大西洋条約機構（NATO）加盟ヨーロッパ諸国の、ヨーロッパ防衛コストの若干の分担を要求するアメリカへの対応の失敗であった。当時、ヨーロッパにとって、むしろほんのわずかの負担が要求されたと思われた。アメリカは原子爆弾を持っていたが、その開発コストは既に支払われていた。ソ連は原爆を持っていなかった。しかし、アメリカはヨーロッパに駐留軍の基地を必要とした。アメリカがヨーロッパにいるのは、故意であれ偶然によってであれ、通常の戦争が勃発するならアメリカも参戦することになっているので、「鉄のカーテン」で現状を維持すると言ったことの真意をソ連に納得させ、ヨーロッパを安心させることであった。アメリカの核の傘の下での安全は、ヨーロッパ〔統合〕運動に携わっていた者にさえ、単一のヨーロッパ軍隊という夢を忘れさせるのに十分であった。フランスの国民議会が一九五四年にヨーロッパ防衛共同体の構想を拒絶して以来、この構想について聞かれることはなくなった。その「非決定」はアメリカが提供する安全へ依存するという習慣を助長し、この習慣は、状況が変わりソ連が原子爆弾とその運搬手段の両方を獲得した時にも存続した。そして、両陣営にとって核ミサイル兵器競争がエスカレートし、アメリカが国際収支赤字の再発と慢性的財政赤字によって、このコストが賄われていることに気づくまで増え続けた。この話は非常によく知られていることである。一九五〇年代初めにおけるヨーロッパの「非決定」のポイントは、単に、ヨーロッパが方向転換をしていなかったら(そして時間が経ったときそれを逆転するのが難しいことに気づいていたら)、少なくとも世界の通貨システムを悩ましている困難のいくつかは避けられていたかもしれない、ということである。

一九五〇年代の他の多くの重要な「非決定」は、信用供与と負債管理のシステムないしプロセスについて合意に到達できなかったことと関係している。ここにも三つの別々の問題がある。その各々について、戦後の国際経済組織の主要加盟国は、多くのその後の困難を免れることになったであろう決定に到達することに失敗したのであった。そのもっとも基本的なものは、おそらく、一九五七年に、国連経済発展特別基金(SUNFED)についての初期の提案が拒否されたことであった。筆者の信じるところでは、当時その提案を拒絶するためにあげられた理由はその後の経験によって根拠のないものであったことが証明されている。たとえば、富裕な国にはSUNFEDに資金を出す余裕がないとか、思い切ってそのような基金を設立すると自国の経済が窮迫してしまうとか、大規模な援助は危険なほどインフレ的であるとかの理由があげられた。しかし、最初は公的な双務的ベースで、次に民間からの直接投資やユーロカレンシー銀行貸付の形で供与された信用に照らしてみると、そのような理由は真実ではなかったのである(その代わりに、想い出されるように、悲しいほど小規模の特別基金、世界銀行や国際通貨基金(IMF)、国連開発の一〇年等々の割当額〔出資金〕の増大のような、一連の小規模な姑息な一時しのぎの手段でしのいでいる)。もちろん、SUNFEDのような開発基金はすべての問題を解決するわけでないし、多くの新しい問題を創り出したことであろう。意思決定は一段と難しくなり、選択は厳しくなったかもしれない。ブラント報告が後に「貧乏産業」と漫画化して批判したようなものを設立したり、あらゆる種類の無駄、腐敗、くだらない仕事など新しいリスクが生じたかもしれない。しかし、国連の開発基金が設立されていれば、少なくとも、ひとつの安定装置として発展途上国への多数国参加の資源移転を行うプロセスの重要な先例となったであろう。そのような安定装置が作られれば、システムをより安定的にかつ政治的により気まぐれでないものにすることができたであろうし、その後実際に行われた、OECDの開発援助委員会(DAC)が記録しているような、気まぐれな資金の流れよりは、目的を持った長期的生産的プロジェクトに投資を向けることができたであろう。

将来に禍根を残した第二の失敗は、不良国際債権を処理する標準方法を作成することの集団的拒否であった。問題は、結局、一九五〇年代においてさえ新しいものではなかった。政府と国民が、外国債権者から借りた資金の利息支払いや元本の返済ができないことは一〇〇年以上もの間に度々あった。五〇年代にもそれが続きそうであった。各々の場合にそれぞれ特別の措置を取る代わりに、各国のシステムが破産の処理に対応するのと同じような、標準的手続きと基礎的ルールが前もって合意されていたなら、潜在的債務不履行のショックや脅威によってシステムに対する信認が動揺することは減ったであろう。五〇年代末には、続出する債務問題のはしりが現われ始めた。だが、主要債権国が、秩序立った手続きが世界の通貨システムにもたらす潜在的利益よりも、対外政策における行動の自由にはるかに高い価値を置いていたことは、まったく明らかであった(Strange, 1976)。各々の場合にその度ごとに、債権者クラブが設立された。その度ごとに債権者の間で、旧債務のうちのどれだけの割合が誰に返済されるのか、必要となる新しいファイナンスのための資金を誰がどれだけ供与するのかについて、ゼロから交渉が始まった。その度に、債務国は、古い「経営者」の下でか、あるいは(なるべくなら)新しい「経営者」の下で、債権者と正常な信用を取り戻すための条件について交渉しなければならなかった。その理由を見つけることは難しくない。その度に生じる不確実性が債権者にとって有力な交渉上の武器となっていたのである。国の戦略的重要性、その政府の国内的特徴と見通しにしたがって、抑制的にもあるいは冷酷にも扱うことができた。しかし、明白なルールを設定することができなかったことは、七〇年代と八〇年代に金融システムがより脆く不安定になったため、たとえばポーランドのリスケジューリング〔債務返済の繰延べ〕の不確実性がハンガリーへ波及したように、メキシコのリスケジューリングの不確実性がブラジルとその対外債務の更新能力へ波及することを意味した。

債権者クラブの問題と密接に関連しているのが、工業製品輸出国の間においてひも付き援助や輸出信用・輸出保険の形で展開される補助金競争を管理する問題であった。二つの政策は相互に代替的であった。政府がひも付き援助を供与することは、その国の輸出品だけを買える商品券を提供するようなものであった。政府が、その国の輸出業者に緩い条件で輸出信用保険を提供する機関に補助金を出すことは、自国の輸出業者との取引に関してだけ相手先輸入業者へ割引を提供し、他国輸出業者を差別するようなものであった。アメリカとヨーロッパ、後には日本もが、このような広範な選択の余地のある方法を利用して、この目的を達成するためにそれぞれの方法を使っている。このことが、最初はバーゼル信

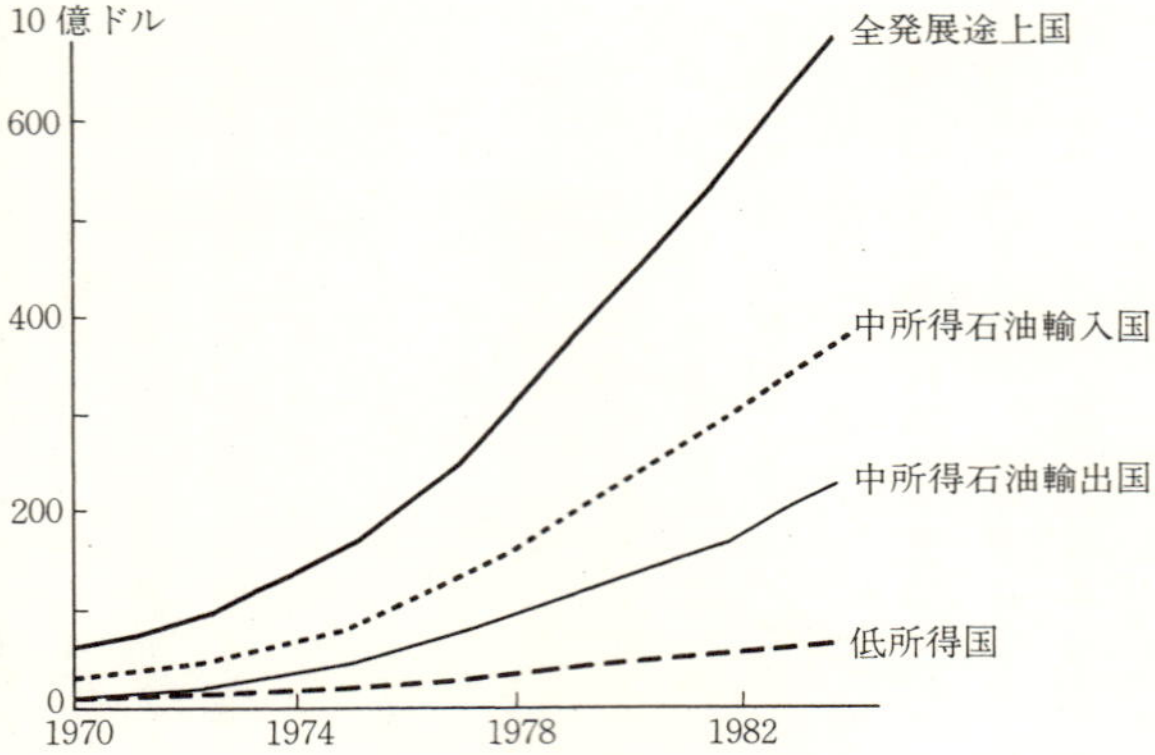

［出典］ OECD Development Co-operation.

図 2-1 発展途上国債務残高

用保険組合と呼ばれた曖昧な団体をとおして、後にはOECDをとおして行われた一連の「紳士協定」が繰り返し崩壊した原因である。これらの協定で主要工業国は、債務国へ提供する輸出信用の条件をお互いに切り下げないことを約束した。しかし、世界市場をめぐる競争のために、約束はいつも破られ、その結果、ある特定の時点でゲームに参加し競争している国が全体で特定の国へ正確にどれだけの短期輸出信用を与えているのかが極度に分かり難くなった。逆に債務国は困難に陥りそうになるときはいつでも、返済期限が迫ってきた旧い債務をずっと短期の借入で更新できることに気がついた。各種の短期信用の中で、最も容易に利用できるのがしばしば輸出信用であった。しかし、与えられた信用の量と条件についてのデータの収集は遅れがちであり、またしばしば不完全なものになりがちであった[1]。問題が最初に論争となったのは一九五〇年代の半ばである。この初期の段階で合意に達し、行動することに失敗したことについては、別の解釈がある。筆者が「当該債権国政府がそのときに決定を下すことに失敗した」というのに対して、「これは国際システムの避けられない結果」であったというのである。後者の見解では、世界の生産や貿易の構造の変化が国際関係の政治システムにおけるゲームのルールを大きく変えてしまったので、国家はもはや領土や人

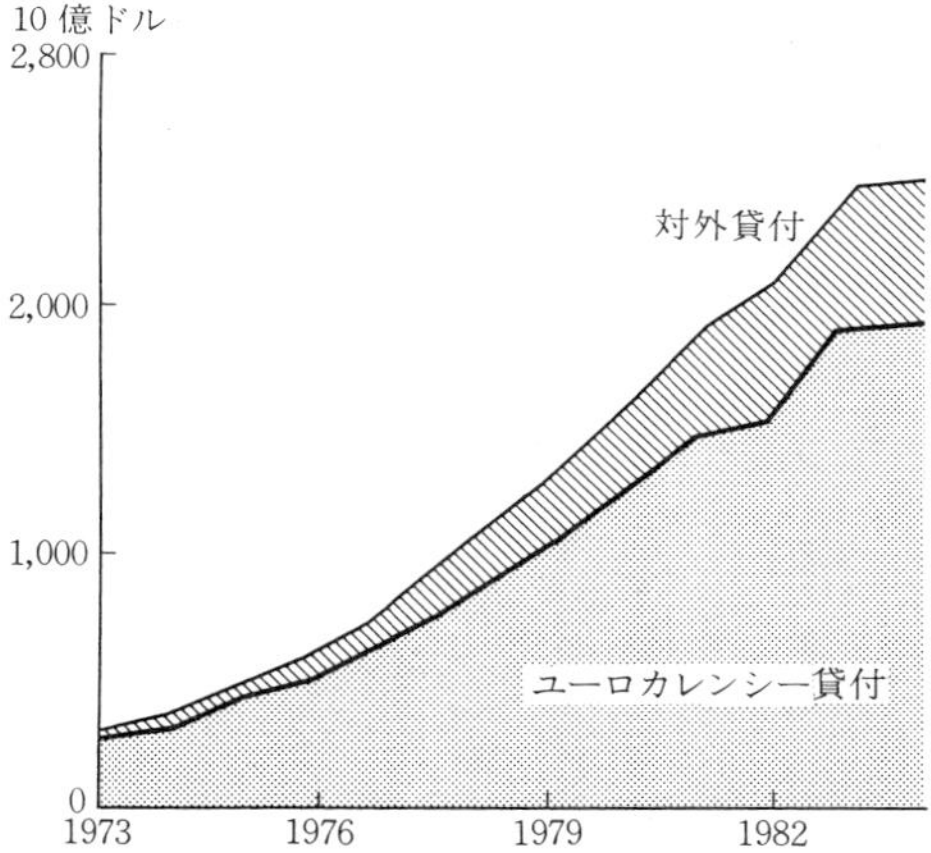

［出典］ BIS Quarterly Report 1974-85. データは各年第4四半期末の残高．ただし，1984年は第3四半期末.

図 2-2 対外貸付・ユーロカレンシー貸付残高(1973-84年)

口を求めてたがいに真剣に競争していない。その代わりに、国家は、技術的優位と世界市場におけるより大きなシェアを求めて競争するために、経済的技術的変化によって駆り立てられている。国家はより大きな権力とより多くの富の双方を獲得するためにこれらを必要とする。だから、当然そうなることをしたとして国家を批判するのは、素朴にすぎる、というのである。これに対する筆者の見解は、これは現代世界における国家の競争についての真実ではあるけれども、真実のすべてではない、ということである。もし真実だとしたら、何故国家は競争を抑えるための努力をしなければならないのであろうか。これにかかわる最新の例が一九八二年にあった。輸出信用をめぐる競争のルールに関する紳士協定を結ぶ試みは、確かに、各国家が、開かれた自由な競争的な世界経済を維持するための共通の関心を持っていることを示唆している。いかなる時にも、すべての国際問題について、二つの至上命令、すなわち競争の必要と、秩序のために競争を抑える必要との間に、不確定なトレード・オフ〔兼ね合い〕の関係が常に存在するのである。このように、輸出信用をめぐる競争のルールの選択に際しても、一定程度の自由意思が存在する。結局、陸上や海上の戦争行為に関する規則や、平和時に外交官へ与えられる免除特権の程度を定める規則を制定しようとするとき、政府は同じようなトレード・オフの選択に直面する。国際関係をめぐる国家の行動や、市場経済における企業と国家の行動について、完全に避けられないものがあると仮定するのは、安易で、残念ながらよくある誤りである。アメリカの消費者運動の代表者ラルフ・ネーダーがかつて想い起こさせたように、前世紀の変わり目ごろにアメリカが会社の設立に際し連邦の免許を不要にしたことについて、何も不可避的なことはなかった(Nader, 1976)。だが、そのことは、株主の力を弱め、多数派株主が、そして後には経営者が、会社を自由に拡大したり、合併したり、あるいは多かれ少なかれ彼らの気に入るように会社の仕事を動かす状況を生みだした。すべての工業国、とくにアメリカにおける経済力の集中へ向かう強い傾向はこうした政治的決定に基づいていたのである。

この点についてはバーリとミーンズによる古典的研究『現代の会社と私有財産』の中で非常にうまく描かれている。一九三二年に書かれたこの研究は、よく知られているJ・K・ガルブレイスの仕事の基礎を提供した。それは、現代経済が、いぜんとして市場の力が作用して価格を決定する部分と、経済力の集中が強力な企業に価格を「管理」するのを許す部分とに分けられる、という論争の余地のない経験的証拠を提出したのであった。それはまた、レイモンド・バーノン、チャールズ・キンドルバーガーなどの、いわゆる多国籍企業についての初期の仕事の多くに先んずるものであった。バーリとミーンズによる本の結論的パラグラフが特にこのことをよく示している。

現代の会社の出現は、現代国家と対等に競争できる経済力の集中をもたらした。政治力対経済力であるが、各々がその独自の領域では強い。国家はいくつかの側面で会社を規制しようとするが、他方、会社は、着実により強力になりながら、その規制を免れようとあらゆる努力を行っている。その独自の利害にかかわるところでは、国家を支配しようとさえ試みる。将来は、現在会社として分類されている経済機関が、国家と対等の平面に立つばかりでなく、社会組織の支配的形態としておそらく国家にとって代わるかもしれない。したがって、会社法は、新しい経済国家のための潜在的憲法とみなされるかもしれない。そして他方では、事業行為がますます経済的政治手腕の側面を引き受けるようになる。

今日の国際通貨システムの形成を促した遠い昔の決定(ないし非決定)についての叙述を離れる前に、後に困難とジレンマを引き起こすことになった遠い昔にさかのぼる原因の一つとして、戦後期のイギリスのある決定を書きとめておかなければならない。それは、当時貿易省の大臣であったハロルド・ウィルソンが一九五二年に国際取引のためにロンドン商品市場の再開を認めた決定である。これによって彼は、世界中の銀行家とあらゆる種類の金融オペレーターに対して他のどこよりも開放されている金融市場としてのシティ・オブ・ロンドンの復活に、労働党政府からの祝福を与えたのであった。だが、当時では、イングランド銀行の国有化を超えてさらに進むことが、多くの社会主義者の思惑と――資本家を軽蔑するケインズ的な意見とさえ――ぴったり一致していたであろう。そのいささか象徴的な段階に続いて、ある金融機関の復活を禁止する政策を展開できたかもしれない。その機関こそ労働党におけるウィルソンの先輩たちの多くが、特権の要塞、支配階級のための権力の基地、イギリス産業の近代化とイギリスの労働者の生活水準の改善から、人材と資金を引き離し、自分たちの方に引き付ける強力な磁石とみなしてきたものである。筆者は別のところで、この金融市場の再開、およびポンドの国際通貨としての使用の放棄を主として政治的な理由から拒否したことが、国際収支赤字によって始まる投機に対して他のいかなるヨーロッパ通貨よりもポンドを傷つき易くした、と論じたことがある(Strange, 1971)。五〇年代と六〇年代をとおして、イギリスが信用と産業にストップ・アンド・ゴー政策を採用するようになったのは、この「傷つき易さ」のためであった。そして、その政策はイギリスの産業経営、労使関係と労働組合の交渉戦略、および銀行や他の影響力の大きい金融機関の投資決定に、最悪の影響を与えたのであった(Hu, 1984)。

シティが再び世界へ開かれた市場とならないように、永遠に戦争中のように閉鎖し続けたとしても、こうした事態を避けることはできなかったかもしれない。そのような決定には利益と同時にコストが、新しい機会と同時にリスクがあることは認めなければならない。しかし、イギリスの社会と経済にとってのネットの結果は、ハロルド・ウィルソンによるその再生を急ぐ思慮のない最初の(典型的な近視眼的な)措置の結果よりはましであったろう。筆者は今でも依然としてこのように信じている。世界経済にとって、もしロンドンが入口のマットに「歓迎」と書いて待っていなかったとしたら、アメリカ銀行業の国際化があれほど急激に行われたと、誰が言えるであろうか。ハロルド・ウィルソンが一九六四年に首相として政権に復帰したときも、依然としてドアは開かれ、歓迎のマットが敷かれていた。そのときまでにアメリカの大銀行は、ユーロドルで利益のある事業を行うためにロンドンにやって来ていた。経済学を理解していると自慢している社会主義者の政治家が、まったく規制されていない金融市場が目前で成長することの長期的結果にまったく無関心であったことは驚きである。

一九八〇年代における貨幣問題の、したがって経済的困難の、遠い昔の根源についてはこのぐらいにしておこう。筆者が提起するもう一つの議論は、七〇年代に行われた世界の通貨・金融システムの共同管理の方向転換は、改革であれ、その逆であれ、アメリカによる主導ないし支持なしにはありえなかった、ということである。筆者の主張を裏づけると思われる重大な「非決定」の長大なリストをつくることもできるが、ここでは共同管理について一九七一年から現在までになされた、五つの「非決定」を取り上げておこう。

市場に任せる、一九七二年

外国為替市場で通貨当局が影響力を行使しないという最初の「非決定」は、一九七一年のスミソニアン協定の後に続いてやってきた。ニクソンとコナリーが意図した、ドルの切下げを可能にするためのこの協定は、固定為替相場に基づいた国際通貨システムの復活を想定していた。だがアメリカは、外国為替市場をチェックする行動を伴う、その当初の目的へ戻ることを拒否した。これは、為替市場におけるドル相場の短期的な乱高下をチェックし平準化する問題となると、ニューヨーク連邦準備銀行のすぐれた判断を、ワシントン(より具体的にはアメリカ財務省)が封じ込めてしまうからであった。一九六一年から一九七五年まで、アメリカ財務省と連邦準備の外国為替市場操作を担当していたチャールズ・クームスは次のように書いている。

その性格上、外国為替市場は、もっぱら短期的な動きに対応する神経質でリスクの大きい超敏感な機械装置である。市場をとおして行われる一日何百億ドルという取引のうち、外国貿易や長期投資のような基礎的要因から生じているものはごく一部にすぎない。そのかわりに、市場は、その日ごとに即座の利潤あるいは為替相場リスクに対するヘッジを求める短期資本の動きに支配されている(Coombs, 1976. 強調は筆者)。

クームスは長い経験からヨーロッパの中央銀行が抱いていたのと同じ見解を持つようになった。すなわち、この変動の激しい市場における為替相場への投機圧力の増大は、時機を得た断固とした通貨当局による介入によって抑えることができる、という見解である。彼によれば、主要通貨の新しい平価を決めた一九七一年一二月のスミソニアン協定の「致命的弱点」は「アメリカが新しい平価体制を守るための約束をまったくしなかった」ことであった(Coombs, 1976, p. 225)。彼は著書の中で、脆いスミソニアンの体制を支えるためにアメリカが断固とした決意を市場に示すように、財務省を繰り返し説得しようとした(ほとんどが成功しなかった)努力の顛末を語っている。たとえば、一九七二年五月に、彼とアーサー・バーンズ(連邦準備制度理事会議長)が問題を提起した時、ある財務省幹部によって公然と否定され、打ち負かされた。しかし、一九七二年のポンド危機によって財務省は一時的に政策態度を変え、クームスは、市場で為替操作を再開し、スワップ網を蘇生させることを許された。しかし、「アメリカは外国為替市場の秩序を取り戻すためにその役割を果たすであろうし(すでにクームスの下で始められていた)、どのような規模でも、取引が適当と思われるときはいつでもその役割を果たし続けるであろう」というバーンズの声明は、ほとんど直ちに、ワシントンからの取り消しを命じる有無をいわせぬ電話メッセージによって撤回された。この短い限られた介入さえ、それが成功したことによって正当性を立証したのであるが、ワシントンは断固としてゆずらなかった。一九七三年五月に、もっとずっと深刻なドルの急落が市場で生じ、その結果七月までにドイツマルク相場が二月よりも三〇%以上も上昇し、取引がほとんど停止した。この時も財務省が再び割り込んできて、市場介入を「防衛的操作」に限るように干渉した。この時のコストは、クームスの見解では、強力な方法が取られた場合よりはるかに高いものであった。というのは、それはドルの将来に対する信認の欠如と当局が臆病だという印象を市場に決定的に与えてしまったからである。その上、アメリカの非決定は、為替相場を維持するために協調行動をとるという、前の週末にバーゼルでなされた中央銀行の共同決定にもまったく反していた。その後の二年間、ニューヨーク市場には確固とした政策がなかったので、クームスが「不合理で有害な旋回」と呼んだように、たいていはささいな短期的攪乱や、すぐに消えてなくなるような一時的恐れや不安でドルがヨーロッパ通貨に反応するようになった。一九七五年二月における、主要中央銀行四行の総裁バーンズ、ロイトビラー、クラッセンおよびエミンガーのヒースロー空港での会談からその夏の半ばまでの六カ月間だけ、やや落ちついた秩序が回復された。

このきわめて重要な時期に、クームスも他の中央銀行家も、インフレ率が大きく乖離し、通貨が明らかに大幅に過大評価ないし過小評価されているとき、市場における通貨当局の介入が周期的な為替相場調整を防ぐことができる、とは主張しなかったであろう。議論は、外国為替市場における不必要な誇張された動きを阻止できるし、それは通貨当局にとって大きなコストはかからない、というものであった。規律維持のための操作は、一日、あるいは一週、あるいは一月では高くつくとしても、中央銀行は、通常、一定の期間ではほぼトントンになるように管理できるのである。ワシントンがこの間連邦準備銀行やヨーロッパのいうことを聞かなかったことの重大性は、それが、外国為替市場ばかりでなく他の市場においても同様に、当時の投機的熱狂を刺激してしまったことである。クームスは一九七三年夏(石油価格の上昇の前)に次のように警告している。

打撃は為替市場に限られなかった。ドルの一連の切下げと減価は世界商品市場における投機的買いの動きを爆発させ、アメリカやドルとともに通貨が下落していった他の国々で、インフレ圧力を強め、世界的インフレーションにはずみをつけてしまった。

規則のない体制、一九七二年

第二の重要な「非決定」は、おそらく国際通貨システムの共同管理と多数国参加の交渉方式から離れていく第一歩であり、より一層の無政府性と片務主義へ向かう第一歩でもあったが、最初はそれが一つの決定だとは理解されていなかった。それは一九七一年のニクソン－コナリーのドル切下げがいったん首尾よくおさまったとしても、金・為替本位制――しばしばあいまいに「ブレトン・ウッズ体制」と呼ばれている――の何らかの修正形態には戻らないという決定であった。また、そのシステムが解決しようと試みた国際収支の調整や対外準備の保有、為替相場の管理の問題について、一連のはっきりしたルールは持たない、という決定であった。その「非決定」は、一九七二年夏のＩＭＦにおける、加盟国の郵便投票による二〇カ国委員会の設立という欺瞞的形態を取った。ＩＭＦのスタッフの中で既に十分に進められていた国際通貨改革の議論を続けるためにこの委員会が設立されたのである。実際には、それらの議論は、一九七〇年におけるＳＤＲの発行が民間部門からのユーロカレンシー貸付の膨張によってすぐに圧倒されてしまったのとまったく同じように、事態の進展によって、とりわけドルの切下げによって時代遅れになってしまっていた。

だが、これらの事柄に深くかかわっている専門家の多くは、技術的な木を見て政治的な森を見ることができなかった。彼らは、経済的合理性と国際的善意がすべてに打ち勝ち、よりすぐれた秩序だった世界へと前進かつ上へ向かって進むであろう、と単純に信じていた(たとえばShonfield, ed., 1976; Williamson, 1977)。だが真相は、ドルを切り下げ、一九七一年八月に金の窓口を閉鎖したので、アメリカはもはや金・為替本位のわずかな制約にさえ縛られなくなった、ということである。しかし、金・為替本位に取って代わった、トリフィンが言うところの「ドル紙幣本位」は、アメリカの政策形成にいっそう大きな自由を与えたけれども、アメリカはいぜんとして、じゃりどもをおとなしくさせておくための番犬や牧羊犬としてIMFを必要とした。ワシントンは、イギリスに助けられて、ピエール－ポール・シュバイツァーを専務理事から追い出した。しかし、新しい自由は、いずれはIMF協定の改正によって正当化されねばならなかった。またアメリカ自身がやるよりもIMFを通じた多数の国の参加にかこつけて行った方がもっとうまくいく仕事もあった。一九七一年一二月初めのニクソンとポンピドーの間でのアゾレス島での和解以降ずっと意識されていたことだが、七一年八月にひどい打撃を与えたのでヨーロッパや日本との関係を修復する必要もあった。しかし、アメリカ人は、アメリカが今や完全に孤立しているグループ・オブ・テンの会議でそうしない方が最善だと考えた(Williamson, 1971, p. 61)。サンフランシスコ会議を最初とする多くの場合と同じように、アメリカはヨーロッパの同盟国を扱うに際して、他の国々も招待して参加させることにしていた。さもなければ当惑するほど異論が続出する討論となってしまうのであった。大規模な会議では、ヨーロッパはしばしば出し抜かれ、投票で負かされるのであった。

IMFのスタッフによって書かれ、国際通貨システムに再び秩序を確立するために「利用できる」選択肢――通貨改革者によって示唆された選択肢――をくどくどと並べた改革案についての報告を、二〇カ国委員会で討議するというまったく皮肉なパントマイムがこのようにして始まった。その報告は一九七二年のIMF年次総会の一月前に発表され、アメリカを除くすべての国によって実際に役立つ協議事項として歓迎された。だが、コナリー氏の後継者の財務長官ジョージ・シュルツは、旧いゲームのルールに取って代わる新しいルールを示唆した独自の対抗案を作り出した。これは、各国が、国際収支調整政策を採用するか、あるいは準備の増減にしたがって為替相場を上下させるようにすべきである、アメリカはその代わりに、アメリカの流動性ポジションが許容すれば、金とドルの交換性を復活させるであろう、というものであった。この時点でまったく可能性のないこの軽率な約束は、ワシントンのIMF案に対する軽蔑を表わしている。

ジョン・ウィリアムソンがこの点をはっきり書いている。二〇ヵ国委員会が非常に不遇であったのはなぜかの説明——世界の荒んだ状態、各国の利害対立、交渉過程、知的理解の欠如——は良心的ではあるが、まったく必要なかった。彼自身何度も言っているように、明白な事実は、一九七一年に勝ち取った超法外な特権をアメリカにあきらめさせるようなインセンティブ、もしくは拮抗的強制力は存在しないということであった。パントマイムがなし遂げた改革のすべてはただ、IMF協定の改正が仕上げられるまでの時間かせぎであった。改正によって、アメリカを含むIMF加盟各国は、多数の国が参加している国際機構の有用な部分を放棄したり、崩壊させたりすることなしに、為替相場政策を自由に選択することが合法的にできるようになった。

OPECとの没交渉、一九七三年

国際通貨システムの共同管理に関する第三の非決定については良く知られているので、ほんの少しだけ議論すれば良いであろう。それは、一九七三年一〇月のOPECの石油価格引上げに対するアメリカの対応と、翌年二月のワシントン会議でのイギリスとフランスの提案——石油輸入発展途上国に生じる巨額の赤字を考慮して、世界銀行とＩＭＦの資力を早急に大幅に増やすべきである——のアメリカによる拒否に関係している。それは、次の代替策よりはるかに不徹底で感情的なまずい解決であった。代替策は、石油価格引上げを快く受け入れ、物価指数などのインデックスによってドルの減価に対して耐えるようにするが、逆に将来の石油価格の一層の安定を追求するために、ＯＰＥＣと交渉するというものであった。ほとんどのアメリカ人にとって、それはあまりにもアラブ寄りで、厚かましい新参者へ屈服しすぎるように思えた。だが、むしろその時点でＩＭＦ割当額を増やしておけば、一九七〇年代に「オイルダラーのリサイクリング」のために銀行システムに大きく依存する必要はなかったであろう。銀行システムへの依存は、リサイクルのためのＯＰＥＣの剰余が大量に存在し、また経済成長の見通しへの信認がある限り、許容できるものであった。しかし、一九七八—七九年の第二次石油価格引上げの後、政府は、発展途上国への信用供与を突然に止めることのないように銀行をいかに説得するかで悩まなくてはならなくなった。

一九七三—七四年におけるＯＰＥＣに対するアメリカの感情的対応の裏には、将来に禍根を残す相互に関連する二つの「非決定」があったのである。ひとつは、産油国に対して取られた対決的な姿勢であり、もうひとつは石油消費発展途上国に対して取られた無関心な姿勢である。振り返ってみると、どちらも致命的に近視眼的であった。OPECとの対決はワシントンの一部のタカ派が望んだようには進められず、ヘンリー・キッシンジャーが国際エネルギー機関(IEA)という形で消費国の同盟の設立を提案した。IEAは供給の安全の確立という点ではほとんど成果をあげず、アラブ諸国(エジプトを除く)をアメリカがアラブ―イスラエル対立において不偏不党とはほど遠く、石油収入をアメリカの政府証券や株式に投資するよりもユーロ市場に預金しておいた方がはるかに安全である、と確信させてしまった。

この相互不信は、OPECが存在しなければ石油価格はさらにいっそう混乱し、その経済的反作用はもっと悪かったであろうという明白な事実にもかかわらず、一〇年間にもわたって関係を悪化させ続けた。エディス・ペンローズが当時正しくも述べていたように、「OPECが存在しなかったら、何らかの形でそれを創出することが工業世界の利益になった」のである(Penrose, 1971; Mikdashi, 1986; Rustow and Mugno, 1976; Rustow, 1983)。産油国に対するその後のアメリカの政策を検討して、ミクダシ教授は、生産国―消費国の間での国益の穏やかな和解の妨げとなる「一連のよけいな攻撃的な」(ミクダシでなく筆者の叙述)アメリカの決定に注意している。その一連の措置は、ガットの協定にまったく反して、OPEC諸国に対する最恵国待遇を取り消すことで始まった。それは、発展途上国からの製品輸入を優遇する一般特別特恵供与計画によって与えられている利益からＯＰＥＣ加盟国を排除したのであった。そして、一九七四年通商法の議会修正によって、東京ラウンドで交渉されたいかなる譲歩もこれ以上ＯＰＥＣ加盟国には適用されないことが決められた。こうしたいやがらせを行わずに、アメリカが石油価格と特恵供与についての交渉を申し出ることもできたかもしれない。そうしていたなら、その後のオイルショック(価格の上昇ならびに下落)はそれほど極端にならず、国際通貨システムに対する破壊的影響はかなり緩和されたであろう。

石油輸入発展途上国の苦境に対するアメリカの無関心は、フランスと一九七四年二月のワシントン会議の圧力によって、一九七六年のパリ国際経済協力会議(ＣＩＥＣ)への参加に渋々と合意した時、これ以上ないほどはっきりとした。ＣＩＥＣの四委員会(エネルギー、金融、貿易および商品)は行き詰まり、退屈と憎しみのうちに終わった。ＩＭＦ専務理事ウィッテビーンによる、ＯＰＥＣの貸付による特別オイル・ファシリティの設立や、ＩＭＦの金売却手取金の一部を信託基金へ向けることについての合意のための努力は、問題の表面をちょっとひっかいたにすぎなかった。一九四九年の大統領就任演説でトルーマンが行ったようなアメリカによるリードなしには、重要な成果を生むようなことは何も起こらないのである。発展途上国のために、一方では輸入インフレを他方では原油価格の上昇を補償する長期基金をＯＰＥＣとＯＥＣＤが共同で設立する、というイラクの一九七九年のいささか新奇な提案にさえ、アメリカはまったく耳を貸さなかった。

最後の貸し手の不在

一〇年間における五つの誤った転換点の最後のものとして、一九七四年の銀行破産に対する、主としてはアメリカの、しかし他の主要通貨当局も共通する対応を指摘したい。短期間のうちに、ヘルシュタット銀行、フランクリン・ナショナル銀行、サンディエゴ・ファースト・ナショナル銀行等々が崩壊したことで、ユーロ市場における多くの銀行の取引が各国の規制と監督の範囲外におかれているというシステムの弱点が注目された。さらに重要なことは、これらユーロ市場での取引が本国の通貨以外の通貨で行うことができるという事実であった。国際決済銀行(ＢＩＳ)での中央銀行会議を通じて、一九七五年のバーゼル協定が生まれた。この協定で各国は自国の商業銀行に対する監督を強化し、(必要なら)支援の責任を引き受けることで合意した。国際銀行業の規制に関するクック委員会も設立された。そして、最初の一連の破産に続くドミノ効果は生じなかったので、政策策定者は(少数の例外を除いて)ほっと一息をつき、一九八四年のコンチネンタル・イリノイ銀行の恐怖までの七、八年の間、頭の中から問題のすべてを捨ててしまった。注目すべき例外としては、とくに次の人々があげられる。BISのスタッフ、連邦準備制度理事会のヘンリー・ウォーリック、OECDのエミール・ヴァン・レネップ、および、とりわけジェレミー・モース、オットマー・エミンガー、ヨハネス・ウィッテビーンなどグループ・オブ・サーティとして組織された元中央銀行員のチームである。このグループの事務局は、国際銀行業の安全性をテーマとする一連の有益な研究を進めてきた。しかし、大蔵大臣および代理の会議に関するグループ・オブ・テンの取り決めが、一九七四年以降利用されなかったことは(アメリカの決定である。六九頁参照)、一九七〇年代後半と八〇年代初めに開かれた国家首脳のさまざまなサミット会議に国際金融不安がほとんど反映されなかったことの表われである。その結果、多くの者が指摘しているように、国際金融システムは最後の貸し手の不在によって苦しみ続けるのであった(Kaletsky, 1985 ; Lever and Huhne, 1985 ; Griffith-Jones and Lipton, 1984)。

最後の貸し手こそ、信用市場が発達し、それに経済的信認と成長が依存しているいかなる国でも、すべての政府が作っておかなければならないことに気づいた機関であった。この最後の貸し手は、市場の状態に照らしてシステム全体の利益のためにいっそうの慎重さを要する時には貸付を行いすぎた銀行を罰することができるばかりでなく、銀行が慎重になりすぎている時には、もっと自由に貸付ができるように銀行を励ますことができる権威を持っているのである。だがバーゼル協定はそのような権威を生み出さなかった。その結果が、一九八二年のメキシコの場合であった。この時、ポルティーリョ大統領が辞任し、後継のデ・ラ・マドリ大統領が(石油価格の下落と銀行の信認の急速な消滅によって)過去の債務に対する元利支払いができなくなったと宣言した後で、やっとアメリカ、イギリスとIMFがリードして動き出した。銀行からの貸付ポートフォリオとその満期についてのデータ収集は、手綱と拍車、ブレーキとアクセルの微妙なバランスに十分代わるものではないのである。言い換えれば、調教を受けているサラブレッドと同じような緊張状態にある金融市場に対する責任を中央銀行は負うているのである。最後の貸し手は(メキシコなどの場合のように)災難が生じたときに災難を取り除くことができなければならないばかりでなく、災難を未然に防ぐこともできなければならないのである。世界通貨システムにおけるこの非常に重要な最後の貸し手の不在に対処する政策として何が考えられるかは、本書の最終章で検討しよう。

国内的決定

とうとう、重大な決定についての第三番目の仮説にやってきた。すなわち、世界の金融市場は加速的に統合されているので、自国の銀行、国内金融市場および国内経済運営に関するアメリカの国内的決定のいくつかは、世界システムのための基本的決定として含められなければならない、ということである。何故なら、アメリカの国内決定は国境を超えてはるか遠くにまで影響を及ぼすからである。何年も前のことだが、一九六〇年代に、オットマー・エミンガー博士は、象と一緒にベッドに寝るのはとても不快だと述べていた。この比喩はとりわけ適切である。象は、ベッドの中の小動物の不快さについてはいうまでもなく、その存在にさえ気がつきそうもないからである。そして、これがまさにアメリカの大部分の国内意思決定のやり方である。ユーロカレンシー業務、アメリカの銀行の対外貸付、新しい金融市場、銀行業と金融における新しい技術発展、そしておそらくあらゆるものの中でもっとも重要な広範に影響を及ぼす国内通貨管理に関する国内意思決定のやり方がそうだったのである。

ユーロカレンシー業務については、シティ・オブ・ロンドンの世界の金融市場としての再開が、一九六〇年代初頭のユーロドル市場の急速な成長のための必要条件のひとつであったことは既に述べた。ユーロカレンシー市場の成長と発展については数え切れないほど書かれているので、ここで詳細を繰り返す必要はない(Strange, 1976; Solomon, 1978; Versluysen, 1981; Moffitt, 1984)。だが、まず最初に、ヨーロッパの通貨が一九五八年に交換性を回復したとき、(ポンド建てでなく)ドル建てでイギリスの銀行が預金を受け入れ、貸付を行うことを認めたイングランド銀行の決定が思い出される。続いて、アメリカの銀行のロンドン支店が、イギリスの銀行の例にならうことを認めるアメリカの許可が出された。実際、アメリカの銀行には、本店による短期預金の取入れに対するレギュレーションQ(金利上限規制)やその他のニューディール後の規制による制約から、ロンドンでドル建て預金・貸付業務を行う強い誘因が存在していた。一九六四年からの金利平衡税によって、ドルの預金者と借り手、この両方をめぐってアメリカの外で競争する誘因がさらに強まった。金利平衡税の効果は、ニューヨークで資金調達を試みる借り手を罰する点で、上述の規制の制限的効果と同じなのであった。

筆者は、さらに、一九七四年においてさえ、アメリカの通貨当局がユーロカレンシー市場における銀行の海外営業の重大性について、少しもまじめに考えていなかったことを指摘したい。これが、後に認識されるように、発展途上国債務国と世界の短期信用市場システム全体の安定性に重要な影響を及ぼした。その一つの側面が、ユーロカレンシー貸付の利払いの基準としてのLIBOR(ロンドン銀行間貸付金利)の採用であった。これは最終的貸し手から最終的借り手へのリスクの移転にかかわっている。つまり、ユーロカレンシー金利は金融市場における需要と供給に対応してばかりでなく、アメリカ国内金利の動きにも対応して動くが、金利が上がったり下がったりする場合、LIBORに従って利子支払いが増えたり減ったりすることになる。そして、この利子支払いの変動リスクを引き受けるのは借り手なのである。対照的に、一九世紀と二〇世紀の初めには、ほとんどの国際貸付は債券の発行によって行われ、リスクの配分は非常に異なっていた。戦争、革命、経済見通しの悪化やもっと魅力的な債券との競争などによって外国債券の価値は下落し、新しい債券の金利も変化したが、これらのリスクを引き受けたのは債券保有者であった。金利が上がるなら、つまり投資家が既に保有している旧債券に支払われる金利より新規の債券に一―二％高い金利が支払われるなら、旧債券の市場価値は下落する。その結果、新しい金利を稼ぐには損失を出して旧債券を売却しなければならない。このシステムでは、自国政府のコントロールの及ばない外国の借り手への貸付に伴う長期リスクを担っているのは債券保有者であった。しかし、少なくとも短期的には、債券保有者は市場価値の下落で失ったものを利回りの上昇で獲得した。何百万人ものフランス、ドイツ、イギリス(後にはアメリカも)の債券保有者はその後、トルコ、中国、帝政ロシアやその他の外国債券を保有していることに気がついた。だが、それらは長い間まったく無価値の紙切れとなっていた――尤もその一部は収集家向けの別の希少価値を獲得したが。彼らは急いで外国債券保有者協議会を組織したが、ほとんど成果をあげなかった。ユーロカレンシー貸付で採用された変動金利システムは、世界の資本市場で信用の逼迫が生じた場合、新規の借入がますます難しくかつ高価になるのと同じように利払い負担が重くなるので、借り手の支払い責任が直ちに増大することを意味した。(両方のシステムの下で、大銀行は、債券発行者のためであれ、あるいはシンジケート・ローンの主幹事銀行としてであれ、リスクを他の者に転嫁するように一生懸命に試み、そのほとんどに成功した。そして、いずれのシステムの下でも、不良債権が大幅に増大すると非常に慎重となる傾向を誘発するので、当事者のすべて、つまり最終投資家、銀行、最終借り手はいずれもビジネスの機会が減少した。)全体的な観点からみると、経済的(政治的)見通しがいささか不確実な借り手へのリスク負担のシフトは、もちろんそれを規制し、安定化させるための他の相殺的な手段が取られない限り、必然的にシステムのもろさを増大させるのである。

ユーロ貸付のもう一つの側面はシンジケート化であった。初期の段階では大国際銀行は他の主要債権国の銀行とパートナーシップを組むことで対外貸付に内在するリスクを最小限にとどめようとした。大国際銀行は、通常はアメリカ、イギリス、ドイツ、日本、フランスやオランダなどのパートナーが一緒に共同で所有するコンソーシアム銀行として知られる子会社を設立した。しかし、各国パートナーの国内信用政策は、同時に同じ方向で一斉に変わるわけではないので、また、各親銀行のリスクと収益機会についての認識が異なるので、貸出政策を調整することが予想以上に困難なことが分かった。一部に成功したものもあったが、コンソーシアム銀行は人気がなくなった。しかし、シンジケートは違った。主幹事銀行が、取引の条件を決め、大規模なユーロカレンシー貸付をまとめ上げ、小銀行に貸付の一定のシェアを分担するように説得する。そして主幹事銀行は、幹事手数料を稼ぐか、金利支払いの中から比例配分以上の大きな分け前を受け取った。ある者はこれをシェア・プッシング〔押し込み販売〕と呼んでいる。しかし、どのように呼ぶにせよ、それによって大銀行は、この対外貸付にますます多くの小銀行を参加させることに大きな刺激を与えられた。国内業務に対するきびしい規制に較べてユーロ市場に対する規制が相対的に緩いという事実は、アメリカの銀行にとっては、これが年間の売上高に対する利潤を示し、株主(と預金者)にその銀行が生存能力のある企業であることを説得する、唯一の手段であった。シンジケート取り決めは、多くのアメリカの銀行が一九七〇年代における利潤の多くを――いくつかの場合は六〇%以上も――国際業務から生み出した主な理由ではなかったけれども、それがアメリカの銀行の対外貸付へのかかわりの広さを説明することはまちがいなかった。

アメリカの銀行業規制の第三の特徴が、一九八〇年国際銀行業法の制定で現われた。これは、アメリカの銀行と外国の競争相手との間における公平さを取り戻すために待ちに待った措置としてアメリカ内部では広く歓迎されたけれども、それは多くの点で、レーガン大統領の下でばかりでなく前大統領ジミー・カーターの下でも進められていたアメリカ経済政策の一般的傾向と歩調を合わせた規制緩和措置でもあった。アメリカの銀行ははじめて外国のライバル銀行のアメリカ子会社と同じように自由に営業することが許され、また、これまでロンドン、フランクフルト、香港や東京にある外国支店、あるいはケイマン島やバハマのナッソーのようなタックス・ヘイブンにおける外国支店をとおして行ってきた業務をニューヨークで行うことが許された。ニューヨークにおける国際銀行業ファシリティーズ(IBF)を認める法律改正は、カリブ海の避難所をとおして行われてきたアメリカの銀行の業務の相当な縮小をもたらした。しかしながら、それらが成長したということは、アメリカの領土外での活動に対するアメリカ人の一般的関心の欠如と公的な無関心の反映にすぎなかった。アメリカの議会が、アメリカに本拠のある銀行は国内で行われようと、海外で行われようと、その業務を特定の規則にしたがって行わなければならないと定めるのを阻止するものは何もなかった。アメリカの銀行のユーロドル取入れに対する準備要求も最終的には、新しい強力な金融引締め政策の一部として一九七九年一〇月にボルカーによって導入された。しかし、それはアメリカの銀行にアメリカ国内の会社へ貸し出した

(ユーロドル)資金の八%を連邦準備制度に預金することを要求しただけであり、非常にきびしい制限というわけではなかった。

タックス・ヘイブンならびに銀行規制ヘイブンの成長も、初期の段階で容易にチェックできるものであった。それらを利用する銀行、会社および保険会社の本国政府は、いつでもそれらを立入禁止にすることができた。アメリカの議会がそうしなかったのは、部分的には、政府の役割についてのアメリカ人の考えによるものであり、また間違いなく、アメリカ国内ないしアメリカ社会や経済に直接に目に見える形で影響を及ぼす行動にしか重要性を与えない近視眼的やり方のためでもあった。それはまた、アメリカ通貨当局の独特な分散的性格によって促進されたものでもあった。ほとんどの国では金融政策の策定および執行を二つの権力センター、大蔵省と中央銀行の間に分割している。しかし、アメリカは本当に当惑させるほど多様な公的機関の間で責任が交差、共有されている。財務省の他に、連邦準備制度理事会があり、財務省の中には通貨監督官局(OCC)がある。その上、対外通貨関係は、連邦準備制度における第一人者、ニューヨーク連邦準備銀行によって処理される。他方、金融・株式市場に関する規制権限は一九三四年以降ずっと証券取引所委員会(SEC)に委ねられている。さらに、議会(下院銀行・金融委員会と上院銀行委員会を通して)に、これら機関の法的権限をどれでも改訂する権限が与えられている。さらに、連邦としての性格から、実際には銀行業が連邦規制機関と同様に州によっても統治されている。とりわけニューヨーク州の銀行当局は重要である。

事態の進展とシステムに対する懸念の圧力の下で、ヘルシュタット銀行崩壊後に、一九七四年のBIS宣言と一九七五年の公式のバーゼル協定にしたがって、銀行システムの監督を強化し、内外の活動について銀行からもっと多くの情報を集めるより広範な権限をOCCに与える動きがあった。しかし、その権限は小さすぎ、情報は遅すぎた。たとえば、一九七四年以降、OCCは個々の銀行の国別の貸付をチェックし始めた。だが、このチェックはアメリカの大銀行が、メキシコ、ブラジル、アルゼンチンといった主要ラテン・アメリカ債務国へ過大な貸付を行うのを止められなかった。しかも、銀行間借入の拡大が、全貌をとらえることをできなくしていた。ただ、「いかなる借り手に対しても貸付ポートフォリオ残高の一〇%以上を貸し出してはならない」とする規則が、子会社や他の銀行をとおした一主権債務国への貸付を制限していたにすぎない。一九八二年以降、すべての銀行は支払い期限の過ぎた貸付をOCCに報告しなければならなくなったが、これにも同じく事後的報告だという欠陥がある。

市場と通貨当局の力のバランスをほぼ同じに保つために、金融市場の統合が実際に監視と規制の強化を要求していたまさにその時に、国際金融システム全体を監視と規制の緩和の方向へ向かわせたのは、アメリカの銀行の海外活動に対するアメリカ当局の単なる無関心ではなかった。フォード大統領、カーター大統領、およびレーガン大統領の下での過去一〇年間における国内政策の支配的傾向は、規制緩和であった。首尾一貫して行われたというにはほど遠いが、規制緩和が航空、電話、金融サービスに適用された。(政策がしばしばそうされるように)自由主義イデオロギーのすばらしい音色の美辞に包まれているが、金融サービスの場合、規制緩和は実際最大規模で最も成功しているアメリカ企業と銀行の非常に強力な利害関係によって駆り立てられたものであった。そしてこれがワシントンのロビイストによって支持され、影響力のある著述家、雑誌、新聞によって広められたのである。

金融システムと経済の安全を守るためにこれまで規制されていた信用創造の三つの主要な方法がどれもこの一〇年間に浸食されていった。預金金利規制は短期資金の移動性を減らすためのものであった。しかし、六カ月未満預金に対して残されていた金利上限は一九七〇年に撤廃され、要求払い預金への制限も一九七八年一一月に撤廃された。一九八〇年には、預金金融機関規制緩和・通貨管理法によって規制緩和の過程が大幅にスピード・アップされた。この法律によって一九八六年までにすべての金利規制が完全に廃止される。一九八一年にOCCの一職員がコメントしたように、「インフレに誘発された高金利によって金利が規制されていない短期金融市場証券などへ預金が流出し、小口貯蓄者が市場金利を享受する機会を与えられた時、金利規制の緩和は至上命令となった(2)」のであった。

以前から、そして現在ではグラス・スティーガル法とマクファデン法の下でアメリカの銀行法は、銀行の活動を地理的かつ機能的双方から制限することで、銀行のドミノ的崩壊の可能性を抑えようとしてきた。しかし、一九七四年にOCCが、資金の機械的移転を可能にする「顧客—銀行通信ターミナル」は州際銀行業務を禁止している法律に反するものではない、と規則を定めた時、州際業務の禁止は土台を揺るがされた。これによって、州際銀行業への門戸が広範に開かれることになった。さらに、一九八〇年代初め、貯蓄・貸付組合(S&Lないし「貯蓄金融機関」)が州全体にあるいはいくつかの場合には州境を超えて支店を開設することが許された時、州際業務は一段と開放された。その間に、サービスの多様化についての禁止も一段と緩和されていった。だがそれは、銀行が保有する不動産投資信託が困難に陥った一九七四年にすでに問題をひき起こしていた。その後、アメリカの銀行は、利潤を求めて、ユニバーサルバンクのための営業の自由を求めて進んでいった。だが、そこにはある分野での困難がすぐに親会社や他の分野へ広がってしまう危険がある。カーター政権の下では、規制緩和は公平の原理を根拠にして(「もしXがそれを行うのなら、何故Yは行うことができないのか」)正当化された。レーガン政権の下では、必要から徳が作られた。「安全で健全な銀行システムを保証するに際して、政府の監督より、市場の規律が重要となるような世界へ向かって仕事を進めなければならない」[3]と通貨監督官コノバーは言っている。そして、信用手段に対する既存の制限が取り除かれ、短期金融市場投資信託(MMMF)、買い戻し条件付取引、ゼロクーポン債など新しい金融信用手段と新しい工夫、および商品と商品先物の新しい形態の取引が生まれた。規制されずに(あるいは相対的に規制されずに)これらの取引が成長するのを許す重大な傾向が同時に発生していたのである。最近のアメリカン証券取引所では新しいオプション市場がブームになっている。オプションは、競馬、トランプめくり、サイコロころがし、ルーレット円盤のがらがらなどのギャンブルとほとんど変わらない金融取引である。現在では、実際に、金(あるいは豚肉や濃縮オレンジジュースにいたるまでの他の商品のほとんど)の価格が将来の一定期間内にどれだけ上がるか下がるかについて賭をすることもできる。一九七五年には「ジニーメイ」〔政府抵当証券金融金庫債〕の先物取引もできるようになった[4]。今日では、シカゴで一〇〇種の大型株式からなる証券取引所株価指数がどれだけ、どのような早さで上がるか下がるのかについて賭をすることもできる。アメリカン証券取引所は一九八三年にダウ・ジョーンズ三〇優良株に五銘柄を加えたものをベースとする株価インデックスのオプションを導入した。これらのオプションや先物市場には、いかにして取引が行われるのか、卸売基準で(すなわち小売顧客のために)取引をしてよいのは誰かについて一定の規則がある。しかし、いかに多くの投機市場があるのか、あるいは、ギャンブルに賭けられている額は、どれだけになるのかについて、総額はもちろん個別的にさえ、連邦レベルでの包括的コントロールは存在しないのである。

新しいギャンブル・ゲームを工夫するディーラーの才能が規制当局より先に進んでいったのと同じように、銀行とファイナンスの技術も進んでいった。これは二つの方法でなされた。ひとつは機械の発達である。機械は金融取引を行う過程を、金利支払いを年や月、日あたりでなく秒単位で計算することがまもなく必要になるであろう点にまでスピード・アップした。コンピュータ・電子産業全体によって可能になったり、促進もされた自動資金振替システムは、貨幣の流通速度のような伝統的考えや国境を超える資金移動についても影響を及ぼした。しかし、これらの含意については依然としてなおまだ十分に評価されていないし、調べられてさえいない。この二、三年の間に銀行は「白昼の当座貸越」と呼ばれる操作によって連邦準備の準備要求を打ちまかせることを発見した。すなわち、営業日の終了時に準備ポジションを復元する技術を利用さえすれば、残りの二四時間は準備要求を逃れられるのであった(Mayer, 1982)。

技術が規制当局より先に進んでいるもうひとつの点は、非銀行による銀行業の発展である。全国的通信販売業を営んでいたシアーズ・ローバックは、現在では他のいかなる銀行よりも多くの小切手を現金化している(Naisbitt, 1984)。銀行はどこでも使えるクレジット・カードの形で「プラスティック・マネー」を発行したけれども、非銀行がすぐにその考えをまねたので、石油、衣服、食糧、旅行費用やあらゆる種類の家庭用品が今日ますますこれらの手段を使って売ったり、買ったりされている。この形で個人信用がどれだけ与えられたか、そしていぜんとして与えられているかについて、筆者の知る限り、誰も完全に計算していない。銀行による信用創造は通貨当局によって設定された規制上の限度に服しているが、非銀行による信用創造を規制するシステムは存在しない。また、銀行のように行動するが銀行とみなされていない金融機関の活動も監視されていない。メリル・リンチが国際的ブローカー業務でのもっともよく知られた例であるが、同社は国際市場ではどの点からみても銀行と同じように活動している。メリルは、二年間でシティバンクより二〇億ドル多い預金を獲得したといわれるが、その営業は銀行規制の範囲の外にある(Naisbitt, 1984)。

非銀行や新しい技術変化、新しい金融市場に対するアメリカの寛容さと、規制ではなく規制緩和へ向かう政策のシフト、この二つは、まちがいなく、かつては他の国々が追随する模範となったであろう。しかし、アメリカの例にならう絶対的必要は現在よりもずっと少なかったであろう。他の国々にとっての選択範囲は最近よりもはるかに開かれていたのである。しかし、サービス産業の輸出によってアメリカほど利益の得られない国々が、規制緩和の傾向を模倣している多くの例をたどることができる。アメリカの後に続いたのはイギリス(一九七九年に為替管理の撤廃、非ポンド借り手によるブルドック債〔英国内で発行される非居住者の債券〕の発行、イングランド銀行の割引便宜と輸出信用保証の外国銀行への供与)だけではなかった。ここではイデオロギー以上のものが作用している。他の金融センターは、純粋に自己防衛のために、同様な便宜、同等の自由を民間の銀行業務オペレーターに提供するよう圧力をかけられている。いかなる形の外国の侵入に対しても最も影響の受けにくい日本でさえ、銀行間取引と譲渡性預金証書(CD)の導入や、銀行業の国際化と関係する相対的に規制されていないシステムにおける金融活動の拡大など、アメリカ的取引慣行の模倣を余儀なくされている(Kaufman, 1985)。

既述のように、アメリカの国内政策が世界の貨幣・金融システム全体に広範な影響を与えている。すなわち、ユーロドル貸付や投機的金融市場の族生に対する、また自国の銀行や銀行のように行動する非銀行に対する寛容さである。もっとも重要な国内的決定として残るのは、一九七九年一〇月にアメリカ国民経済の管理にいわゆる「マネタリズム」を採用し、それによって他の国々と世界経済に高くてかつ変動の激しい金利を強制したことで

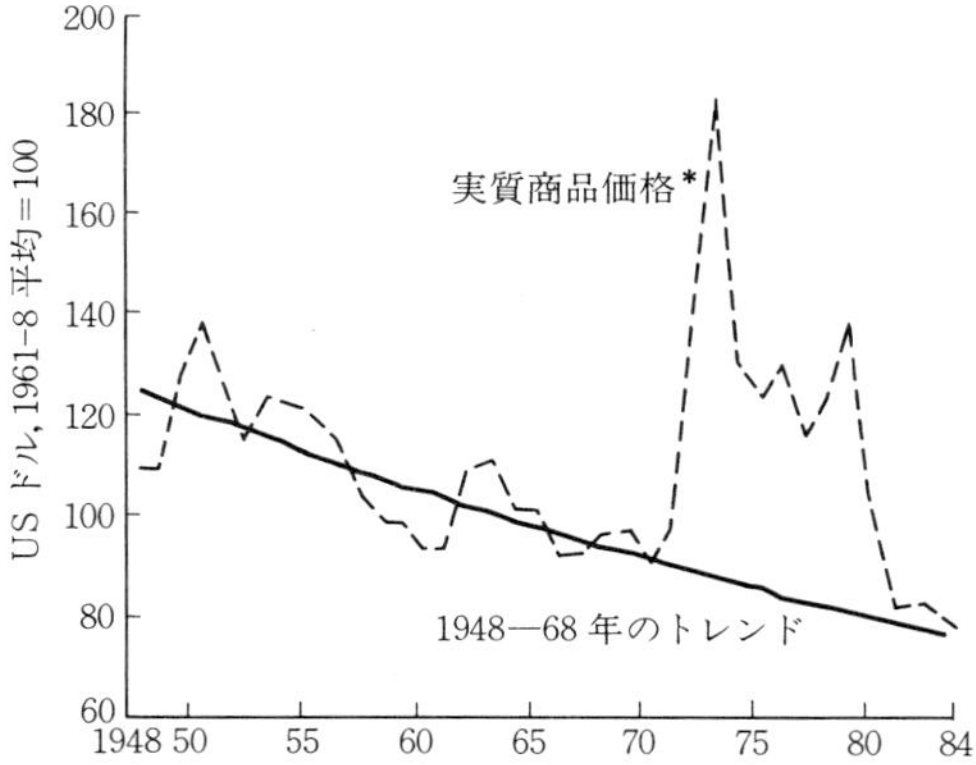

* 世界銀行商品価格指数をアメリカ生産者価格指数でデフレートしたもの.
［出典］ 世界銀行，アメリカ労働省労働統計局.

図 2-3　実質商品価格の動向

ある。そしてこれは、ミルトン・ギルバートが論評したように「是正措置として必要な程度をはるかに超えるデフレーション」(Gilbert, 1980)を始動させたのであった。アメリカのマネタリズムの悪影響については、その影響を被った外国の首脳によってばかりでなく、アメリカの対外経済政策の公式目標にだいたいは共鳴している多くのアメリカ人や国際機関元職員らによっても批判されている。この主題についての文献は厖大にあるので、政策の決定と国内でのその帰結、および世界全体へのその影響について詳細を繰り返す必要はないであろう。現在の目的にとっては、これらの批判のうち主要論点のいくつかを簡潔に思い出せば十分である。

多分、もっとも基本的なことは、これが本当にはマネタリスト的政策でないことである。というのは、アメリカ政府は、一方でマネー・サプライのコントロールによって達成しようとしているものを、他方で税収を上回る政府支出による予算赤字の一貫した増大をファイナンスするために台無しにしているからである。このためこの政策は「いわゆるマネタリズム」と呼ばれるのである。基礎理論にしたがった本当のマネタリズムによれば、政府の資金調達は、古典的な恒等式 MV＝PT において小さな役割しか果たさないので、貨幣の価格(すなわち、利子)に影響を与えない。アメリカ政府の支出は、一九七三年のGNPの二七・四％と較べて一九八三年には三五・四％にふえていた。その上、政府の資金需要は緊急を要するので、価格は問題でない。政府の支出は、一九八二年のように、たとえその過程で議会の規則が曲げられようとも、ファイナンスされなければならないのである。したがって、金利がどんなに高いかは問題でなく、金利は政府の支出水準や連邦政府信用機関の信用創出方針に対して影響力をもっていないのである。

批判の第二の主要論点は、金融政策が行われる方法が不必要に変動的、熱狂的になり、すでにかなり興奮している金融市場の変動性と神経過敏さを強めてしまっていることである。通貨供給の伸び率目標としては、連邦準備が政策の標的としている季節調整済マネー・サプライの数字が毎週発表されている。この仮の数字に対する市場の反応は即時的であり、誇張されたものであった。この最初の推定数字は、連邦準備自身が認めたように、相当に誤ったものであり、改訂されなければならないことがしばしばであった。たとえば、一九八三年の月間の推定伸び率は後で平均して三・二％も上方に修正され、さらにその後の説明で約五％近くも改訂された(Wenninger, 1985; Heter and Kamilow, 1979)。金融政策もまたいつも一部は暗闇の中で動いていたのである。アメリカ国際収支統計のなかで「誤差・脱漏」として記入される数字が巨額となり、アメリカの資金の流出入に計算できない変数を持ち込んでいる。その上、米国大手証券会社ソロモン・ブラザーズの主席エコノミスト、ヘンリー・カウフマンは、彼自身の論評によって時々市場を動かしてきたが、連邦準備が貨幣の定義を変え、それによって目標値の計算を変える傾向があると指摘している。連邦準備は一九七八年一一月から一九八二年四月までの間に四回以上も定義を変えたのであった(Kaufman, 1985)。通貨当局は、信用創造に関して金融革新を考慮に入れる際や、マネタリー・ベースとマネー・サプライ全体の関係を推定するに際して、つねに「キャッチ・アップ」を演じている、ともカウフマンは言っている。このように、目標の位置が変わるので、金利の変動性はいっそう激化した。そして、一般的動きは、長期から短期(非常に流動的な)金融資産へ向かっている。その上、銀行と他の金融機関は、固定金利の契約から基準金利にしたがって変動する貸付契約へと変えた(変えることを許された)ので、システムの不安定性は増大した。銀行が資産と負債の満期を釣り合わせる「スプレッド・バンキング」が一般的になってきているが、その効果は、安定的な貨幣・信用システムでは銀行自らが負担しなければならない金利変動リスクを預金者と借し手にシフトさせることである。

その結果、すでに大量の債務をかかえ、株式によるファイナンスよりもむしろ銀行貸付にいっそう依存するようになっている法人顧客は、リスク負担のこのシフトによっていっそう傷つきやすくなり、公然あるいは隠然の国家の介入によって支援されない限り、破産か合併のいずれかにいっそう陥りやすくなった。「マネタリスト」政策の最終結果は、いとも簡単に、そのイデオロギー的意図とはまったく正反対のものになってしまうかもしれないのである。国家介入の網から民間部門と市場経済を開放する代わりに、ムッソリーニのイタリアがそうであったように、これまでのどこよりも、国家が実際には産業と企業に広範かつ恒久的に関与するようになるかもしれない。

この倒錯した政策の例は、国境や市場間の境界のどちらをも超えて進む国際金融市場の統合の経済的帰結と、この発展に対する政治的対応、各国の政策の自律性を再び主張しようとする試み、これら三つの組合せから生じている。しかし、その宣伝係が主張するように患者に健康と正気を取り戻す代わりに、実際にはそれは、患者を以前よりも傷つきやすく、処方箋が書かれていたまさにその病気——国家への従属——に対してあまり抵抗ができなくさせてしまっている。

（1）第五章、二二九―二三七頁参照。

（2）カントウェル・マッケンフェス三世の、一九八一年九月二二日の、米国上院銀行・金融・都市問題委員会における証言。

（3）ゴノバーの演説はOCCの四季報(*Quarterly Journal*)一九八二年一〇月号にのせられている。

（4）GNMA(全国抵当証券局)より。

第3章　世界経済をめぐるさまざまな解釈

前章で、筆者は、世界の経済的混乱は貨幣・金融的なものであること、この混乱は偶然によって生じたものでなく、実際に政府の一連の決定によって育成され、促進されてきたものであることを示唆した。この見解を共有している者は、新聞や、学術誌、著書の執筆者の中で少数である。だが、貨幣と金融をとくに扱っている文献の範囲を超えて探すなら、我々の現在直面している困難の原因についてずっと広範な解釈を発見できるであろう。国際通貨・金融についての決定は一般には非常に限られた範囲でしか理解されていない。そこで、最近の事件に関する多くの相対立している解釈について一般の人むけの案内を試みることが役に立つであろう。この苦境を大変心配している人々の多くは徹底的に勉強するだけの時間も忍耐もない。加えて、自分の職業や関心領域や自己の政治的信条に適う文献だけを読む傾向にあるので、さまざまな解釈の紹介はそれだけ一層必要である。それ故、できるだけさまざまな解釈と偏見を含めて案内することが役に立つであろう。

世界経済の混乱の貨幣的および金融的側面を重要でないとして簡単に片づける傾向にある二つのグループの解釈がある。主として貿易政策の欠陥を強調し、それに混乱の罪をきせるグループと、最近の経済史のあれやこれやの決定論的見解を提出することによって特別に誰かを非難することを避けるグループである。

貨幣的側面を無視して説明しがちなのはひとつには経済学研究の過度の専門化傾向のためである。貿易と貨幣は、投資と雇用のように、だんだんと異なった理論のボックスの中で扱われるようになっている。その各々はたいていは他方のデータの一部として扱われるが、両者の関係は一貫して見落とされたり、過小評価されたりしている。したがって、最近のような同時代の解釈となると、二つの間には分裂ないし分派が現われる。そして、少なくとも工業国において支配的となり、もっとも影響力を持つのは、国家間の貨幣関係に関心を持っている者よりも貿易関係に関心を持っている経済学者の意見である。たとえば、一九八二年一一月のジュネーブにおける貿易担当大臣の会合や、一九八三年と一九八四年の国家首脳の経済サミット時の西側の新聞を調べると、通貨管理の失敗でなくて、保護主義が世界の将来の繁栄にとっての最大の危険であることが広範に指摘されている(1)。

だが、専門分派は、部分的には、このように意見の分裂が広範におきるのは何故かを説明しているが、何故貿易による解釈が貨幣的解釈よりも支配的になったのかについては説明していない。

多くの歴史家の証言にもかかわらず、世界の経済不況を貿易に基づいて説明する解釈が金融に基づいて説明する解釈よりも非常に優勢なのは何故か、という謎が残っている

(Davis, 1975; Lewis, 1949)。その理由は職業的、歴史的、政治的、あるいはそれら三つの混ざったものであろう。職業的というのは、教師が説明し、学生が理解するのに、複雑な信用の収縮と貨幣的不確実性よりも貿易障壁の不況効果の方がはるかに分かり易いからである。歴史的には、ルーズベルトとトルーマン政府の主要外交政策目標は、アメリカの通商および金融支配のために戦後の世界経済をできるだけ広く開放させることであった点が思いだされなければならない(Block, 1977)。この目的のためにアメリカは、国益ならびに一般的利益のために、あらゆる犠牲を払っても保護主義と差別主義は避けなければならないという信念——これは、保護主義は不況の原因でなくて徴候にすぎないという当時のほとんどの歴史家が到達した結論とは矛盾するものであったけれども——を、断固として繰り返し説得しなければならなかったのである。

最後に、政治的要因がある。保護主義を強調することはすべての関係者を平等に非難するのに役立つのである。ヨーロッパと日本も、アメリカと同じように——いくつかの点ではアメリカ以上に——この罪については有罪である。発展途上国でさえ保護主義に陥っており、悪いのは金持ち国だけではない。しかしながら、貨幣と金融に対する力は諸政府の間に非常に非対称的に配分されており、アメリカが他のどこよりもはっきりと上位に立っている。たとえ何をなすべきかについて一層の確実性と合意があったとしても、そして政治的にいかに行うかについて確信があったとしても、他の国の経済的病苦の責任をアメリカが引き受けることは困難であろう。そして、現実には合意に欠け、確信もないので、アメリカの困った立場は一層不愉快になり、したがって貨幣的説明もそれだけ不人気となる。

決定論主義の技術的説明

貿易問題を強調することよりもっと人気があるのが、「何事が起ころうとも、それはそうなるはずになっていた」という理由を見つけることである。現在の経済的困難についての決定論者の解釈では、いかなる政府も、いかなる階級も非難や責任から無罪放免されている。この解釈には二種類、政治的解釈と技術的解釈とがある。

政治決定論者の説明は、「政策策定者は、他の国でもそうだが特にアメリカでは権力の喪失で苦しんだのでそうする以外のことを行うことはできなかったのだ」と言って彼らを弁護する。他方、技術決定論者の説明は、「これまでに発明されたいかなる政治システムも克服することのできない経済史の計り知れない力によって、政策策定者は圧倒されてしまったのだ」と指摘している。前者は国際政治システムにおけるアメリカの、ソ連に対してというよりむしろ日本やドイツ、その他のヨーロッパ共同体加盟国に対しての、さらに

OPECと一部の発展途上国に対しての権力の喪失を想定している。それはまた、アメリカの経験にとどまらず、すべての国家が、密接に結合し統合されている今日の世界市場経済において、国民経済を管理する力をなくしている情況についても述べている。

技術的歴史的決定論は、経済的変化、そしておそらくより重要なものとして急速な技術変化に直面した政治組織の相対的無能力を想定している。これは、最初は一九一三年にオランダのマルクス主義者バン・ゲルデレンが、一九二〇年代にはソ連の経済史家ニコライ・コンドラチエフが追究したいくつかの実証的統計的研究に基づいたものである。経済成長や物価と賃金の関係についてのデータの分析からコンドラチエフは、あまり激しくない短期の景気循環と同様に、早い成長と遅い成長の長期波動のはっきりと確認できるパターンがあること、このパターンが一九世紀の初め以降かなり首尾一貫しており、一八五〇年代と一九〇〇年代にピークが、一八二〇年代、一八七〇年代そして再び一九二〇年代に谷があることを確信したのであった。コンドラチエフはパターンを記録しただけで、それを説明しようとは試みなかった。けれども、資本主義体制は上昇もすれば下降もし、マルクスが宣言したようにその独自の内部矛盾の結果として衰退を運命づけられているわけではない、というその考えがまさに異端であった。そのため、ソルジェニーツィンによれば、コンドラチエフはスターリンの労働キャンプの中で数百万人の無名の死者の一人として生涯を閉じたのであった。

彼の死後、経済・社会史家はコンドラチエフ長期波動についてのさまざまな説明を行うようになった。最初は一九三九年のシュンペーターである。彼は一九世紀初頭の最初の上昇波動をイギリス製造業における蒸気エンジンの導入に、第二の上昇を鉄道の拡大に、第三を化学、電気および内燃機関における技術革命に結びつけた。各々の場合に、労働者は古い農業と工業よりも成長産業に急速に吸収された。下降局面ではその過程は逆転し、新興産業は旧産業が削減するのと同じ早さで労働者を吸収できなかった。経済史の長期波動解釈の現代の説明者は、五〇年代にアメリカが主導する第四のコンドラチエフ上昇波動が出現したと考えた。六〇年代末には長期波動の最後の波頭が崩れ始め、七〇年代には長期下降に入っていった。三〇年代に発明され、五〇年代に販売されたすべての耐久消費財と事務機器は最後の局面で拡大に役立ったのであった。しかし、世紀の変わり目に次の上昇を支持する次の技術進歩がやって来るかどうかは明らかでない。

この解釈の一つの問題点は、何時また何故長期の上下の振幅が始まったり、終わったりするのかについて経済史家が完全には合意できないことである。彼らはまた、技術革新が成長の起動装置として作用するのか、あるいは成長のための条件の成熟が技術革新を生み出すのかについても意見が一致していない。決定的要因は需要なのか、あるいは供給なのか。従って、経済学者はいかにして下方への振幅をおだやかに、短くすることができるのか、あるいは上昇を強く、長くすることができるのかについて意見が分かれている(Schumpeter, 1939; Maddison, 1982; Freeman, 1982, 1984; van Duijn, 1984)。

二〇年ほど前に、『科学革命の構造』の中でクーンは、科学的発見や発明とその商業利用までの間には、それが経済成長率を加速させるブースター〔増速〕ロケットのように作用する場合、タイムラグを認識できると指摘した(Kuhn, 1962)。彼の指摘では、発明は古い技術の収益性が使い尽くされた時、谷の底で現われ、その利用によって投資が大量生産をもたらした時、上昇が出現する。しかし、これらの理論を現在に適用する際の困難の一つは、科学的および技術的進歩がはるかに一定して続くようになり、それほど循環的でなくなっていることである。いくつかの分野(たとえば、薬剤化学)では、収益逓減が始まっている徴候があるというのは真実である。しかし、同様に、科学的進歩が過去一〇年間かそれ以上にわたって止まっていない分野(電子、バイオ・ジェネティィクス)もある。その上、国家の、とくに大規模な防衛施設を持った国家の、科学研究への広範な関与は、クーンが指摘した発明の利用と市場の間の暗黙の関係をむしろ取り除いている。

アメリカの経済学者ウォルト・ロストウがずっと後の一九七〇年代にこれらに代わる非技術的な説明を提出した。『世界経済――歴史と展望』(一九七六年)や他の仕事の中で

(Rostow, 1976, 1978, 1980)、長期波動の原因は最初は第一次産品に過大投資を行い、次には過小投資するという傾向、つまり、いつでもその時の最新工業部門が主導する市場経済の傾向そのものにある、と彼は論じた。これは、戦後期にも続いている商品価格と工業部門の間の対応関係を生み出した。ロストウは、逆説的に、一九五一年から一九七二年までの戦後繁栄の時期を、一九二〇年代のように商品価格が低迷していたので、コンドラチエフ下降期と見ている。しかし、この下降期の工業経済への影響は強力な国内消費者需要とケインズの完全雇用政策によって相殺された。これに対して、一九七〇年代の景気後退は主要工業部門、自動車、耐久消費財、プラスチック、合成繊維などを直接に襲った価格の上昇によるものであった。彼の見解では、その救済策は、エネルギー、農業およびその他の原材料への投資を促進するための国家による一層の介入である。

しかし、ロストウのいささか個性的な解釈は広範には受け入れられていない。そして、実際、技術決定論者の不況の説明に人気があるのは合理的な議論の説得力のせいでない。論理に弱点がある、あるいは実証的証拠が不十分だとしても、それはそれほど重大ではない。重要なのはそのような考えが世界の危険な状態に対する責任からすべての者を放免してやるという、魅惑的な事実である(2)。過去の間違いや判断の誤りが歴史の傾向にとって重大でないなら、それらはあまり問題でないので、思い出す必要はない。ヨーロッパや日本がアメリカを非難することには意味がないし、ラテン・アメリカが工業国を非難しても意味がない。自国の政府や役人の官僚主義を非難することもあまり意味がない。こうなれば世界中のすべてのエスタブリッシュメントは安堵の溜め息をつき、安心して眠ることができる。会社の経営者は、株主と余分になった労働者に対して、嘆かわしい年次決算の状況をすべて世界経済の状態のせいにすることで――実際にそうしているが――弁解できるかもしれない。「事態が好転し、事業が回復する時、会社はもう一度仕事と配当を提供できるでありましょう。最善を尽くしております。どうぞ我慢してください」と彼らは一人よがりに報告できる。

それまでの間、長期波動が技術者と科学者に将来を約束することになる。新しい技術を発見したり、大規模な市場をひらく新製品を思いついたり、見通しを改善する新製法を立案できる者達が恵まれる、と言うのである。

国際政治の性格の変化さえこの技術決定主義を支持している。国家はもはや領土をめぐる競争にまじめに係わっていない。ほとんどの国境線は長い間に定着しており、例外はあるにしても、人々がそれらをずっと受け入れてきている。それはまた、国際関係における国家の相対的な力を決定する要因としてもあまり重要ではない。非生産的で未踏査なチモール島の分割をめぐって第一次世界大戦前に国際裁判所に出されたポルトガルとオランダの間での裁判のようなことは今日では信じられない。領土をめぐる二、三の争いは残っているが――アルゼンチンとチリの間でのビーグル海峡、イギリスとアルゼンチンの間でのフォークランドなど――、論争点は平方マイルをめぐる支配でなく、主としては威信と地位、あるいは植民地主義の原理と自決の原理の衝突である。国家が競争できるし、しなければいけないのは、世界市場のシェアであり、今日の市場だけでなく明日の市場をめぐってである。独自の教育システムを立案し、独自の研究センターを設け、運営し、独自の開発政策を展開できる国家が、科学競争においても先行する国家であろう。最近の世界経済史の技術決定論者の解釈は、政府が科学者と結託して次の長期上昇波動を最初につかまえるようにけしかけている。それに成功した政府は経済成長ばかりでなく、相対的な国力と影響力において他国に対して優勢にたつであろう。(実際、この種の科学競争が非常に激しくなってきたので、一九八〇年代の初めにミネアポリスのコントロール・データ社の社長は、アメリカが通信技術の特定の分野においてリードを確実に維持するために、アメリカの大学からの日本人の追放を主張したほどである。)

政治決定論主義

将来の不確実性と混乱の増大を説明しようとするもう一つの決定論主義は、どこよりもアメリカで流行している。これは、混乱を、世界の貨幣と貿易関係におけるアメリカの権威の喪失のせいにし、次に、この喪失を、より広範な国家サークルの間への国際政治システムにおける権力の再配分に結びつけている。このサークルの中では西ドイツと日本がとりわけ大きく抜きんでているが、この周辺には、韓国、メキシコ、ブラジル、台湾などの新興工業国(NICs)および産油大国、とくにサウジアラビアなども含まれる。この見解はその証拠として、経済成長率の高いこと、賃金とGNPの増加、市場シェアと外貨準備の増加などの事実を挙げている。それはまた、ベトナムからの撤退、OPECの石油価格引上げ、イランのシャーの没落、アラブ—イスラエル対立における行き詰まり、ソ連のアフガニスタン侵攻などのアメリカ外交政策のいくつかの後退、時にはウォーターゲート・スキャンダルのような国内政治事件や外交政策策定への議会の介入の増大のような展開についても触れている。

しかし、それは世界政治における権力についてのいささか狭い(そして旧式の)理解に基づいている。構造的権力(すなわち、世界市場経済に参加するのなら、選択の余地なくその中で生きていかなければならない生産、知識、安全および信用の構造を作り、形どる権力)という考えはまったく知らないのである。それは権力を「他の者の行動を望ましい方向に向けるように影響を及ぼすために行使できる有形の資源(3)」とみなしている。この「基本的強制モデル」では、政治アナリストは能力が知られている行為者(国家)の才能に応じた結果が出ているかどうかを見ることができる。コヘインによれば、権力は従属の反面であり、国際通貨問題では、他国の金融活動への自国の依存度に関連して、政府が他国の行動に影響を及ぼすことができる能力によって、権力の有無が識別されることになる。このように表現すると、それは一種の構造的権力(たとえば、世界中で金利を上げる権力)として解釈できる。しかし、実際には、コヘインは一九七一年の「ブレトン・ウッズ体制の崩壊」を、第二次世界大戦の終わりに到達した高所から転落したアメリカ権力の衰退のせいにしている(Keohane, 1984)。

「アメリカが一九四〇年代後半と同じように支配的であったなら、金一オンスを三五ドルに保ちながら、そのパートナーに周期的に切上げを強制できたであろう。だから、アメリカの権力の衰退は体制の崩壊にとっての必要条件である」と彼は論じている(Keohane, 1982, p. 16)。コヘインの理論では、それ故に、一九七一年の(そしてその後の)アメリカは弱い立場におり、もはやブレトン・ウッズ体制を支えるためにその権力をふるうことができなかった。しかし、この解釈は権力の意味を完全に誤解しており、ブレトン・ウッズ体制を支えることができなくなった理由の説明としてもはなはだ不正確である。秩序を維持するための権力が失われたというのは真実であるが、それは他の国家に対してでなくて市場の力に対してである。そして、市場の力はイギリスに助けられたアメリカのむしろ意識的な決定によって自由にされたのである。アメリカが権力を失ったのは、国際収支赤字を永続的に流すために、また、税金で民間から軍事へ資源を移転するよりもむしろインフレ的信用創造によって遠いベトナムでの莫大な費用のかかる戦争をファイナンスするために、金・為替システムの中心国としての法外な特権を行使してきたからであった。

コヘインは次のように書いている。

> 他の国々は、アメリカに対して一オンス三五ドルの固定価格で金での償還を要求できる大量のドルを保有した。アメリカは体制を維持するために、ドルの保有者(一九六八年における規則の改定の後では、中央銀行が保有するドル)が金での償還を要求しないような政策を取らなければならなかった。このことは、アメリカのマクロ経済政策が外国中央銀行の金融政策に依存することを意味する(Keohane, 1984, p. 15. 強調は引

用者)。

しかし、金の「固定価格」はアメリカが決めたものであり、いつでももっと高い価格に決め直すことができた。その上、体制を弱体化するような決定を行ったのはアメリカであった。ドル保有者が金との交換を求めなくても満足するような政策を取らないことを選択したのはアメリカであった。そして、一九七一年八月に、ドルと金との交換性を停止し、輸入課徴金を課し、為替相場の決定を市場に任せることによって、システムの崩壊をもたらす決定を下したのもアメリカであった。ニクソンとコナリーは、一九七一年夏に交渉による再調整を試みる代わりに、円とドイツマルクの強制的な切上げとドルの切下げをもたらすために市場の力と彼らの権力を使ったのであった。

しかしながら、コヘインが上述のことを書くしばらく前は、世界通貨史の覇権論的解釈が、とくにチャールズ・キンドルバーガーとロバート・ギルピンのおかげで人気を集めていた。キンドルバーガーは、戦間期の不況についての興味ある学問的な研究を書きあらわし、その著書の最終章で次のように結論している。世界経済が一九三〇年代に非常に深刻な不況に落ち込み、回復するまでに非常に長くかかった根本原因は、それが覇権的経済権力の空位期に起きたからである。戦間期のイギリスはもはや覇権国としての役割を果たすことができなかったが、他方、アメリカは進んでその役割を果たそうとはしなかった、というのである(Kindleberger, 1973)。明らかにこの議論は、世界が最高通貨国ないし覇権国を必要とするという前提に基づいている。覇権国は、システム内の他の国に安定的で便利な通貨を供給でき、外国の輸出にたいして門戸をいつも開放しておくことができなければならない。その上、覇権国は、金融市場の危機に際してパニックを防ぎ、信認を維持することが必要な場合には、最後の貸し手として信用を供給する用意がなければならない。また投資のための資本の惜しみない流出によってシステム内のすべての国の成長を支える用意もなければならない。コヘインは暗黙のうちにこの前提を受け入れ、他の国々が言うことを聞かなくなったので、覇権国として行動することのコストと困難があまりにも耐えがたい負担となった、と理論を進めている。「規則を破ることによってのみ、アメリカは要求した自由を取り戻すことができる」(p. 15)。彼の理論に欠けている点は、もしアメリカが覇権国の義務としての責任をもはや進んで受け入れようとしないのなら、何故規則を破る自由を要求するのか、である。あるいは、そのような覇権国がなくても、何らかの方法でうまく作動するシステムを作ることが本当にできるのかどうか、である。

ギルピンの見解も同じ前提に基づいているが、より明瞭で混乱は少ない。一九四五年以後の時期のアメリカを一九一四年以前の時期のイギリスと比較することで、イギリスの経験は覇権国自身の経済にとってコストがあまりにも高すぎた、と彼は考えた。資本は国内産業に向かわず外国へ出ていった。経済が支えられる能力を超えた軍事的およびその他の負担を引き受けた。それ故、システムは、自滅の種子を内部に含んでいたのである。したがって、イギリスのように大きな打撃を受けて経済が修復できなくなる前に、その役割を投げ出すようにアメリカへ勧告が出される。だが、ギルピンはシステム内の他の国々にどのような結果が起きるのかについて関心がなく、考察していない(Gilpin, 1975)。

これらの研究者は過去一〇年間においてアメリカ人の思考に大きな影響を与えてきた。ごく最近では、経済学者マンサー・オルソンが、世界経済のトレンドについての政治決定論者の見解を、とくにアメリカの権力のいわゆる衰退を、さらに支持する論点を作り出した。オルソンはアメリカの経済学と政治学ですでに定評を獲得していた人物であり、著書『共同財の論理』(Olson, 1965)では、軍事的安全保障と世界の経済発展のためにアメリカが引き受けることを余儀無くされた大きな負担と、他の国がコストを分担せずに利益を享受した「タダ乗り」の機会を説明する経済理論を発展させていた。一九八二年に彼は、歴史解釈の研究『国家の勃興と衰退』(Olson, 1982)を公刊した。これはアメリカの学術誌では直ちに(多分意味ありげに)注目を集めたが、よそではそれほど熱狂的には喝采されなかった。(4)

オルソンは、世界市場経済における権力は新技術が開発され採用されるスピードと、新しい競争者が既成の企業に挑戦できる自由の程度に依存しているという前提に基づいて、ドイツと日本の急速な勃興と戦後期のイギリスの衰退を説明する。戦争と外国の侵入が現状維持の利益グループの政治的、社会的および産業的連合を破壊し、代わって、新参者がそのエネルギーと企業心でもって投資や成長を加速させ、外国市場の支配を可能にしたのであった。この理論によれば、アメリカが一九五〇年代に持っていた支配的立場を維持できなかったのは、アメリカ社会と経済における変化に抵抗するグループの相対的強さと、二つのもっとも成功した工業国家、ドイツと日本におけるその相対的弱さのせいとなる。アメリカが行った対外経済政策の決定と選択は、一九八〇年代の経済不況と混乱の大きな要因として、またしても軽く見られている。ワシントンの官僚とキャピトル・ヒルの政治家は非難されることはなかった。なぜなら、彼らもアメリカ社会の「進行性の痛風」、つまり気力と適応性の喪失によって裏切られたのだからである。オルソンのこのアリバイ証明的な見解は、歴史の解釈としてはナチスの第一次大戦終了の解釈——ベルサイユでの屈辱に責任があるのは軍事的敗北でなくて、「内部における裏切り」であった——に共通するものがある。

しかしながら、事実は両方のケースとも、いささか異なった情況を示唆している。一九七〇年代半ばにはアメリカはOPECによる第一次石油価格引上げ後の不況から他の国々よりも急速に回復することができた。そして、ドイツと日本を含むすべての国で、アメリカとまったく同じように、最近の困難な時期にカルテルと合併が増大している。(5) 要するに、事実が示唆するところでは、経済・社会の変化適応性という点では、国家間の相違と同じように産業部門間の相違もあるのである(Duchene, 1984)。

決定論主義の他の変種

上述のように決定論主義は政策策定者を非難せずに無罪放免してやるのであるが、この他にもあまり一般的ではないが、はっきりした形の決定論主義がいくつかある。とくに経済学者に共通な、同じように宿命論的な考えの一つが、「困難はすべてオイルショックで始まり、オイルショックはどういうわけか経済システムを基礎から掘り崩し、崩壊させるためにやってきた外生的要因である」というものである。

たとえば、R・C・マシューズは『西側世界における低成長』についてのイギリスの経済学者による共同の報告を紹介しながら、「ほとんどの経済学者は、一九七三―七四年と七九―八〇年の石油価格の引上げが直接的にも、またインフレーションを激化させることによっても実質需要に重大な悪影響を与え、それで政府が引締め措置を取るようになったことに同意している。需要の減少が生産性の鈍化の原因である限り、石油価格引上げはこの重要な一要素である」と主張している(Matthews, 1982)。マシューズはOPECの価格引上げは外生的ショックとみることができると繰り返し述べており、この見解が多くの仲間の経済学者によって共有されている。とくにアメリカではヨーロッパや日本よりもアラブに対する反感が一般的に強く、第一次オイルショックが怒りや恨み、プライドが傷つけられたことに対する感情的な高まりを生み出していた。そのような状況では、別のところにスケープゴートを求めるのが自然である。

この解釈は気晴らしにはなるかもしれないが、一九四〇年代の戦後調整、五〇年代の朝鮮戦争など他の時には世界経済が「外生的ショック」に対して非常に弾力的であったのは何故かを説明できない。政策策定者がその時の外生的ショックの挑戦にはるかに容易に対応できたのは何故だろうか。七〇年代には政策策定者が変化への適応を銀行と民間部門に任せたのは何故だろうか。石油生産者からの話は確かにいささかくいちがっている。世界経済の構造は二つの点で彼らに不利に働いていた。半世紀以上にもわたって、とくに五〇年代と六〇年代には、世界の石油産業の構造は、石油会社が販売を拡大するために石油価格を下げても、コストを賄い新しい探鉱をファイナンスするのに充分な利潤を維持できるようになっていた。産油国政府が消費者に対する価格引上げの援軍として市場の力を使うことがやっとできるようになったのは、七〇年代に世界中で需要が実際に急速に拡大し、アメリカでさえ純石油輸入国として市場に登場してくるようになってからであった。産油国政府は、一九七一年のテヘラン協定を通して石油会社から余剰ドルを絞り取る力を獲得したが、その後その余剰ドルが、アメリカのインフレーションと国際通貨システムのアメリカによる支配の結果として急速に価値を失っていくことに気がついた。一九七一年の金窓口の最終的閉鎖が既に世界を(名目的)金・為替本位制に代わって紙幣ドル本位制に変えていたけれども、ワシントンには変動相場に頼ることがドル切下げのための無期限の免許であるかのように思えた。

一九七三年の石油価格引上げを、外生的ショックとしてでなく、不安定で不平等な国際通貨システムへの合理的な対応として見るこの見解は、主として石油産業についての権威のある研究者のほとんどが共有している。(6) ジョン・ブレアの傑作『石油の支配』は、石油価格引上げをあのように急激なものにしてしまったのはアメリカ自身であるという皮肉な論点を付け加えている。アメリカの国内石油価格を高く、したがってアメリカの油田からの産出を高水準に維持するために「アメリカを最初に枯渇させる」政策を長い間追求してこなかったら、世界市場における権力が消費者から生産者へ移行するのはずっと緩慢な過程となったであろう(Blair, 1977)。その上、アメリカは最初は中東との政治的関係を石油会社の勝手にさせることによって、次にOPEC政府への鉱区使用料の支払いをアメリカにおける租税控除費用として処理することを認めることによって、自国が傷つきやすくなるような舞台環境を設定してしまった。これら二つの要素は、一九七一年にそして一九七三年にはさらに、石油会社が産油国政府からの圧力を被り易くした。石油会社が、オランダのようなイスラエルに過度に友好的とみなされる国々へ石油輸出を禁止しないまでも、実際にOPECに価格引上げを促したという指摘すらある。確かに、一九七〇年代半ばの石油会社の利潤は石油価格が低かった時よりも大きかった。同時に、ミクダシやその他の者が指摘したように、一九七三年にOPECによって管理された「ショック」は、インフレーションが再びスピードを増し、それを追い越し、実質的にはほとんど無効にしたので、その力をまもなく失ってしまうのであった。

その他の解釈

すべての相違を過度に単純化するリスクを冒せば、一九八〇年代の経済的激動についてのその他の解説は、政治的に二つの陣営に分けることができる。第一の陣営の主唱者は、必要以上に事態を悪くしてしまったとして政府を非難する。言い換えれば、彼らは政府が干渉しすぎたと考えている。市場がもっと大きな役割を、国家はより小さな役割を果たすべきである、と。しかしながら、第二の陣営の者は、政府が充分に干渉せず、市場経済に対してあまり積極的ではなくむしろ消極的すぎるため、事態が悪化したと考えている。さらに、ラディカルな見解、ネオ・マルクス主義者と急進派の見解がある。彼らは、国家と経済の両方を、言い換えれば資本主義体制そのものを困難の究極の源泉と見ている。ここでの目的は、問題の貨幣的側面を見落としている見解や解釈と、逆に金融政策と金融的発展に中心的な位置を与える見解や解釈にレッテルを貼ることではない。それらを識別することである。したがって、これらのアプローチの各々について順番に見ていくのが最善であろう。

ついでに注意しておかなければならないが、すべての者に、大多数の解説者に共通な、後智恵を働かすという傾向があることである。大繁盛の二〇年代、活気に満ちた六〇年代と同様に、その時点でこうした時代は良すぎて長くは続かないと警告の声をあげた者より、後から振り返り、不況から脱出したり、切り抜けることを必要以上に難しくしてしまった誤りを発見した者の方がはるかに多いのである。

もちろん、ロバート・トリフィンはあきらかな例外の一人である。彼による一九世紀から一九八〇年代に至るまでの国際通貨システムの分析は、繰り返し躊躇なく中心的論点として信用創造に焦点を当てている。一九五八年以降、一貫して忍耐強く、最初は金・為替本位の、それから紙幣ドル本位や管理フロートの弱点と脆さを説明してきたのがトリフィンであった(Triffin, 1964, 1966)。彼は他の学者仲間に反対して、フロートは万能薬ではないし、関心の中心となる事柄でさえない、と議論した。むしろ、困難の根底にあるのは、最初はむやみやたらな信用創造を許し、それからその急激な収縮を引き起こすアメリカの無責任さであった。彼が市民権をアメリカからベルギーへ移したのは、ヨーロッパのアメリカへの従属、すなわちアメリカの政策決定の結果に左右されるヨーロッパの脆さについての懸念を反映したものであった。トリフィンは経済学者の間ではつねにファンダメンタリストであったし、現在でもそうである。彼は中途半端な措置は充分でなく、唯一の究極的解決は世界中央銀行と真に国際的な準備資産の創設にあると確信していた。戦争の問題についてのラインホールド・ニーバーの解決と同様に、インフレーションと不況についてのこの分析は、あまりにも予言的であり、理想主義的であるので、政治的人気を獲得できなかったし、通貨管理をめぐる日々の議論に実践的な影響を及ぼすこともあまりなかった。

天秤は市場の方へ傾きすぎていると信じる者と、国家に有利に傾けられすぎていると信じる者の両方が、大西洋と太平洋いずれの側にもいる。けれども、アメリカでは市場重視の見解がより強く、ヨーロッパでは国家重視の見解がより強いというのが多分真実であろう。日本の状況はもっと複雑である。何故なら、日本では、ヨーロッパよりはるかに強い、国家の経済への関与と、産業と金融の国家への忠誠という前提から出発するからである。だが、国際経済関係の問題になると、ヨーロッパとアメリカのいずれにおけるよりも、政府は今以上に市場の力がもっと自由に作動するのを許すべきであるという確信が強くなる。

市場重視の見解は、国家が財とサービスの市場や生産要素の市場へ、とりわけ労働市場と金融市場へ干渉すること、すなわち、システム全体の価格水準や所得分配に影響を及ぼす賃金とマネー・サプライに干渉することを批判する。どの形の干渉がもっとも打撃を与えるかについては個々の経済学者で意見が異なっている。国際貿易に関心を抱いている者、とくに直接、間接にGATTやIMF、OECDに関係している者は貿易を妨げたり、歪めたりする各国の政策——割当制限、補助金、調達政策、民間および公的所有の国民産業への国家の援助——を厳しく批判する傾向にある。彼らは地域政策でさえ、相対価格に硬直性を持ち込むので変化に対する経済的調整を困難にするだけであると言って攻撃する。そのような国家干渉が長引けば長引くほど、労働者や農民、経営者、全産業部門が変化に対応し、国民経済自身が世界市場で競争することはそれだけ一層困難になる、と言うのである。(7) この意味することは明らかである。すなわち、一〇年前にこれらのわがままなやり方をすべて完全に放棄していたなら、世界不況はこれほど厳しくなく、回復は迅速であったであろう。

保護措置は時間がたつにつれてやめるのが難しくなる。もちろん、この議論には真実の要素がある。しかし、保護措置の維持が長引けば長引くほど、経済全体の非効率性がそれだけ大きくなるとか、需要の回復がそれだけ遅れるとか、必ずそうなるわけではない。たとえば、循環的景気変動のためある産業部門が非常に苦しんでいる場合、景気循環が好転するまで雇用を維持するよりも、全労働力を仕事から放り出し、それによって他部門のための需要を一層減少させることで、経済全体はさらにもっと打撃をこうむるであろう。それはまったく、変化が恒久的なのかそれとも一時的なのかにかかっていることである。論点は単純に言って次のことである。すなわち、ある一つの経済システムにおいて使われる生産資源を入れ換えるに際して、放任された市場は迅速であるが、無駄をだし不安定になってしまう。経済システムのメカニズムの部品の確保にかかわる事柄では、国民経済がその点を超えて進んでいくのは危険な一種の重大な境界線があるのである。

しかしながら、問題は誰も何処に境界線があるかを知らないことである。その上、他国と競争する必要を絶えず強調する議論は、既に述べた次の事実を見落としている。すなわち、国際システムの需要の水準は市場の制約によってばかりでなく、世界の信用の成長率によっても、したがって将来に対する信認の水準によっても影響されているという事実である。

国家が市場と貿易に過度に干渉しすぎるという誤りは、金融政策において犯した過度の放任の誤りに対応するものと思われる。大まかに言えばマネタリストの経済学者は不況を以前のインフレーションの当然の報いであり、ある程度まで避けられない帰結と見ている。無分別なアルコール・パーティーの後の二日酔いのように、それは犠牲者の当然の報いに過ぎないのである。このように、彼らの理論化は、「訂正」が行われる時に成長や雇用、貿易にとっての苦痛に満ちた帰結を必ず伴う過程よりも、いかにして最初のインフレーションが発生するのかに集中している(Friedman, 1977; Mayer, 1980)。

マネタリストの観点は、経済システムそれ自体でなく、国家の意思の無能力と弱さを(あるいは時には、組織された労働の「不自然」な権力を)非難する。何故なら、それはワルラス、そしてセーにさえさかのぼる「システムは均衡へ向かう自然の傾向を持っている」という新古典派理論を基本的前提にしているからである。(8) ここから、多分、理論的命題やモデルを代数学で表現する傾向が生まれてくる。何故なら、代数学は方程式の右側と左側の間でのバランスという考えに基づいたコミュニケーションの手段だからである。

この伝統的な「自由主義」理論の多くが、完全に抽象的で数学的であることをやめて、方程式とモデルを現実の世界に関連させようと試みる時、国民経済システムはあたかも(1)

世界の他の部分から完全に孤立している、(2)世界の他の部分に対して平等に開放されている、かのように取り扱うことが強調される。それから、過度のインフレーションや景気後退は決してシステムの欠陥ではないので、各々の政府が非難される。市場のオペレーターは平等の条件と平等の権力の下で行動するので、あるいは無意識にそのように前提されているので、市場の決定は公平で正当でなければならず、干渉を受けてはならない。とくにアメリカにおいて、この議論に含まれるイデオロギーの要素は、もちろん、大部分が無意識なものである。しかし、それにもかかわらず、その要素は強力であり、狡猾である。

国民経済ばかりでなく市場も、「外生的ショック」を除くすべてのものから免れ、封印された箱の中で機能するかのように取り扱われている。現実は(政治経済学者はだれもがはっきりと知っているように)、各市場は他の市場に左右されており、そして逆にその市場の独自の需要、供給および価格も他の市場に影響を及ぼしている。このことは、叙述を複雑にするのは確かであるとしても、公然と明白なことである。筆者は既にこのことを石油との関連で議論したが、銅とアルミニウム、海運と保険、住宅と材木、とうもろこしと牛肉についても当てはまるであろう。そして、その各々の市場が国家の意図的な介入、というより国家の影響力に必然的には従わないとしても、それは当てはまることである。

多くの貨幣理論のもう一つの大きな弱点は、貨幣の生成機関としての金融機関と市場の性格についての考察をまったく行っていないことである。したがって、マネタリストの理論の多くは資本主義体制において金融不安が繰り返し起きることを説明できないし、実際にしばしば説明しようとさえしていない。貨幣は、商品とはまったく異なったものとしてではなく、需要に対応する供給がある、いま一つの別の商品として取り扱われている。しかし、貨幣の創造(とくに信用の形での創造)はその創造者に富とならんで権力を与えるので、これは誤解を与える説明である。それ故に、民間の貨幣創造者と公的貨幣創造者の間で、すなわち銀行(および、今日では一部の非銀行)と国家の間では絶えず緊張が存在するのである。

このことは経済史家や金融と銀行システムの作用について学生に教えることに生涯をささげているごく少数の者が良く理解しているだけである。これらの中でもっとも有名なのがハイマン・ミンスキーである。

ミンスキーの「金融不安定性仮説」は簡明かつ的確なので引用しておこう。

精巧な金融機関が存在する資本主義経済は多くの行動様式を取ることができる。現実を支配している行動様式はいかなる時にも制度的関係や金融的つながりの構造、経済の歴史に依存している(Minsky, 1982)。

金融的つながりとは二種類の価格――現在の産出物の価格と資本資産の価格――の関係を述べたものである。資本主義体制の特色は、これら二種類の価格の間の関係が、「今日の貨幣」と「明日の貨幣」、すなわち消費と投資の間でバランスを保つものでなければならないということである。他の自称「ポスト・ケインジアン」とともにミンスキーは、これら二種類の価格に注意を向けるように、借入と貸付(およびその形態)についての意思決定の分析に、時間と不確実性を持ち込むことの重要性を強調する。[9]

> 資本資産の価格は、将来の利潤(擬似地代)フローについての現在の見通しと、不確実性を反映する貨幣や当座現金に現われる主観的な現在の見通しに依存している。そして、これらの現在の見通しは経済のより長期的な発展への期待に依存している(Minsky, 1982, p. 8)。

ケインジアンの理論をさらに一歩進めると、この二種類の価格の間のつながり、それ故にインフレーションと不況の両方に影響を及ぼすのは、公的および民間の金融機関を通して行われた過去のファイナンスについての決定から生じている資金の流れである。ミンスキーの理論は、過度に単純化すれば、金融的つながり、つまり市場の仲介機関および人々の選好と判断への歴史的期待の影響に注意を払うことによって、金融危機に至るルートをたどることができる、というのである。危機の程度と性格は、中央銀行の行動、政府の赤字、粗利潤フローおよび国際収支によって緩和(あるいは逆に激化)されるであろう。彼の結論では、危機の出口は「投資を通しての成長の促進から消費財生産を通しての完全雇用の達成への政策のシフトにある」のである。

しかしながら、ミンスキーの理論は、国際収支について触れているのを別にすれば、いぜんとして、ケインジアンの仲間の多くと共通に、主として一国経済で展開されている。しろうとの読者にとっては、このもっともらしい理論がもっと多くの変数――とくに石油価格やアメリカの赤字の規模、それをファイナンスするために現在取られている手段、金利や為替差益(損)、国債の値上がり益(下がり損)なども含む様々な種類の投資リスク――に対応して資金が流れる国際経済に適用される場合、それがいぜんとしてなお妥当するかどうかはっきりしない。

筆者は、一般的には、次のように言うのが公平であると考えている。他のポスト・ケインジアンのほとんどは、ミンスキーのように不況の原因をシステムの内部で説明しようとはせず、組織された労働者の力を抑えるという政治的理由にせよ、あるいは景気回復はインフレーションを阻止し、国際収支の経常勘定赤字を避けることで達成できるという経済的理由にせよ、誤ったデフレ的政策を採用しているとして政府を非難する傾向にある。たとえば、マイケル・ブルーノは、アメリカ、イギリス、日本を、とくに「サプライ・ショック」に対する必要な調整を妨げているとして非難する。生産性の鈍化は、このようにして直接に短期および中期のマクロ経済的対応戦略の選択に結び付けられている(Fitoussi, 1982)。多くのアカデミックな経済学者も、エレガントな理論にだまされて、その中で信用が創造される制度的枠組みや、さまざまな国の政府の選好や過去の経済的経験が及ぼす影響に対してほとんどまったく注意を払っていないのである。

この他に、社会—政治分析のポスト・ガルブレイス的王国の中をいぜんとして彷徨《さまよ》っている者達がいる。[10] 彼らは価格を管理する(したがって市場に取って代わる、あるいは市場を歪める)大企業の力についてのガルブレイスの論点と、実質賃金を保ち、そして仕事の減少をくい止めるための労働者の対抗(決して拮抗しないが)力の双方にもっと注意を払っている。だが、その欠点にもかかわらず、経済学の文献、少なくとも英語の雑誌において、もっとも注意を集めてきたのがマネタリストの説明であったことは明らかである。一九七〇年代半ばに、事態の進展と進行についての一般大衆の状況認識は、国民経済は政府が決定的介入のための勇気と確信を欠いていたので混乱に陥ったというケインズ的見解とは反対の方向へ向かっていった。メグナド・デサイは、主としてイギリスの経験を例に書きながら、政策と理論的解釈の両方にとって一九七四年と一九七六年の間に形勢が一変したと述べている。一九七四年には、下院公共支出特別委員会はマネタリズムの主唱者からは、たった一人デイビッド・レイドラーの意見を聞いただけであった。だが一九七六年には、労働党の首相キャラハンは労働党大会での演説で高賃金が失業の増大の原因であると指摘したし、ＩＭＦからの借入に際して付けられたマネタリスト的条件に対する閣内の反対をデニス・ヒーリー蔵相が無視するのを許していた。この二年の間に、フリードマンとハイエクがノーベル賞を獲得していたし、デサイによれば「若い経済学者の大半が、一九七四年と一九七五年のハイパーインフレーションの説明に関してはマネタリストの枠組みの、優越性ではないにしても妥当性を今や進んで認めるようになった」のである(Desai, 1981, p. 9)。老ケインジアン(ジョーン・ロビンソン、ロード・カーン、ニコラス・カルドアそしてアメリカではＪ・Ｋ・ガルブレイス)だけが自己の立場を固守していた。デサイは、多くの経済学者と共通に、(1)マネタリストの政策とケインジアンの需要管理政策の効力の比較テストを行うために精巧な量的技術を使うことができる、(2)政策策定者はそのようなテストの公平な発見から強い影響を受けるであろう、と信じている。けれども、どちらの命題も政治経済学者や貨幣史研究者にとって簡単に受け入れることはできない。量的技術がどんなに精巧になったとしても、現実経済には非常に多くの変数(一部は非量的性格のもの)があるので、代替的ケースで何が生じるかについて確実に言うことはできないからである。そして、経済理論はスーパーマーケットの棚にある洗剤のようなものである、とする多くの証拠もある。政治家は、達成しようと望む目的を決定し、あたかも買物客が洗濯の種類に適した洗剤を棚から取り出すように、その目的を正当化する適当な経済理論を選び取るのである。

一九七〇年代半ばには、一部には変動の激しい石油価格の結果として、しかし一部にはまた変動相場へ頼ったため、イギリスは弱い通貨の悪循環、輸入価格上昇—インフレ圧力の増大—賃金引上げ要求—一層のインフレ—一層の弱い通貨、に陥った。政治世論のバランスは、ジム・キャラハンが鋭敏に見て取ったように、ケインジアンから離れてマネタリスト的見解へ傾き、賃金抑制と所得政策による解決から金融引締めと財政支出削減へとシフトした。アメリカにおいても同じような経験と政治的反動がやや遅れて一九七九年にやって来た。それは、デサイの言う「観察できる同一の現象についての相対立するさまざまな説明から、正しい選択を行う客観的科学的基準」とは少しも関係なかった。労働党の、あるいは民主党の人々でさえ、既に高水準の政府支出をさらに増やすことは、失業を是正することなくインフレを一層悪化させるだろうと確信するようになっていた。賃金の変化率と雇用の変化率との間のトレード・オフを政府が選択する自由を前提とするフィリップス曲線はその魔力を失い、ますます批判的攻撃にさらされた。

しかし、マネタリストもケインジアンも大半は、あまりにも狭い国民経済の枠組みの中で説明を探していた。したがって、彼らの説明は、イギリスやイタリアのような弱い通貨の国とドイツやスイスのような強い通貨の国の間での、あるいは石油赤字に迅速にうまく調整することのできた日本のような国とそれが困難なことが分かったアメリカのような国の間での、七〇年代半ばにおける経験の大きな違いを説明することができなかった。多くの意味のある解釈をしたのは、両陣営とも、世界的な見方をした者であった。

ケインジアンの中には、七〇年代と八〇年代について、アーサー・ルイスの一九三〇年代についての議論と大まかに言えば同一の見解を取る多くの開発経済学者がいる。彼らによれば、世界経済不況は第一次産品発展途上国、とくに現在石油輸入に依存している国々の購買力の不足によって一層悪化したのである。その不足分は、第一次石油価格引上げ後には銀行からの信用によって埋められていたが、八〇年代初頭には信用の収縮と主要市場経済の成長鈍化によってさらに厳しくなった。これらの「世界ケインジアン」のほとんどは、世界銀行や他の国際機関の職員、発展途上国の政治経済に関心を抱く学者たちである。ブラント委員会の調査結果には多くの者が、少なくとも部分的には同意している。彼らはブラント委員会のメンバーのように、政策——南の発展途上国への、国際協定によって設立される世界開発基金からの大量の資源の移転——が最初にやって来て、理論的説明は後から行われる。

その理論の最大の特徴は、筆者の意見では、問題の大きさに比べて不適切な、中小規模の国民経済に限られている所得再配分的、反景気循環的、公共政策についての暗黙の批判である。一九三〇年代には、政府支出はGNPのせいぜい一五—二〇％を占めるに過ぎず、赤字ファイナンスは金利構造に顕著な影響を及ぼすことがなかった(実際、当時イギリス政府は、他の政府もおなじだが、旧五％戦時公債を三％国債に強制的に借り換えるのに忙しかった)。そして、需要と消費に即効性のある所得再配分政策を採ることもできた(アメリカにおける食糧切符、全国復興庁およびその他のニューディール政策)。だが、今日では、さまざまな理由(国防、社会福祉、医療と教育、不況産業の支援)から実施される政府支出の増大が反生産的効果——金利の上昇とインフレ圧力の復活——をもたらすことは避け難く、これらはすべて信認の基礎を掘り崩し、投資の復活にほとんど貢献しないのである。その上、失業および社会保障支払いがかなりの高水準で行われているので(闇経済の繁栄については言うまでもなく)、所得再配分政策は、金利の低下ほど需要とビジネス・コンフィデンスに影響を与えないのである。

世界不況に対する非常にナショナリスト的ないし新重商主義者的反応――これはあまりにも心が狭すぎ、問題の世界的性格を無視している――に対しても同様の反論をすることができる。この新しいナショナリズムは学術文献におけるよりも新聞、マスメディアや政治論議においてよく出てきている。(11) この議論は、基本的には、長期波動決定論主義者のようにいささか宿命論的である。すなわち、今の段階では遅すぎてできることはほとんどない、したがって、われ勝ちに逃げればよく、各々は自分のことだけかまえば良い、というのである。イギリスでは、いわゆるケンブリッジ学派が輸入規制を主張し、産業界と労働党の中に若干の支持を見出した。その政策はまた、クリスチャン・ストッフェイがフランスの政策について論じたベスト・セラーの中にも暗黙に含まれている(Stoffaes, 1979)。けれどもこの本は、現在では製造業者の市場をめぐる国際競争が非常に進んでいるので、企業は国民経済だけをベースにして生き延びることはできない、という点を少なくとも取り上げている。それ故に、海外で市場シェアを保つために国家の支援と奨励が必要であり、また、あまりに性急に多くの生産が海外へシフトするのを止めるためにも国家のコントロールが必要である。だが、八〇年代のフランスの経験は国民的救済策が充分でないことを明らかに示している。

マネタリストの中でも、同様に、相対的に少数であるが、貨幣についてより広い定義を採用し、各国経済のマネタリー・ベースというより、むしろ七〇年代の世界市場経済における信用の拡大を問題にする者もいる。彼らは、過去のインフレーションとデフレーションについて有力な説明を行い、不況に対するより有望な救済策を提供しているように思える。彼らを「世界マネタリスト」と呼ぶのが適切であろう。

このアプローチでもっともよく知られた主唱者の一人がロナルド・マッキノン教授である。けれども、彼の理論の多くは世界貨幣を構成するものは何かについての狭い見解に頼り、それが金、ドル、その他の外国為替およびIMF引出権からなる各国の公的対外準備に基づいていることを示唆するにすぎない。これは、筆者の見解では、ミンスキーが強調した資金の流れに充分な注意を払っていない。国際資本市場を通じる資金の流れは、公的準備のシフトよりも大きく、ユーロ市場貸付の拡大ともほとんど関係がない。したがって、筆者の理解では、自国の通貨の下落を止めるために中央銀行がドルを売る時、民間部門からフラン、リラ、ポンド等々を買うことになるので、自国のマネー・サプライのベースは減少するという議論は必ずしも妥当でないのである。

しかしながら、マッキノンは次のことをよく見ている点で正しい。すなわち、国際通貨システムには景気循環と並んで貨幣循環が存在すること、二つの分野における緊張はお互いへの増殖的効果を持っていること、アメリカの金利がユーロ市場の金利を決定し、これらが国際資本移動の大部分を支配すること、である。これらはすべて、「変動相場は金融の展開に関して各国に自律性を与えるという考えが幻想であることを証明した」という観察と同じく、最近の経験によって裏づけられている(McKinnon, 1982, p. 23)。

マッキノンは、しばらく前、為替相場における変動性と破壊的な不確実性を減らし、世界マネー・サプライと物価を安定させるために、アメリカと西ドイツ、日本の金融政策の協調を強力に主張した(McKinnon, 1974)。彼の提案は繰り返され、経済学者の間では人気がある。だが、残念ながら、現実の政治では、日本と西ドイツの金融市場がアメリカの政策からうける影響の大きさと、逆にアメリカが西ドイツや日本の政策からうける影響の小ささとは非対称的なのである。このことは、西ドイツと日本両国は協調のために金融の自律性の恒久的喪失を受け入れる用意がなければならないことを意味する。今日、両国はすでに多くの自律性を失っているかもしれないが、いつの日かそれを取り戻すことを希望するかもしれない。

政治的には、それ故に、このマッキノンの提案は素朴であり、実際の各国の利益の相違ばかりでなく、各国が世界経済と国際共同体の一般的利益として認めていることの根本的な相違についてもほとんど注意を払っていないのである。

より悲観的であるが、より現実的な評価が故ミルトン・ギルバートによってなされている。ギルバートはアメリカの経済学者で五〇年代には一〇年間旧OEECで働き、それから一五年間国際決済銀行の経済アドバイザーを務めていた。ブレトン・ウッズから七〇年代半ばまでの国際通貨システムについて死後に編集された本の最後に次のように書かれている。

一九八〇年代以降の通貨当局にとっての問題は、基本的には不安定な環境の中でいかにして為替の安定を維持するかであろう。事件の進展はしばしば非人格的で神秘的な力の結果だとされている。しかし、政治的リーダーシップの力と決定、あるいはその欠如が、金融に関する事柄の基本要素なのである(Gilbert, 1980, p. 236)。

ギルバートの見解では、インフレーションとその後の不況に対する責任は主として、暗黙の中にアメリカにある。これは二つの主な理由からである。最初は、「国際通貨システムに必要な流動性の適正量をはるかに超える」巨額な赤字を許したことである。それから(アメリカが一九七八年になって介入した時)、秩序と信認を取り戻すためのショック療法として一時的直接コントロールを使うことを禁じたことである。アメリカはまた、ギルバートの見解では、グループ・オブ・テンの協議機構を使わないようにした点でも間違っていた。彼の考えではそれを復活するべきなのである。

実務家、前IMF専務理事ヨハネス・ウィッテビーンのもっとも最近の見解も、ポール・ボルカーの下での金融政策は国際的側面とインパクトを本質的には無視しているとしてアメリカを非難している。(12)通貨伸び率目標を限度内に維持する政策は、金利に非常に大きな負担を要求したので、実際には不確実性を増し、流動性選好の増大に対応した合理的な、予備的・投機的動機を反映して、短期資産へのシフトを抑えるどころか促進してしまった。彼の指摘では、アメリカにおいて一九七八年末から一九八二年五月までの間に小切手振出可能預金が全預金の二％から二〇％に増えている。これが、システムの脆さを増す主要な要因であったのである。

マルクス主義者の説明

何故不況が一九八〇年代にこのような形で世界経済を襲ったのか。この問題に直接に向けられたマルクス主義者の説明は左翼の書店と雑誌以外では広まっていないし、良くは知られていない。しかし、国際政治経済や歴史を勉強する真面目な学生は、それらについても過小評価したり、無視したりすべきではない。これは、たんにその説明が多くの不況の犠牲者への強力な訴えとなっているからというのではない。ニューヨークのウォール・ストリートとグリーンウィッチ・ビレッジ(あるいはロンドンのシティとハムステッド、パリのブルスとレフトバンク〔三都市とも前者は金融・証券街、後者は左翼が集まる街〕)はめったにお互いに話をしないし、話をする時には相手の言葉を理解するのに困難がある。しかし、この論争点について彼らを分けている深淵は、お互いのイデオロギーが信じているほど広くないし、橋が架けられないわけでもない。思慮深く注意深いマルクス主義者の分析は、思慮深く注意深い金融保守主義者の批評とあまり隔たっていない。

今回の不況が以前の不況と違うとすれば、それは主として過去一五ないし二〇年の間に世界の信用システムと銀行業に、したがって生産の構造にも生じた徹底的で急速な変化のためである。だが、多くのマルクス主義者はユーロカレンシー市場の複雑さや外国為替市場の精密さを調べるための訓練を受けていないし、関心も持っていない。銀行業は強欲な、卑しむべき、反社会的活動と見られている。国際通貨外交の政治学や銀行業の革新と規制は、労働者階級の福祉とは関係のないものに思われ、それ故に関心も持たれていない。世界不況の貨幣的側面——筆者はそれが中心的問題だと信じるが——を取り上げることは、このような考えからして左翼では少数派のお遊びである。それ故に、現代の世界資本主義体制の主要弱点を、労働者の搾取や労働者階級の弾圧にではなく、主要政府が通貨システムを安定的にかつ世界の生産システムを維持するのに充分な活力を与えるように運営できないことにある、と見るのはほんの少数である。

西欧のマルクス主義についてのもっと基本的な論点をペリー・アンダーソンが見事に説明している。彼は『西欧マルクス主義の考察』の中で理論の実践からの乖離――マルクスがいつも非常に重要だと言っていた「社会主義理論と労働者階級の実践の統一」の分離――の跡をたどり、第一次大戦後のヨーロッパにおけるプロレタリア革命の失敗から生じた失望と、その後に多くのマルクス主義者が政治的在野に留まらざるを得なかった状況にまでさかのぼっている。ソビエト国家の帝国主義的孤立によって開けられた深淵は、ソ連の官僚化とスターリンの下でのコミンテルンのソ連支配によって制度的にも広がり、固定された。その結果、次のようになった。

自国のプロレタリアートの生活からかけ離れた大学への理論家の隠退と、理論の経済学と政治学から哲学への縮小。この専門化とともに、言葉はますます難しくなり、テクニカルな言語の障壁がいわば大衆からの距離の関数であった(Anderson, 1976, pp. 92-93)。

この隠退はアメリカにおいては、一九四〇年代後半の同盟国ソ連に対する苦い幻滅と、マッカーシー時代以降のアメリカ左翼の野蛮な疎外によって強められた。さらに付け加えるなら、この理論と実践の長期の分離は、一方では一九六八年のパリをはじめとする労働者と知識人との短命な再結合への歓迎——時期尚早なことが判明したが——の理由となり、他方ではマルクス主義知識人の大多数が産業や貿易、そしてとりわけ金融において生じている根本的で重要な変化に対して引き続き無関心のことの原因となっている。ラテン・アメリカでは、「分離」は、確かに、それほどはっきりしていない。したがって、理論と実践の関係についてずっと活発な議論——とくに、マルクス主義者や構造主義者、従属派の理論——があり、第三世界の他のどこよりも政治経済学における非常に真面目な実証的研究がある。しかし、その議論の焦点は一般に、国際的レベルでの発展というよりも、国際金融、生産および貿易の現地の政治・社会システムへのインパクトに当てられている(たとえば、Carodoso and O'Donnell in Collier, 1979; Carodoso and Faletto, 1979; O'Donnell, 1973 参照)。その間、ヨーロッパでは、主要なマルクス主義研究者のほとんどは高尚な哲学的主題に集中し、現代の経済的発展についてはほとんど関心を示さなかった(例えば、Althusser, 1971; Poulantzas, 1973, 1978)。

左翼が非マルクス主義者の理論の欠点のほとんどすべてを共有していることは驚くに当

たらない。左翼もまた混乱し、矛盾し、不確実である。その上、左翼は過去の経験の精神的束縛から逃れることができないでいる。そして、世界不況について書く者の大半は、保守主義者や社会民主主義者と同じように、悪化した状況の記述的説明以上に進まないし、論理的に満足のいく説明を提供しようとしない。

ソ連の文献は、筆者の知る限り、さらに貧弱である。予想されるように、ドルの役割に関してアメリカに対して批判的であるけれども、奇妙なことに、七〇年代の不況は短命であったが、八〇年代の不況が持続的なのは何故かというような基本的問題に関心を示していない。SDRの使用、銀行業の規制緩和およびヨーロッパ通貨制度(EMS)の限界をめぐって起きた重要な論争についての理解がほとんどないばかりでなく、経済の分析さえ非常に一般的で表面的なレベルに止まっている。おそらく、無知に加えてマルクス主義のイデオロギーが、説明を禁じているのであろう。というのは、もしすべての資本主義体制が本質的に自壊していくものとすれば、悪い政府にとって手に負えない困難を良い政府が克服できることを認めるわけにはいかないからである。

年齢ならびに国籍の点ではばらばらな、比較的少数のマルクス主義研究者だけがこの一般化の例外をなしている。彼らの中に、マルクス主義者のアプローチの二つの強みを見ることができる。すなわち、世界経済の変化についての長期的で冷静な見解を提供する歴史的展望と、各国経済と各国の経験における相違の限界を超える全体的ビジョンである。もちろん、どちらの点も、マルクス主義者だけのものではない。多くの非マルクス主義者（ハーシュマン、アーサー・ルイス、ポール・ストリーテン、マイケル・リプトンならびにブローデルとペルー）も長期的見解を取り、国民的・国際的という狭い観点よりもむしろもっと広く全体的にシステムを見ている。

しかし、このような長期的全体的観点は、他のマルクス主義者からすれば異端の逸脱者であり、エマニュエルのような自称マルクス主義者でさえ異端視されている。[13] エマニュエルの仕事は、おそらく、他の誰よりも多くの国に翻訳されている。世界経済における富の不平等な分配、北と南、富んだ国と貧しい国の間における貿易の不平等な条件についての彼の説明は本当にシステマチックである(Emmanuel, 1971, 1974)。彼の分析は、国から国へ自由に動く資本と信用の可動性と、各国経済の賃金格差に対応して移動することを移民法で禁じられている労働の非可動性との矛盾に基づいている。この結果、貿易と所得は不平等になり、工業国では賃金が高いままに留まり、他方、発展途上国では全く同じ種類の仕事に対する賃金が低いままに留まっている。商品が交換される時、低賃金国はその製品に低価格で支払われ、高賃金国は高価格で支払われる。対照的に、自由主義経済学者は、普通、移民の制限を、システムの政治的に課された特徴というより、むしろそれは本来的なものとして、当り前のこととみなしている。あるいは、彼らは賃金格差の説明に深く立ち入らない。

イマニュエル・ウォーラーステインの最近の仕事に対して贈られている喝采も世界システムの全体を描く同様な能力に基づいている。これに対して、他の者達は国家の万華鏡を見るだけである。ウォーラーステインは一六世紀ヨーロッパ農業の研究『世界システム』と、その後の論文集『資本主義世界経済』において、アメリカの新しい世代の学生の目を、教科書で親しみ易くなっている一九四五年以降の経済問題から、長期にわたる社会・経済的変化についての根本的な論争点へ向けさせた(Hopkins and Wallerstein, 1982; Wallerstein, 1974, 1979)。中枢と周辺という概念で世界システムの議論をリードしたペルーの後に続いている、多分マルクス主義者というより構造主義者として自らを表現するであろうヨハン・ガルトゥングの仕事にも同じことが言える(Galtung, 1975; Gunder Frank, 1966)。しかしながら、ガルトゥングもウォーラーステインも八〇年代の世界不況の起源と分析や、七〇年代以降の金融的発展についてはあまり関心を抱いていない。

このような問題にもっと直接的に関係しているのがエジプトのマルクス主義者、サミール・アミンの仕事である。彼の著書『歴史と現在の危機における階級と民族』は、八〇年代のこの不況と以前の不況との主要な相違に注意を向けている。八〇年代の不況は、多国籍企業が享受する資本と技術の優先的利用を通した生産の急速な国際化と同時に生じてきている。昨日までの食糧と原材料の生産者が今日の靴、シャツ、船舶、自動車およびテレビの生産者であるといった労働の国際的分業における変化の加速は、主としてユーロ市場の拡大と銀行業の国際化によるものである。世界経済のある部分における結果――構造的失業、衰退産業、不確実性と信認の低下――は、他の部分における結果――政府の権威主義、公的部門の拡大、外国企業の国有化、都市のスラムと低賃金――に直接に結びついているのである。

アミンの議論は、(銀行や多国籍企業の形での)国際資本の「本国」政府との関係と、国際資本の第三世界の政府との関係とを結び付けている。国際資本は、資本と技術がいっそう可動的になったので、低賃金労働からより多くの剰余価値を搾取できる国々へ事業を移すことによって、国内での利潤率の低下を償うことができる。周辺国は、安価な信用と早い成長率によって、借り入れた資本と技術、およびますます輸入が必要になっている食糧に対する支払いが可能になる。

アミンは、国内の戦闘的労働者階級と周辺国の敵対的な民族ブルジョワジーの両方に直面して、資本家が国境を超えて製造、加工、サービスに従事するようになったと見ている。資本家は同時に両方と戦う余裕がない。それで、資本家は新協調組合主義の所得政策で政府と協調することによって国内労働者との公然たる対立は避け、民族ブルジョワジーへは搾取の取分を分与することで対立を避けている。資本家は、第三世界の国家で誰が権力を握っているのか――民主的か抑圧的か、軍制か民制か、単一政党か複数政党か――には、体制が国際金融と商業の信認を維持するのに充分なほど安定している限り、無関心である。[14]

労働の新たな国際分業というこれらの基礎的条件が存続する限り、深刻な南―北交渉の可能性はない、とアミンは結論する。彼は、資本主義体制の黙示録的な崩壊などは予想せず、むしろ長い低成長の期間における転形と変化を展望している。転形は、国家間の同盟、および国内と国外の階級利益の同盟の両方の崩壊をもたらすであろう。カルドソとオドンネルを含む、ラテン・アメリカの多くの左翼著述家と同じように、アミンは、あらゆることを世界資本主義体制のせいにして非難することはできないことを認識している点で、第三世界の政治の現実に充分に通じている。多くの政府が農村の貧乏問題を解決できないことは、金融、経営および情報の力を持った中枢へのあれやこれやの形での従属が続く主な要因でもある。

より一般的に述べると、もっと保守的な精神でさえ関心を抱くであろうマルクス主義者による二つの批判がある。一つはアメリカと他の国々が一九六〇年代半ば以降に追求したインフレ政策の分析であり、もう一つは一部のマルクス主義研究者によるケインズ的解釈と解決に対する批判的分析である。

第一の点については、ほとんどのマルクス主義研究者がマネタリスト(およびキンドルバーガーのような自由主義歴史家)と次のことで意見が一致する。すなわちジャック・リュエフとドゴール将軍が金・為替本位制の下での法外な特権といつも呼んでいたものを行使しながら、アメリカは世界に対する銀行としての責任を悪用し、金融市場がシステムを破滅させていくのを放置した。このためシステムの安定性は致命的に損なわれた。変動相場へ頼ることはいまひとつのダンケルク(英軍が第二次大戦の時ドイツ軍の攻撃を受けながら撤退した場所)であった。けっして勝利でなく、完全な大敗は避けて何とか取りつくろった敗北なのであった。その後に採用された、トリフィンの用語による「紙幣ドル本位制」は、さらに一層法外な特権を提供し、これもまた悪用され、弱いドルがアメリカ国際収支の石油輸入代金支払いを埋め合わせ、アメリカは産油国が第一次石油価格引上げで獲得した価値の多くを実質的に奪い返した。外国為替市場や金融市場の不安定は、商品市場の不安定にも反映され、多くの発展途上国にとって石油価格上昇のインパクトが一層深刻化した。第三世界と国内労働者は犠牲者であり、システムの固有の矛盾と弱さに気がつくようになった。

これは、若干のマルクス主義的装飾を加えて、ハリー・マグドフとポール・スウィージーによってアメリカ左翼の雑誌『マンスリー・レビュー』の各号で一般読者のために作り上げられているテーマでもある。『アメリカ資本主義の危機の深化』(一九八一年)の中にまとめて集められた彼らの論文は、経済トレンドについての生き生きとした認識を示し、また、デイビッド・カレオが『横柄な経済』(一九八二年)の中で非常にこっぴどく風刺した学問的祈禱や弁解に騙されることを見事に拒否している。しかし、マグドフはペシミストであり、不況は循環的で、いずれは終わるであろうという可能性すら認めない。彼は不況を構造的、恒久的なものと見ている。つまり、不況は利潤のあがる投資の捌け口以上に剰余価値が生産されるという、資本主義体制に固有で、強力で、持続的な、ますます強まる傾向から生じるのである(Magdoff, 1981, p. 179)。彼はまた、アメリカでは不況にどう対処すべきなのか誰も少しも考えていないと信じている。したがって、唯一の可能性は社会主義者が革命によって全システムを転覆するための仕事を続けることである。

多くのマネタリストと共通に、マルクス主義者は一九六五—七〇年のインフレーションをその後のデフレーションの先触れと見ている。しかし、マルクス主義者は伝統的説明にひねりを加えている。伝統的説明と同じように、防衛、教育、社会保障等々への政府支出の効果および、組織された労働者の交渉力の増大を強調するが、それに加えて、一部のマルクス主義者は、政府がさまざまな密かな施し物を企業へ与えることによって利潤率の低下を隠す傾向を指摘している。イギリス人が「レイム・ダック」と呼ぶ衰退産業への援助ばかりでなく、あらゆる種類の補助金、租税免除、租税繰り延べなどがあり、そのいくつかは非常に複雑なので、その意義を完全に理解出来るのは、前税金検査官で税金コンサルタントになった者だけである。

資本蓄積の役割を非常に過小評価しているとして新古典派に批判的なマルクス主義者もいる。アンドリュー・グリンが前述の低成長について論文集の中でこの点を明らかにしている。

資本―労働比率の成長率の相違にもかかわらず、さまざまな国の資本―産出比率が長期的には相対的に一定となる傾向に直面して、自由主義経済学者は蓄積率の速度の相違を許容した技術進歩率の相違を仮定しなければならなくなった。マルクス主義者は因果関係を主として逆の方向にあると見ている。すなわち、蓄積率の相違が生産性の成長率の相違をもたらしているのである(Glyn, in Matthews 1982, p. 149)。

グリンは、それ故に、不況の種が以前の一〇年間のインフレ的政策によって播かれたことを(多くの非マルクス主義者と共通に)示唆しながら、資本蓄積の問題に向かっていく。

この議論の弱点は、投資が利潤を通じた資本の過去の蓄積によって決定されるという陳腐な仮定にある。事実、銀行業の近代化と国際化が資本の創造と利用(すなわち、信用)を資本蓄積から実際に引き離してしまっている。だが、グリンは彼の得意の分野——生産性の鈍化に対する経営者の対応が工場現場で労働者へ及ぼす影響の研究では強みを発揮している。彼によれば、一九三〇年代には「フォーディズム」(工場の組立ラインの冷酷な規律に対して与えられた名称)が導入されたが、現代の経営者はロボットと「チーム生産」システムで服従を強制し、労働者から剰余価値を搾取する一層すぐれた方法を導入しているのである。

保守派に訴えそうなマルクス主義者のいま一つの貢献は、現在の危機に対するケインズ的説明の、より正確には景気回復のためのケインズ的処方箋に対する批判である。スザンヌ・ドゥ・ブリュノフは流行の難解な哲学的論議へのめりこまないでいるフランスの人気のあるマルクス主義者である(de Brunhoff, 1976, 1978)。彼女の著書『国家、資本と経済政策』は、ハーシュマンとともに、資本主義は完全に資本主義的関係では機能せず、重商主義を含む以前の行動様式と考えによって形作られているという認識を持っている(Hirschman, 1983)。マルクスを引用しながら、そのような考えが、実際に資本家階級の中から、時々再現してくることを彼女は発見している。彼女のケインズ理論と政策に対する批判——筆者は正しいと思うが——によれば、ケインズの主要目的は純粋に経済的ないし金融的というよりむしろ心理学的であったと判断されている。というのは、その狙いは資本家の誤った流動性選好を償うために国家の政策を利用して将来に対する不確実性を取り除くことだからである。「主として信用によって構成される現在と将来の間の繋がりが国家によって引き受けられ、それ故に、確実性と不確実性の間の関係も変わるのである」(de Brunhoff, 1976, p. 121)。

しかし、彼女の結論は一九三〇年代を超えてあまり進まない。唯一の治療法はブルジョワ国家と資本主義的下部構造を破壊することである。彼女は世界経済における過剰生産恐慌を国際通貨システムの展開や信用管理の失敗のせいにはしないけれども、最後には、四〇年以上も前にモーリス・ドッブとマイケル・カレツキが到達した結論、「資本主義体制は資本家階級にインフレーションの再現、ファシズムと弾圧、および失業の間での選択を残している」を繰り返すだけである。(15) 彼女は、第二次大戦後に確立された資本家的合意の浸食とともに、これら三つすべてが最近では採用されていると言っている。ほぼ予想されるように、これが本当にマルクス主義者の多数の見解である。しかし、今日では統合が非常に進んでいるので「純粋」社会主義国家の樹立はもはや不可能であるという思想がところどころに現われている。(16)

筆者にとってネオ・ケインズ理論と解決に対するずっと根本的な批判と思えるのは、『後期資本主義』と『現代の世界恐慌』の著者で、アメリカから追放された[17]ベルギーのトロツキスト、エルネスト・マンデルの仕事である(Mandel, 1977, 1978)。マンデルは自由主義・マネタリストと社会主義者の政府いずれにも同じように懐疑的である。他のマルクス主義者と同じように彼が信じるところでは、生産への資本投入の増大は失業者の予備軍(婦人と臨時労働者)から労働者を募ることによって、長期的には予備軍を減らす。他方、新たな利潤のあがる生産的投資機会はますます少なくなり、政府は利潤率の必然的低下を延期するないし隠蔽する政策を取るようになる。赤字支出と大規模な信用拡張によって古典的過剰生産恐慌の深刻さと長期化には限度が設けられた。しかし、戦間期の大不況の再現を避けるためのこれらの反恐慌政策の効き目が衰えつつあるのは明らかである。

しかしながら、ヨーロッパの多くの左翼とは異なって、マンデルはケインズ的な呼び水による解決が作動するとは思っていない。「家計所得の増大は、利潤率の上昇と市場の一般的拡大の見通しがある場合にのみ、本当に景気拡大の呼び水となる」(Mandel, 1977, p. 177. 強調は引用者)。しかし、市場は今や世界的であり、銀行貸付は減少しているので、この第三の必要条件が政策を挫折させることになる。自由主義的解決も作動しないであろう。というのは、不況期には(労働者、企業、および国家の)利己心からお互いが協調でなく、対立するようになるからである。したがって、このような時に、輸出の拡大によって国民経済の回復が達成されるというのは共通の幻想である。同様に、現在フランスでミッテラン、メキシコでデ・ラ・マドリによって提議され、イタリアで故エンリコ・ベルリンゲルによって支持された「耐乏生活を通じる強化」政策も、戦後イギリスのスタッフォード・クリップスの政策以上の効果は望めないであろう。所得政策と「耐乏生活の分担」についての新協調組合主義との交渉に関するガルブレイス主義者の考えは、マンデルの言うように、実際には労働者の実質生活水準の低下になるだけである。そのような政策によって消費が抑えられれば投資が自動的に増えるであろう、というのも当たらない。何故なら、消費と生産的投資の他に、GNPの壺の中に貪欲に浸っている第三の手——政府と会社官僚の非生産的支出——があるからである。彼らの先取りする権力は他の二つのいずれよりもはるかに大きいのである。それ故に、混合経済は「方角を失わせる危険な神話」であり、「労働者階級に対する罠」である。だが、分析の鋭さにもかかわらず、マンデルも他の多くの者と同じように、労働者は、そして北と南も共通の利害を有している、また、国際的プロレタリアートの連帯がいぜんとして目標でなければならない、という幻想にしがみついている。

イギリスのマルクス主義者ボブ・ローソーンの仕事は、スティーブン・ハイマーと同じく、ビジネス・スクールでも読まれている。彼は多くの点で、とくに六〇年代末から七〇年代半ばまでの国家の政策の傾向について、マンデルと一致する(Rowthorn, 1980)。(彼はまたマンデルの『後期資本主義』が最近のマルクス主義思想へのもっとも重要な二つの貢献の一つであると言っている。もう一つはハリー・ブレイヴァマンの『労働と独占資本』(一九七二年)である。)ローソーンは銀行信用の役割を理解している非常にまれなマルクス主義者である。

キー・ポイントは、それが経済における総購買力を増やすことができる点である。銀行は人々の貯蓄がそこを通じて流れるたんなるじょうごではない。銀行は当座勘定システムを通して新しい購買力を実際に創造できるし、この方法によって資本家や他の誰でもが自らの貯蓄額を超えて行う投資をファイナンスすることができる。……国家のように、銀行は新たな購買力を創造できるのである(p. 122)。

この診断が、「資本の有機的構成」――生産過程において労働者一人当りに投資される資本の額に関するマルクス主義者の用語――についてマンデルとの基本的不一致を生み出している。マンデルはそれが後期資本主義の基本的変数であり、上昇していると信じ、利潤は圧搾されてはいないと結論する。これに対してローソーンは、信用の拡大のために資本の有機的構成は安定的に留まっているが、労働者一人当りの利潤は減少し、国家が収入の一部を先取りし、組織化を通して労働者のシェアが増えているので、最近ではGNPのうちに占める利潤のシェアは小さくなっていると論じている。

ローソーンは八〇年代の不況の原因についてもマンデルと根本的に異なっている。(18) マンデルは、これをシステムの必然的な結果として、循環性恐慌を伴った過剰生産による構造的恐慌として見ている。そして長期波動の逆転、労働者の戦闘性の増大および産油国への購買力の再配分などがこれに重なっているのである。彼の見解では、世界の生産構造が共通のルールによる規制と資本の自由な移動の両方を要求している(Gilbert, Witteveen 参照)。そうなれば、資本主義のロジックである「価値法則」が国家間の対立を仲裁し、恐慌を解決できるようになる。したがって、IMFはアメリカ帝国主義の有害な道具として見るべきでなく、この客観的ロジックを体現したものと見るべきなのである。

ローソーンは、経済的というより政治的至上命令をずっと強調する。彼の解釈では、政府は利潤率の低下をくい止めるためのインフレーションの力を使い尽くしてしまった。「絶えず大きくなる薬袋が必要であった」が、究極的には、国家はインフレーションによって避けようとしていたまさにその困難に直面しなければならなかった。インフレーションは投機家に報い、弱者を犠牲にして強者に報いることで市場への信頼を破壊したので、システムじたいがリスクに曝されたのである。信用制限の導入と通貨伸び率目標の採用は利潤率の低下を引き起こし、そして今度はこれが全般的な世界不況をもたらした。

ローソーンはまた、サミール・アミンと同じく、不況の次に来るものを見ている。

資本主義発展の次の段階では、ダイナミズムは現在の先進資本主義国から発展途上国へ移るであろう。……そして、資本主義的生産様式の拡大がこれまで未征服の領域で現われるであろう。(19)

イタリアの経済学者リッカルド・パルボニは、マンデルやローソーンのいずれと比べても、さまざまな資本主義国が世界不況を経験するそれぞれの仕方に影響を及ぼす点での通貨と為替相場操作が果たす役割、国際通貨の歴史的背景についてはるかに鋭い認識を持っている(Parboni, 1980)。システムにおけるドルの役割についての彼の分析によれば、アメリカはヨーロッパのパートナーよりも早く七〇年代半ばに第一次石油ショックから回復できたし、一九七九年まで不況に陥らずに済ませることができた。これは非常に重要な観察である。前述のアメリカの政治決定論主義者の認識とは鋭い対照をなしている。彼らは、アメリカが耐えがたいほどの負担をアトラスのように担っていると見ている。しかし、パルボニは、アメリカには後になって少し苦しむだけで他の国よりは急速に回復する相対的な傷つき難さがあり、国内市場を充分に利用できる有利な立場にあると考えている。七〇年代における剰余工業能力の利用についての若干の(アメリカの)比較数字も同じことを物語っている(Strange and Tooze, 1982)。そして、多くのヨーロッパ人がこの認識を共有している。けれども、パルボニの結論はマンデルとまったく同じである。すなわち、危機に陥った資本主義は「人間の顔」を失い、以前の時期の「無謀な山猫資本主義」、「無制限のカルテル化」に逆戻りする。社会民主主義はそれを飼い馴らすことに失敗した。世界の労働者は、社会主義国と第三世界の新しい大衆と団結しながら、再び階級意識を取り戻すべきである。

パルボニは政治経済学の古典的文献からのインスピレーションを追求している多くのヨーロッパの著述家の典型である。現在の恐慌が、早まって時代遅れと宣言されたマルクス、レーニンおよびシュンペーターの考えを蘇生させている、と彼は思っている。マルクスは、恐慌を資本家―労働者の関係を再確立させるものとして見ていた。レーニンは、資本家国家間の対立を悪化させるものとして見ていた。シュンペーターは小企業を犠牲にして寡占を強めるものとして見ていた。恐慌は資本家の流動性選好の誤りによってもたらされた非合理的な常軌逸脱にすぎず、理性的な需要管理によって容易に克服することができるというケインズの見解を拒否するもののパルボニは、将来の惨事を予想しながら、この三人を頼りにするにすぎない。

現在の恐慌についてのマルクス主義者の解釈の最大の弱点は『資本論』の弱点と同じところにある。すなわち、労働者の側の革命的対応への期待にある。マルクスは、資本主義の内部矛盾が革命を通じる体制の崩壊と社会主義体制――ここではもはや貨幣は人間関係の中で支配的な役割は果たさない――によるその更新をもたらすと期待する点で間違っていた。八〇年代におけるマルクス主義者の解釈の共通の弱点は、崩壊しつつある資本主義世界経済が、革命という共通の大義のために新・旧工業国の労働者を団結させるといぜんとして期待していることにある。アミンとローソーンは、そのような甘い希望を抱いていない著述家として傑出した二人であり、金融と銀行業の国際化が政府間および社会階級間の政治的協調を損ない、経済秩序を破壊する体制のアキレスの踵となると見ている。

結　論

この決定的弱点について意見が一致している者は、主として政治的スペクトルの両端にいる者、すなわち、一方は資本主義の不公正さに反対して資本主義から逃れたいと望んでいる者、他方は資本主義が約束する政治的独裁や弾圧からの自由を高く評価して、国家の関与とそれを利用する国家の権力を制限しようとする者である。資本主義の最大の弱点、つまり通貨管理の失敗を見抜くことができる鋭い目を持っているのは、その維持あるいはその廃止にもっとも熱心な者だけである。この両極端の間に若干の少しもアカデミックでないプラグマティストがいる。ギルバート、ウィッテビーン、シュバイツァーなどシステムの秩序が悪化していくのを長い間経験してきた国際機関上級職員である。

これまでに粗雑な形で概観してきたさまざまな見解を鳥瞰図にまとめて見ると、大グループの明確に定義できる学派のはっきりとしたパターンというより、個々の名前が点在するパノラマが浮かび上がってくる。振り返って見れば、筆者は非常に個性的な者たち、ミンスキー、マンデル、トリフィン、ギルバート、ローソーンの貢献に感銘している。彼らはみんな本質的にいつも一人ぼっちでいる。彼らはだれもどの知的大グループにも属していない。最近のさまざまな見解の鳥瞰図は、それ故に、大平原と巨大山脈で分けられる大陸というより、嵐の不安定な海の中にばらばらに散らばっている火山群島に似ている。

要するに、この一〇年かそれ以上の間の特徴は、首尾一貫した経済理論の勝利でなく、全般的な混乱の様相である。経済学の研究のために今世紀の西側世界が費やした莫大な資源を考えると、驚くべきことに、実り豊かな説得力のある充分な証拠のある説明でなくて、現代の出来事に関する貧困な理論的解釈が出てくるだけである。

これは、確かに、世紀半ば、一九三〇、四〇、五〇年代からの大きな変化である。当時大多数の専門家の意見は、混合経済を称賛し、国家の介入の利益を承認し、中庸の立場へと殺到したのであった。アメリカ大統領も「我々はすべてケインジアンである」と述べることができたが、誰もそれを素晴らしい声明などと気にもしなかった。需要管理の手段と方法、および国家の介入や支援の程度には相違があったけれども、専門家の集りの中では意見の一致した領域が有ったのである。そして、これが戦後のフランス、ドイツ、イタリアで中間派の政党が形成される知的基礎となった。これはまた、アメリカでは民主党員と新共和党員が合意できたところであり、イギリスでは保守党のバトラーと労働党のゲイツケルのそれぞれの後継者が「バッツケライト」という合成のレッテルを気楽に共有することができた領域であった。

経済トレンドをめぐって争っているさまざまな解釈についてのこれまでの概観から判断すると、七〇年代に起きたことは、この中庸の立場がまったく予期できなかったほど弱くなったことである。中庸の立場がまったく人気がなくなったのではない。現実の政治やアカデミックな経済学において、多くの者が郷愁からかそこを去らないでいる。限界生産性が逓減していく土地に感情的にしがみつく農民のように、彼らも他のどこへ行くべきかを知らずに、また、空想的楽天家として何かが起きることを期待して、進んで去ろうとはしなかった。しかしながら、中庸の立場は、もはや、政府による介入の失敗やシステムがうまく機能しないことを充分合理的に説明できなかったし、差し迫った政治問題の効果的な恒久の解決を約束することもできなかった。

この弱体化には二つの大きな分かり易い理由があった。第一の理由は、明らかに、市場の国際化の加速、すなわち、各国経済のますます大きな部分が世界市場システムに組み入れられたことであった。そのシステムでは、資本と技術が国境を容易に越えて移動するので、国家の内部で事態を処理する政府の権力というケインズ的中庸の立場の基礎にある仮定がもはや適切でなかった。第二の理由は、もうひとつの大きな変化がその中庸の立場を掘り崩していたことであった。すなわち、先進国経済のほとんどで官僚機構と国家予算の負担が過大になっていたのである。社会サービスや福祉制度に対する巨額の需要や、場合によっては国防支出がしばしば優先権を獲得し、国家が衰退旧産業に援助したり、先端産業に投資するための資金を見つける必要を後まわしにするようになっていた。国家支出が国民所得の半分以上を占める状況では、市場オペレーターの頑固な硬直性や、ひねくれたペシミズムを直すための拮抗力として活動するように政府に求めるのは、国民所得に占める公共支出の割合が二〇％位の低い時に同じ要求をするのと、まったく意味が異なってくる。ミルトン・フリードマンがこの点を繰り返し指摘しているが、ネオ・ケインジアンからは適切な答が得られないでいる。他の要因や状況と同様に、収穫逓減が始まり、古い魔法がもはや効かなくなる点がどこかにあるものなのである。

一九七〇年代の出来事、とくに通貨システムの発展についての説明に際して、非常に多くの当代の研究者がさまざまな形態の決定論主義に頼るのは、中庸の立場が知的に弱まったことの反映である。これこそが最大の理由だと筆者は思っている。経済的であれ、技術的であれ、政治的であれ決定論主義は、実存主義が個人に対して社会的・政治的に果たしたのと同じ役割を果たしている。サルトルに続く一九五〇、六〇年代の実存主義の著述家は、個人の選択や行動が社会の外生的な力によって強制された経験によって作られたものであると主張した。したがって、どのような結果が生じようと、非難されるべきなのは個人でなくて社会であった。個人はその行動が常軌を逸し、破壊的だとしても、無罪を証明され、罪を感じる必要はなかった。決定論主義は、同様に、政府が行った選択をコンドラチエフ長期波動や技術変化、政治的覇権の喪失によって条件づけられ、強制されたものとみなしている。表面的にはもっともらしいが、これでは現在の病気の原因をさらに調べる必要はないという安易な結論に到達するのである。

対照的に、過去二〇年の間に(あるいは四〇年でも)政策策定者が行った選択をもっとよく調べ、これに通じている者は、通貨・金融システムの現状に不可避ないし避けられないものは何も見つけることができない。政府や銀行での直接的経験や学問的研究を基に通貨史やその背後にある政治的論争に注意すれば、経済不況の原因についての決定論主義者の誤った見解や貿易政策の重要性の誇張はほとんどどれもすぐに否定されるのである。

社会決定論主義は、経済問題、とくに通貨問題の原因をいつも経済学の範囲外にあり、したがって理論家の手の及ぶ範囲を越えていると見ている。このため、経済理論の形成は無意味になってしまっている。消費の絶え間無い拡大という誇張された期待をもたらしたのは、技術なのか、それともアラブ人なのか。あるいは労働組合なのか、それともマスメディアなのか。誰を、あるいは何を非難すべきなのか。根底の問題が経済問題でないので、経済理論は本質的に経済的答えを見つけることはできないというわけである。これは確かにその通りである。しかし、驚くべきことは、決定を下すことになった要因の説明を真剣に調べようとさえしないことである。何故アメリカは非インフレ的措置によって石油価格の上昇に対応できなかったのか、あるいは何故しようとしなかったのか。何故アメリカはベトナム戦争の費用を税金で賄えなかったのか。朝鮮戦争時の商品価格の上昇にはアメリカは消費割当と価格統制で対抗した。例は多くないけれども、戦争をしながらもインフレーションを放置しなかった国もある。

社会決定論主義はまた次の二つの条件と一致する(実際その条件の下でだけ可能である)。第一の条件は貨幣と金融の管理における選択(とくに信用創造の過程の規制と信用の利用の監督における選択)の要素が否定されているか、あるいは当然のこととされているか、である。だが、たとえどちらであれ、不可避であると主張されるにちがいない。第二の条件は、生産、雇用、貿易の分析が通貨管理から引き離され、分離して扱われなければならないことである。さまざまな国際機関が関与し、国際機関は相互に容易に話が通じないので、おそらく、この知的分離主義は国内でよりも国際的レベルの方が分離しやすいであろう。しかし、分離されてしまうと、企業や国家を取り巻く直接の金融環境を越えて原因を追求するのが許されなくなる。

通貨の管理に対していささか道徳的態度を取るマネタリストと、資本主義体制における貨幣にはまったく超道徳的の態度を取るマルクス主義者はともに、これら二つの陥穽に陥らないでいる。これはおそらく上述のことが理由である。両者とも、信用の管理は必ずや高度に政治的問題であるという逆のひねくれた仮定から出発する。筆者もこれが正しいと思っている。両者はまた、世界経済を築いたり、破壊したりするのは、信用が世界市場経済を管理したり、管理できなくなる方法にかかっているという点で一致している。両者はまた、なによりも利得と損失、リスクと機会の国境や階級を越えた配分を決定したのが、世界通貨システムの最近の歴史における貨幣と金融に関する政府の政治的決定であったという点でも一致している。

(1) たとえば、*The Economist*, 13, Nov. 1983 の論文「輸入か死か――保護主義は間違いなく世界スランプフレーションを激化する」を参照。これによれば、当該八八カ国の各々が「貿易収支を改善できるなら、失業の一部を解決できると信じているようである。ある国の貿易収支の改善は他の国の悪化であるから、これは狂気沙汰のパーティーのための調理法であり、かつて世界が悩まされた病気である」。『タイムズ』、『ファイナンシャル・タイムズ』、『ニューヨーク・タイムズ』、『ウォール・ストリート・ジャーナル』など各新聞は、保護主義の潮流の台頭を抑えるように警告を発している。

(2) 宿命論的態度が初期のコンドラチエフの文献の特徴であるが、逆説的にそれは次のような見解を正当化する現代の経済思想に適しているかもしれない。すなわち、現在の景気後退に対して政府がなしうることは、金融緩和政策を取ることと、投資が本当に充分に利子弾力的であることを期待することを除けば、ほとんど何もないという見解である。ロストウ(Rostow, 1978, p. 189)はこれに強く反対し、今度の景気後退は発明や技術変化、革新を奨励し、促進するための積極的政策が要求されている、と論じている。

(3) この言葉はジェームズ・マーチ「権力の権力」(Eaton, 1966, Vol. I所収)から引用した。ロバート・コヘイン「インフレーションとアメリカの権力」(Lombra and Witte, 1982 所収)でも引用されている。同じ定義を使っているもっと前のよく知られている仕事が Knorr, 1975 である。

(4) *International Studies Quarterly*, Winter, 1983 にC・キンドルバーガーと他の二人による長文のレビューが載せられている。

(5) Strange and Tooze, 1982 の編者論文。

(6) ブレアの他にダンクワート、ロストウ、ルイス・ターナー、ズハイル・ミクダシ、マイケル・タンザー、エディス・ペンローズが含まれる。この中、ブレアはアメリカ人であったし、ロストウとペンローズはアメリカ人である。しかし、専門家の意見は国籍では違わない。

(7) たとえば、J・ツムリルとV・カーゾンの Strange and Tooze, 1982 への寄稿を参照。

(8) けれども、ミンスキーが言うように「貨幣のある資本主義経済で妥当する均衡の概念は標準的ワルラス理論で使われる定義とは異なっている」(Minsky, 1981, 1982, p. 3)。

(9) ポスト・ケインジアンは次のようにマネタリストを批判する。この関係を無視することによって、マネタリストは安定した貨幣需要(再び、貨幣が他の商品と同じ商品であるかのように)を想定し、それで供給の変化が総産出の貨幣価値(すなわち、物価とインフレ率)を決定することになる。ポスト・ケインジアンの議論では、これとは反対に、貨幣を所有し、選択できる人々の流動性選好が需要に影響を及ぼすのであり、現在の産出の価格水準に影響するのはこの不安定な需要である。

(10) とくにスカンジナビアの経済学者の間で。ティボー・シトフスキー「市場の力とインフレーション」(*Economica*, August, 1978; Scitovsky, 1980 参照)。

(11) 顕著な例外が、ウォルフガング・ハガー「ヨーロッパと保護主義」(*International Affaires*, Summer 1982)。

(12) Johannes Witteveen, *The Banker*, November 1982 でのインタビュー。

(13) 何が、そして誰がマルクス主義者であり、誰がそうでないかは解答の得られない問題であり、まったく不毛の議論である。筆者の見解では「マルクス主義者」は「リブ女性」のように、自分でだけ定義できるのである。いずれの場合も、自分がそうだと思えば、そうなのである。

(14) もっと集中した形での議論がアミンの二つのインタビューで展開されている。*Politica Internazionale* で最初発表され、Amin, 1980 で出版された。

(15) ドッブはケンブリッジの経済学者である。ケインズの『一般理論』を予想したカレツキはイギリスへ移民したポーランド人であったが、一九五五年にポーランドに戻った。ニコス・プーランツアスも同じ見解であったが、若くして自殺したため、マルクス主義思想の政治的リーダーが失われた。

(16) 多分、東欧ではこのような考えが今日では広くほのめかされている。次のジャック・アタリの言葉も参照されたい。「世界経済法則の受容は取り消せない」(J. Attali, 1977)。

(17) 『現代の世界恐慌』は最初はドイツ語で『危機の終わりか、終わりなき危機か』のタイトルで出版された。

(18) 両者ともに同じ研究にさかのぼる(Glyn and Sutcliffe, 1972)。利潤率の低下はブルッキングス研究所の研究でも証明されている(W・ノルドハウス「利潤のシェアの低下」、A. Okun and Perry, Bruookings paper No. 1, Washington 1974 所収)。

(19)　Rowthorn, 1980. この引用はマルクスの先見の明のあるビジョンを思い出させる。「世界市場の網の中にすべての人々が巻き込まれる。これとともに資本主義体制の国際的性格が増大する」(『資本論』第一巻)。

第4章　暗闇の中の賭

人生の不確実性に対して何らかの保証を提供する代わりに、貨幣はそれ自体で新たな不確実性の原因となっている。世界不況がいつまで続くのか不確実であるばかりでなく、インフレーションが再発するのか、しないのか、また何時するのかも分からない。我々はただ為替相場におけるドルと他の通貨の乖離がどうなるかを推測するだけである。一九九〇年の石油価格について誰でもが賭をできる。もっとも安全と思われた仕事が突然なくなり、多くの余剰人員があふれでる時、貨幣が提供できる、というより提供するはずの能力、不運や病気や老年に対するクッションとして使うことができる価値の安全な貯蔵物としての機能は、かつてより弱くなっているように思える。

何故これが問題——筆者は問題だと確信するが——なのか。貨幣を所有し、あるいは取り扱ったり取引したりすることで生計を立てている者にとってばかりでなく、社会全体にとっても何故これが問題なのか。これはすぐに簡単な答がでるような問題ではない。このためには、貨幣の使用が人間関係にとって、社会における人間行動にとってどのような意味をもっているか若干考えてみる必要がある。貨幣のこの哲学的側面は最近の数十年間むしろ見失われてきたか、無視されてきた側面である。貨幣と貨幣問題についての現代の議論のほとんどは高度に機械的なものとなり、技術的詳細やいささか神秘的で細密画的な側面に焦点をあてている。機構の背後にある社会的、政治的問題はめったに議論されない。しかしこの問題は初期の社会学者たちが必死になって考えた問題であり、アダム・スミスからジョン・スチュアート・ミル、カール・マルクスからマックス・ウェーバーにいたる古典政治経済学者の著作の中で論じられてきた問題である。

この点をもっとも考えぬいたものの一つに前世紀のまさに終わりに現われたドイツ系ユダヤ人の学問的著作がある(1)。彼の名前はゲオルグ・ジンメルであり、彼は貨幣の一般的使用がすべてにとって良いことなどとは確信していなかった。たとえば、貨幣は物や商品やサービスの主観的評価をそれらの貨幣的価値で測った客観的評価に取って代え、その過程でしばしばそれらの価値を低下させた。貨幣は、彼が指摘したように、質的なものを量的に測った。本質的には等しくないもの、本当は比較できないものを等しくしてしまった。同時に、物々交換や自給自足生産に代わる貨幣の使用は、人間関係のネットワークを広範に拡大した。しかし、そうすることで貨幣の一般的使用は、人間関係を非人間化し、人々をお互いに距離をおいたよそよそしい関係に遠ざけ、人間関係をより機械的にしたのであった。

ジンメルは貨幣の使用が社会にもたらした利益を否定したのではなかった。だが、それは、どの経済学の入門教科書でも最初に説明するように、物々交換や自給自足生産に代わる貨幣の使用が労働の分業をとおして富の生産をいちじるしく増やす、だけではないのである。それはまた、何を消費するのか、どのサービスを使うのか、そしてもっとも重要なことには、財貨やサービスを今日消費するのか、それとも将来のために節約するのかという点で、多くの選択肢を与え、政治的価値を付け加えている。もちろん、貨幣がなくても、穀物や羊毛、木材、一部の金属、さらにはワインなどの腐敗しない商品を貯蔵することは可能である。しかし、肉、魚、果物やサービスは将来の消費のために貯蔵することはできない。このように、貨幣がないと、今日消費するのか、明日消費するのかの選択の自由は制約されるのである。

ジンメルにとっては、損なわれた人間関係と増大した富や選択の自由という点での損得のバランスは必ずしも明らかではなかった。マルクスにとっては、貨幣の使用と、貨幣の使用によって可能になった一階級による資本の蓄積とが、彼の大嫌いな生産の資本家的システムとそれがもたらす人間の人間による搾取のまさに基礎であることは明瞭であった。貨幣の使用をとおして人間の労働を指揮する資本主義が生産関係を悪化させることを彼は見抜いていた。しかし、そうすることでマルクスが、西欧とアジア的生産様式と呼ぶ地域のいずれにもおける、資本主義以前の社会の生産関係をいささかロマンチックに描いたことも間違いない。このことが、非マルクス主義者にとって、マルクスの考えがいつも曖昧で非現実的なものであった理由のようである。貨幣の使用によって与えられた自由をひとたび享受した社会が、それを簡単に諦め、社会主義国家では絶対的な、他者による意思決定への依存に満足するであろうか。

ジンメルが彼の偉大な研究で明らかにした貨幣の属性はその本質的中立性であった。人を信頼しなければならない代わりに、この中立的で安定した交換の媒体、価値の貯蔵物を信頼することができる。その安定性は、貨幣で表わされた価値に人々が信頼を置くことを可能にする、と彼は考えた。我々にとっては、これはむしろ素朴な考えのように思える。しかし、一九〇〇年に彼が貨幣を信頼と信認の源泉と考えたことは驚くべきことではなかった。少なくともヨーロッパにおいて、貨幣の安定性について最近のように多くの経験が積まれる時代を予想することは難しかったであろう。

だがジンメルは、貨幣価値の変化とそれに対する個人個人の対応の相違がもたらす社会的諸結果について非常に良く気づいていた。彼が論じたように、各人のポケットにある貨幣の量が魔法で突然二倍になったとする。財貨とサービスの供給は同じままであったとしたら、この魔法の変化に対する人々の反応の相違が(我々が言うところの)実質価格の再調整を引き起こすであろう。三人の間では、一人は一〇〇〇マルク、もう一人は一万マルク、三番目は一〇万マルクを持っていると仮定しよう。各人の消費パターンは、貨幣で測った名目所得と富が突然二倍になった場合にも正確にそのままの形では再現されないであろう。貧乏人はより多くの食品を買いに走るであろう。中間の者は小さな贅沢品と緊急に必要でないものにもっと使えると思うであろう。金持ちは土地や財産への投資のためにより多く貯蓄するであろう。今日では貨幣錯覚と呼ばれるものによって引き起こされるこれらの選択は、貨幣錯覚が続くある短い間に、さまざまな財貨の相対価格を実際に変えてしまうであろう。貨幣価値のわずかな不確実性でさえ、貨幣に基礎を置く社会の安定性を土台から掘り崩してしまうのである。各人の富の相対的シェアが変化しなかったとしても、貨幣的変化は実質価格の、すなわち他のもので測った財貨の価値の変化を引き起こす。それ故に、不変の価値と貨幣供給それ自体に信頼が置かれることが重要であった。もしそれが変化するなら、他の実質価値も間接的に変えられてしまうからである。

ジンメルにとって、それ故に、貨幣とは信頼の表現であった。しかし、信頼が確立されるのは信念と経験によってである。信頼を命令によって作り出すことはできない。愛についてと同じように、法によって信頼を確保しようとする努力はどれも、それを保証するよりは破壊しがちであった。貨幣についてのパラドックスは次の点にあるのであった。すなわち、その機械的、非人間的、中立的性格にもかかわらず、貨幣は、信念のような非合理的で感情的でさえあるなにかに依拠する場合に、その機能を最高に発揮することができ、最大の利益を授けることができるのである。

金融市場で働いている人々は、ジンメルの考えの妥当性を理論的経済学者よりも良く理解するであろう。彼らは、ロンドン証券取引所のモットー、「我が言葉は我が証文である」がこれと同一の信念の宣言であること、ユーロカレンシー市場における毎日の取引は信頼という決定的な要素なしには行い得ないことを知っている。彼らはまた、信頼を築き上げるのには時間がかかるが、すぐに破壊されることも知っている。いったん破壊されると、再び築き上げるのにずっと長い時間がかかる。「羹《あつもの》に懲りて膾《なます》を吹く」は貨幣についても当てはまる。ヨーロッパ人、とくに恐らくフランス人の金への愛着は、ドイツにおけるインフレーションに対する恐怖が一九二三年のハイパーインフレーションの集団的傷跡の反映であるのとまったく同じように、信頼に対する政府の裏切りについての種族的記憶を伝えているのである。

さらに、社会関係の領域で一度裏切られ疑われた信頼は、財産の安全であれ、政治家の良心への信認であれ、役人の裁量であれ、警察の公平無私であれ、これら他の領域における信頼にも伝染病的影響を及ぼすであろう。

本章で繰り返して議論することになるが、世界の通貨システムは、金融センターの境界をはるかに超えて広がり、国家間の関係と国家内部の関係にさえ影響を及ぼしながら、そのような不信が伝染病のように拡大していく大震源地となっている。また、不確実性の悪循環は市場における不確実性の増大によってと同じように、第二章で述べた政府の重大決定によっても始まった。実際、政府の重大決定は市場から生じる不確実性を増大させることがしばしばであった。既に述べたように、それらは不確実性が支配する新しい市場を作り出した。その中では恐らくもっとも重要なのはユーロカレンシー市場であり、もっとも数が多いのは各種の先物市場である。

不確実性の悪循環がいかにして発展してきたかを詳細に説明する前に、不確実性自体についての若干の他の政治的社会的側面をみておこう。これは、政治学と経済学の間によこたわる、適切に描かれた地図のない誰の領土でもない、いま一つの無視されてきた部分である。

この四、五〇年間のもっとも自由主義的な経済分析は、市場を基礎にした行動、とくに合理的期待を基礎にした行動についての精巧な理論化にむけられる傾向にあった。この理論化を試みている一部の者によるとこれは、一九一六年にフランク・ナイトがコーネル大学の学位論文として最初に展開し、一九二一年に『危険・不確実性及び利潤』というタイトルで出版された本(Knight, 1933)にヒントを得て発展させられたものである。ナイトの仕事の主な目的は、個々の企業家によるリスクの引受に依存する資本主義体制が、マルクス主義者が指摘したような利潤率の低落傾向にもかかわらず、何故実際には効率的であるのかを説明することであった。彼の議論では、資本主義体制が効率的なのは、主として、企業家は人間であり、誤りを免れないので、自分自身の判断の良き判定者でないからである。彼によれば、男は――性差別主義者にならないためには女も付け加えるべきであるが――自分自身の幸運に非合理的なほど高い確信を抱いている。これに加えて、彼らは従事している事業の成功の統計的確率を過大評価しがちである。この命題を導くためには、リスクと、あるいはナイトがいう先験的確率と――これについては運まかせの勝負とその勝算の数学的可能性に関する定評のある文献がある――統計的確率を、ナイトが行ったように、区別する必要がある。統計的確率とは、一群の事件やケース、企業など共通項にしたがって分類されるものに対して確率に関する統計的データを適用することである。リスクすなわち先験的確率はほとんどの保険の基礎となっているが、通常の事業ではめったに生じない。他方、統計的確率の有用性はいっしょにグループ化された分類事例の正確さにかかっている。さらに、一〇〇万軒の家のうち一軒が燃える統計的確率は知られていても、どの一軒なのかについては不確実性が残る。先験的確率と統計的確率のどちらも推定とは区別しなければならない。実際の生活では推定がほとんどすべての事業決定の基礎なのである。

事業の意思決定の典型的な例を取り上げてみよう。製造業者が工場の能力拡大に多額の投資をする当否を考えているとする。彼は、だいたいの測定が可能なさまざまな要因を出来るだけ考慮しながら、おおまかな「数字をあげ」て提案する。しかし、その最終的結果は、提案された方策のもっともらしい結果の「推定」である。判断における誤りの「確率」はどのくらいかを先験的に計算したり、多くの事例を研究することで経験的に「確率」を決定しようとするのが意味の無いことは明らかである(Knight, 1921, p. 226 ; LSE reprint series, No. 16, 1933)。

さらに、推定にもとづいた事業の意思決定はまったく合理的でないばかりでなく、成功の見通しを過大評価しがちであっても、過小評価することはほとんどない。これは、アダム・スミスがずっと前に気づいていたように、人々は概して確定した報酬のためよりも不確定な報酬のために安い賃金でも働くからである。ナイトが正しく気づいていたと思うのだが、人生の主たる目的は、自由主義経済学には失礼だが、利潤を最大化したり、多くの合理的野心を「満足させる」ことではない。

「人生の最高の関心は結局は人生の興味を発見することであり、これはたんに富の最大量を消費することとはまったく異なっている」(Knight, 1933, p. 269)。しかし、生産物に対する需要の状態や需要に応じるためのコストをすべて正確に計算する前に生産を始めなければならない。したがって、生産や交易の経済過程は不確実性を伴っている。このためナイトが言うように「合理的行為が、目的に対して手段を適合させるさいに伴う不確実性を最小限に減らすよう努める」(p. 238)のである。それ故に、ナイトは彼の著書のすべての章を、不確実性に対処するための構造と方法の検討に捧げたのであった。

この本の中で、彼は、すべての形態の保険に、その保険数理的側面から始めて船会社が所属する利潤・損害補塡保険のような相互組合にいたるまで、特別の注意を払っている。彼はまた、保険に投機を含めている。投機は保険とはまったく違ったもののように思えるが、(不確実性との関連では)実際にはその補完物である。保険がリスクを他の同様に不確実性を免れない多くのものの間に分散するのに対し、投機はリスクを企業家から専門家へ移転するのである。投機専門家は、不確実性のコストを減らす、あるいはそこから利潤をあげる、またはおそらくその両方を行うことを可能にする二つの強みを持っている。一つの強みは、一人の企業家は市場に一回登場するだけであるが、投機家は一〇〇〇回も一〇〇〇回も市場に登場することで、「それに応じて判断の間違いが帳消しにされる傾向が強く現われるにちがいない」からである(Knight, 1933, p. 256)。

これこそが外国為替やユーロカレンシーの取引でまさしく起きていることである。銀行の外国為替ディーラーは、ドイツマルクがドルに対して上昇するなら損を出すある者の不確実性を、ドルがドイツマルクに対して上昇するなら損を出す別のだれかの不確実性と釣り合わせることができる。もう一つの強みは、不確実な市場への慣れとそれに関連する意思決定の専門化によって、通常は投機家は顧客よりも優れたより早い情報に通じるようになることである。

ナイトはまた、そのような状況において、不確実性がもたらしそうな一つの結果として情報と統計にたいする需要が非常に増大すること、および、利用できる情報と統計を加工するコンサルタント業務が需要に答えて拡大することを予知していた。実際、彼は、議論の過程で、増大する一般的不確実性を減らすための主な対応として多様化、保険、情報に対する需要の増大の三つを指摘している。安定という夕焼けの中でいぜんとして日向ぼっこをしている中立で孤立主義の戦前のアメリカで執筆しながら、彼はある点で「進歩的で気まぐれな変化に従わない環境」について言及している(2)(Knight, 1933, p. 335)。したがって、ナイトは、進歩的で気まぐれな変化の社会的ないし全体的な帰結である我々自身の時代に生じている問題を直接に懸念していたのではなかった。だが不確実性に対処する際の企業家の非合理性や特徴についての彼の観察は、合理的選択や合理的期待という概念に基づいた現代の多くの経済学的理論化に対する非常に有用な矯正剤である。合理的選択や期待が「厳密さ」や内的論理一貫性をどれほど獲得しようとも、それは集団と個人双方の現実の人間行動へアプローチするに際して正確さを失ってしまっている。

投機

ナイトは、投機を自由な企業経営の補完物として、不確実性にもかかわらず、機能の専門化をとおして社会が経済的進歩を達成させるいま一つの方法とみていた。投機を許すことによって、言い換えれば、進んで引き受けてくれる者に不確実性を負担してもらうことによって、社会はいっそうの専門化を進めることができるようになる。不確実性は産業の内部においてさえ、機能の分化傾向を生み出した。この結果、我々の時代ではたとえば不動産開発業者やベンチャー・キャピタル金融業者に相当する「プロモーター」が、ある事業や生産物、開発がいったん安全で確立されるようになるや動きだす。

ナイトが投機について言わなければならなかったことは、四〇年ほど前にウォルター・バジョットがシティ・オブ・ロンドンの活動を説明した時の観察とかなり一致している。『ロンバート街』においてバジョットは、世界の貿易システムが効率的に機能するための三つの必要条件を発見した。それらは、(1)貸付基金が投資のために利用できること、(2)投機資金があること、(3)財産を作るための最新の機会を利用するのに熱心な若者がいること、である。もちろん、利潤と投機現象についてのいま一人の批評家H・フォン・マンゴルドも観察したように(H. von Mangoldt, 1855)、金儲けをした者よりもお金を失った者の方が多いのが常であった。しかし、問題となるのは財産作りへの希望であり、アダム・スミスが千里眼的に観察したように、大きな可能性のある利得のために多額をリスクにさらすというよりも、大きな利得のための僅かなチャンスに少額をリスクにさらすかどうかであった。我々の時代では、外国為替ディーラー、商品市場ブローカー、金融先物オペレーターは自分のために直接の金儲けをしているというより、雇用主のために金儲けしているようである。しかし、彼らは決して悪い支払いを受けているわけでなく、二、三年で将来の職業選択を大きく広げることになる十分な資本を蓄積することができる。(3) 若さいっぱいの楽観主義と企業経営が、投機資金と結びついて、気まぐれな不確実性によって開かれた投機の機会の迅速かつ効率的な利用を保証するというのは、今日でもいぜんとして真実である。もちろん、そうした利用は必ず、専門化によって本質的に投機的となった市場の拡大と成長を伴うものである。

しかし、ポイントはこの拡大が偶然にもたらされるものではないことである。それは、気まぐれな変化に付随するリスクを回避しようとする者と、確実性を求める広範な需要に対応して一財産作ろうとする者の、不確実性に対する直接の対応の結果なのである。したがって、投機市場は実際に不確実性を必要とするのである。そして、一方の側にリスク回避、他方の側に投機資金と通常以上の利得のために一生懸命働く若者の存在を必要とするのである。(4)

投機市場とは、使用される商品やサービスの需要と供給の客観的変化に対応して価格が動く通常の市場とは区別され、将来の価格の予想にしたがって価格が動く市場として定義される。この点では、投機市場は競馬場にもっともよく似ている。競馬場は勝利する、または入賞するであろう馬に賭ける市場である。賭をとおして、ある特定の馬が勝つであろうと予想する人が多ければ多いほど、馬券業者から得る賭率はそれだけ低くなる。彼らの予想は、しばしば、間違うかもしれない。しかし、価格を動かすのは馬の客観的腕前ではなく、予想なのである。

だが、競馬場にでかけたり、レースに賭けたりする人々は実際にギャンブルを楽しんでいるのであるが、我々の時代の投機的金融市場における大半の参加者は非自発的に市場にいる。彼らはリスクを回避しようとしており、ギャンブルを望んでいない。彼らは不確実性を恐れ、それに対してヘッジすることに熱心である。投機市場はリスク回避的オペレーターやその代理人が、心配される結果から自らを守るために逆の賭をすることを可能にしている。したがって、もし不確実性によって現実の事業がダメージを被っても、少なくとも逆の賭には勝つであろう。しかし、賭は無コストではない。ブローカーに対して報酬が支払われる。ブローカーがうまいことやっていけるのは、前に説明したように、さまざまなリスク回避的顧客達の相反する恐れや心配を釣り合わせる能力と市場を動かす力についての優れた知識によってである。外国為替市場における不確実性の増大にヘッジしようと望む輸入業者は、送り状が外貨建てのため自国通貨での支払いが増えてしまうかもしれないリスクをカバーし(保険をかけ)ようとする。これに対して、外貨で支払いを受ける輸出業者は、その支払いの自国通貨での価値が減ってしまうリスクを同じように(だが逆に)カバーするであろう。

そのような市場は、必然的に、より慎重なブローカーの間に、ギャンブラーと時にはオペレーターを引きつけるであろう。彼らは、通常、価格がどのように動くかの情報を持っているのは自分たちだけである、というようなやり方で行動する。そうして、自分の利益となるように市場を動かす機会を見つけようとする。ギャンブラーの数は、取引に際して市場規則が要求する証拠金の額が少なけば少ないほど、多くなる。ミルトン・フリードマンとアンナ・シュワルツが一緒に書いた権威ある詳細なアメリカ貨幣史の中で、一九二九年の大暴落に先行したブームの重要な要因として一九二〇年代にウォール街の証券取引所で許されていた証拠金取引が指摘されている(Friedman and Schwarz, 1963)。その後、株式の証拠金取引には規制が加えられるようになった。しかし、近年族生している先物市場は、同じ弱さを抱えつつも、いぜんとして証拠金取引を認めている。したがって、H・C・エメリーが一八九六年に書いているように、商品取引は同じような悪弊に陥りがちである。

価格変動によって一夜にして巨額の利得を得る可能性は、その条件について本当の知識は持っていないし、価格の動きについてもきちんとした意見を持っていない何千もの人を投機市場へ向かわせる。彼らはもっぱら成功の機会をあてにしている。そのような投機は本質においてギャンブルに過ぎない。その悪弊は証拠金制度によっていっそう拡大した。投機家は売買に際して十分な資本金を持っている必要はなく、ブローカーに五ないし一〇%だけの証拠金を積めば十分である(H. C. Emery, 1896)。

このことを理由として、一九世紀の末にいたるまで、カリフォルニア、テキサスおよびその他の中西部と南部の一〇州は、受け渡しの意図のない商品先物取引に対して厳しい法的禁止措置を維持していた。しかし、この防壁は南北戦争の時にニューヨークで破られてしまった。この時、綿花価格に関する不確実性が、今日のヘッジ操作とその必然的な補完物としての投機的な先物取引を育てたのであった。そして、いったん投機市場が存在するようになると、商品を買い占めるといった狡猾な手口を使う機会が生まれてくる。その結果、価格の上昇過程で証拠金取引を行っていた者は、価格が下がると、巨額の損失を出しても取引を処分しなければならなくなる。そして、供給をコントロールしている者が利潤を挙げる。

最近におけるこのもっとも有名な例が、ハント兄弟が銀の世界市場を買い占めようとして成功しかかった試みであった。この例については、世界通貨システムについてのマイケル・モフィットの本に詳しく書かれている(Moffitt, 1984, pp. 180–193)。非常に変動が激しい金融システムや商品市場において、不確実性が大きければ大きいほど、そして先物契約やオプションでカバーする必要が大きければ大きいほど、その市場を自己の利益のために利用しようとするハント兄弟のような投機家や大規模オペレーターにとって、そのためのチャンスがそれだけ大きく開かれている。

先物市場は一九七四年以降、連邦商品先物取引委員会(CFTC)によって厳しく監督されているけれども、アメリカで生産されている穀物、大豆、豚肉、冷凍オレンジジュースおよびその他九〇ほどの商品の市場では価格の変動が激しい。これは一部には農民自身の先物取引への広範な参加が原因であることも間違いない。ヨーロッパのほとんどの農民とは異なり、アメリカの生産者は価格の下落に備えて保険を掛けるために先物市場をかなり広範に利用している。ヨーロッパ人がそれほど先物市場を利用しないのは、アメリカ人が考えるようにヨーロッパ農民に知識が欠如しているからでなく、共通農業政策（CAP）と各国市場の管理によって農民に価格の安全性が保証されているからである。CAPを攻撃する者は、これが、より効率的な外国の生産者に対する保護であるばかりでなく、変動の激しい世界価格の不確実性に対する保護でもあることを理解しているとは限らない。CAPがもっとも大きな保護を与えてきた二つの商品、穀物と砂糖が世界価格の変動のもっとも激しい商品でもあることはまったくの偶然でないのである。

一九八〇年代には金融先物取引が完全に商品先物取引に取って代わっている。[5] これは金融的不確実性が増大したことの直接的結果であるが、金融先物取引は商品先物取引に比べても監督がゆき届いていない。六〇年代と七〇年代には、外貨で「現物」(即時の販売)と並んで「先渡し」(合意された価格で三ないし六カ月後に完了される販売)取引が成長した。しかし、この先渡し市場は顧客の観点からはいささか柔軟性に欠けていた。売買契約は特定の日付と結び付けられ、特定の売り手と買い手の間での取引であった。これに対して、一九七二年にアメリカで始まった金融先物取引は、通貨の為替相場、政府証券つまり金利、

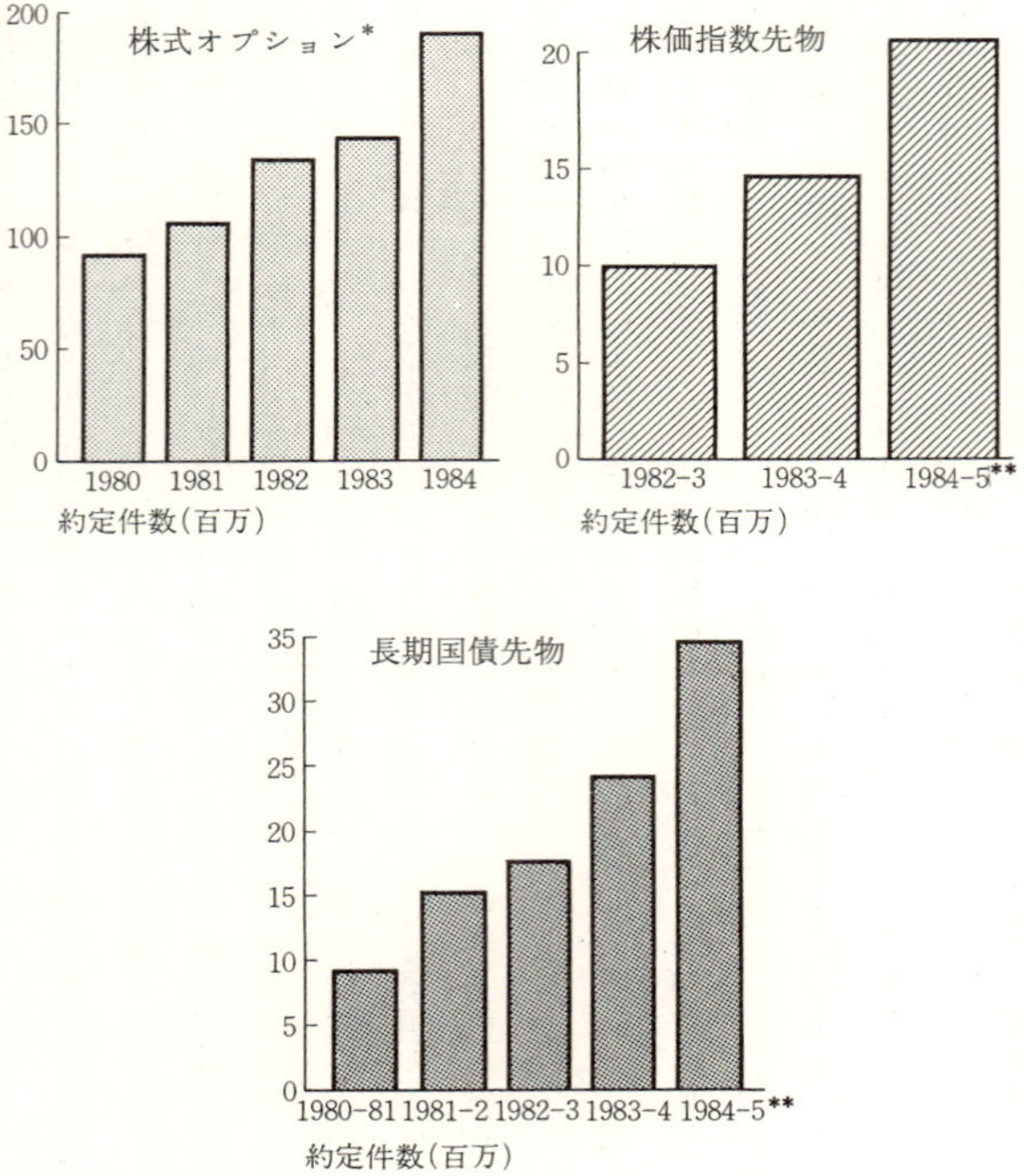

*株価指数オプションを含む.
**7月1日から6月30日までの1年.
［出典］ *World Development Report,* 1985.

図 4-1　オプションと先物取引の拡大

あるいはごく最近の発展だが証券取引所価格指数(すなわち、株価の一般的動き)の先物やオプションなど一般的な取引を可能にしている。[(6)] 商品先物と同様に、契約では大量の標準量の約定が特定の受け渡し日に完了することになっているが、それまでの間に契約を市場で再取引〔転売〕することができる。遅ればせながらロンドンもアメリカの例にならって一九八二年にロンドン国際金融先物取引所(LIFFE)を設立した。米英両方の市場での売買は驚くほど拡大している(図4-1参照)。一九八三年にはシカゴ市場では二〇〇〇万件の米国TB先物の取引が行われた。これは対前年比二〇%以上であった。同年にはシカゴとニューヨークだけで八億件以上の株価先物取引(トップ五〇〇社のスタンダード・アンド・プーア株価指数などの将来の水準に対する賭)の約定がなされた。これは前年の約二倍であった。

この最近の爆発的拡大の説明は容易であるが、それは同時に「金融市場は合理的に行動している」という主張を無意味にしている。銀行であれ、会社であれ、地方自治体であれ、労働組合の年金基金であれ、ファンド・マネージャーや財務担当者はどこへ投資すべきかの選択を誤るのでないかという恐れに当然にも取りつかれている。TB〔政府短期証券〕に投資すべきなのか長期国債なのか、それとも社債なのか？　ドルなのか円なのか？　どうしたらそれが分かるのか？　決定を誤ると、嘲笑され、批判され、あるいはもっと悪いことになるかもしれない。金融先物でヘッジすることは相対的に簡単であり、正しい決定を行えば得られたかもしれないたなぼたの利潤が棒引きになるとしても、予期しない災難からマネージャーを守ることになる。リチャード・ランバートは次のように書いている。

金融市場ではどこでも変動がずっと激しくなってきている。ファンド・マネージャーは、長期的資産を運用する者でさえ、短期的パフォーマンスにますますとらわれている。その結果、彼らは、長期に保有して大きな利得を得る機会をつかむよりも、むしろ少しでも利潤がある時はその利潤を取るという戦略を採用している。今日では、買ってじっと長期に保有する方針は明らかに過去のものとみなされる(*Financial Times*)。

その結果、七〇年代の半ばと八〇年代の不況の中でさえ、債券や株式の売買、金利スワップやオプション、将来のレート取り決めなどの金融革新が急速に成長している。経済成長の鈍化や工業生産能力の過剰、だれ気味の需要は変わっていない。ランバートが言うように、誰もが僅かな即時の利益をあげるために、ポートフォリオをぐるぐる変えるのに忙しい。一九七五年のウォール街におけるブローカーの固定手数料の廃止は競争を激化させた。全般的不確実性が熱心な顧客を作り出した。ニューヨークでの株式売買高は一〇年間に五倍にも増えた。技術も貢献した。ウォール街での一日の株式取引高の上限はかつては事務処理機械の能力の制約から一日二〇〇〇万件当りになっていたが、今日では二億件も可能になっている。さらに、古い意味での「金融センター」はもはや存在しなくなり、あらゆる金融取引のために、金融先物や政府証券、株式の単一の世界市場ができる日が急速に迫りつつある。既に金融先物市場は互いに結び付けられており、その結果、サテライト衛星とコンピュータによって結ばれ、時計の針の動きと同じく一日二四時間取引することができる。アムステルダムのオプション取引所はモントリオール、バンクーバー、シドニーと結ばれている。シカゴとシンガポール、ニューヨークとシドニーは一つの金融先物市場を形成するために提携している。これまで金融オペレーターたちは規制の先を越して市場を動かしてきたので、この世界的金融カジノがほとんど健全性についての監督に服さず、いささか曖昧で漠然とした規則で、休みなしに稼働するようになるのも時間の問題であろう。

市場(を信じる)経済学者は最近これらの先物市場の拡大の弁護に先を争って乗り出した。「マーケット・クリアリング」を保証する機能についての彼らの巧妙な理論によれば、先物市場は、市場システムの効率性を一段と高める重要な貢献なのである。分かり易くいうと、多くの先物市場が存在する以前は、システムはあまり効率的でなかったということである。しかしそれは、価格の変動が生産と流通へ及ぼすリスクや外部的諸結果を「効率性」の問題に含めて考えない時にのみ正しいのである。というのは、実際に、先物取引が広範に広がってから価格変動が一層激しくなっており、その変動に伴って無駄が生じていることが歴史的に証明できるからである。市場やオペレーターを維持する間接費用ばかりでなく、生産部門でも労働と経営の無駄な調整コストが生じている。

市場経済学者はまた、次のような非常に疑わしい主張を行っている。すなわち、情報は必要とする者すべてにとって容易に入手できるので、不確実性によって事業の遂行を悩まされているすべての者が同一の先物市場の便宜を利用できる、というのである。この主張は非現実的である。イギリスの法廷の訴訟の機会均等について、貧乏な訴訟人のための法的援助に関連して同じようなことが言われたことがある。この主張は、ハロルド・ラスキを怒らせ、彼は「ああ確かに、リッツ・ホテル〔ロンドンの最高級ホテルの一つ〕は金持ちにも貧乏人にも一様に開かれている」と反駁した。需要と供給の客観的変化よりもむしろ予想によって動く市場では、オペレーターの予想を容易に入手できる者がより良い情報をつかむことになるであろう。そして、それはきっと仲間のオペレーターであるに違いない。ゴシップ、風聞や噂が市場を動かしている。そして、最新の囁きを最初に聞く者や今日ではコンピュータ・スクリーンをじっと見続けている者が、市場での取引に際して有利に立ち、それを最後に見たり聞いたりする者が不利になる。

これはフランク・ナイトが八〇年前に認識していたいま一つのポイントである。彼は、不確実性と、情報やアドバイスへの需要との間における密接な関係を予知していた。彼が予知できなかったことは、コミュニケーション技術の最近の進歩による情報を販売する機会の広範な拡大であった。そして、金融的不確実性が続く状況では、情報の供給が情報の需要の拡大に対応して伸びるのが容易であった。たとえば、商品市場の分野では、金融的不確実性と価格変動の激しさが不確実性に対するヘッジとしての先物やオプションの需要を著しく増大させ、商品のディーリングやブローキングでもこれに対応した拡大が見られている。

高額の使用料を支払える者だけが利用できる情報システムの雨後の筍のような出現に、情報需要拡大のはっきりした兆候を見ることができる。たとえば、最近の商品先物についてのトレーダー用ガイドは二七種類以上の電信情報提供サービスやデータバンク、オンライン・コンピュータサービスを載せている。このほとんどは比較的新しいサービスであり、最新の市場情報を蓄え、検索し、世界中のオフィスの机上端末機へ通信するために、コンピュータと人工衛星を使っている(Nicholas, 1985)。そのガイドはまた、商品取引についての印刷物ないしオンラインによる六八種類以上のニュースレターも載せている。これらの購読料は、五つの主要金属についてレポートする『クウォータリー・マーケット・サービス』の年間七四〇〇ドルのように高いものから、四〇種類の商品の価格動向をグラフにした四半期毎のチャートの五ドルまでと多岐に渡っている。

競争し合っている情報システムの爆発的拡張は、銀行貸出と通貨取引の分野にも見られる。政治リスクの分析は、発展途上国における革命、軍事的乗っ取り、クーデターのような大事件を予想する点では、たいした成果を上げていないようである。しかし、それでも、ますます精巧でインスタントな情報に対する顧客の食欲を刺激しているようである。

この大規模な情報システムのための相当な額の費用は誰かが払わなければならない。まず最初は、ブローカー、銀行、会社財務部門がデータベースとニュースレターを購入するであろう。しかし、これらは間接費用に付け加わるので、最終的に勘定書を支払うのは株主や顧客、消費者となるであろう。

問題となるのは費用だけではない。事業経験豊かな評論家や金融新聞・雑誌の予想が、これらの成長し過ぎた先物市場の不安定性を大きくしている。たとえば、ニコラス・コルチェスターは次のようにコメントしている。

今日のインスタントな情報、インスタントな取引市場はまるで摩擦や制動のない機械システムであるかのように動いている。各市場では、重いおもり(投機資本)が弱いスプリング(需要と供給のファンダメンタルズ)によって結ばれている。事件の展開のインパクトでブラモンジュ〔牛乳を寒天などで固めたデザート用ケーキ〕全体がおののき震えている(Colchester, 1983)。

現実の経済、生産、貿易、雇用に対する影響はただ推測できるだけである。だが、明らかに、財務担当者が、暗中模索だとしても、技術者や人事担当者よりはるかに重要になってきている。銀行のアドバイスが科学者や技術者のアドバイスよりもずっと手頃に求められる。これらの金融ヘッジの手段を常に利用できる有力な国際大企業は、小規模な国内企業と比べて、かなり有利な立場にある。

このことは、最近の調査によって裏付けされている。最近の研究の一つは英国・北米カウンシルという団体の監督の下で行われたもので、とくに変動為替相場が大企業のビジネス行動にどのような影響を与えたかを問題にしていた(Blin et al., 1981)。質問状とインタビューの補足から、かなりの数のサンプルとなるイギリス、アメリカおよびカナダの企業のデータが集められた。その調査研究員は、大企業は実際に為替リスクに対して比較的「傷つきにくく」なっていると結論した。しかし、それは、ただたんに、より多くの幹部社員を財務管理に向け、またさまざまな種類の外国為替の流出と流入が釣り合うように慎重な努力をかたむけ、最終的には、会社内部でリスクを処理できない時に先物市場を利用した結果であった。

残念ながら、多分避けられなかったことであるが、この研究はこれらの努力で企業経営に付け加わった間接費用の合計を推計していない。いわんや、大企業が競争相手の小企業に対して有する有利さの量的評価など行っていない。小企業は、純粋に金融的な意思決定に専従できる経営者を置いておける可能性はあまり無いことに気がつくであろう。小企業はまた、外国為替の収入と支出を釣り合わせることや主要取引通貨で準備を維持すること、あるいは先物市場でのヘッジに頼ることが難しいことにも気がついている。

大規模国際ビジネスの金融的不確実性に対する弱さについてイギリス王立国際問題研究所のある研究も同じような結論に到達している(King, 1982)。その研究が意味していることもまた、大企業では不確実性を(代価を払えば)管理できるということである。しかし、大企業と比べて小企業、金融オペレーターと比べて物的富の生産者にとって、リスクやコストのハンディキャップが増大しているのである。

結　論

フランク・ナイトが使った意味での不確実性は、国際政治経済の貨幣・金融構造において変動し易い変数が増えたので、過去一〇年かそこらの間に非常に強まったと思われる。これはしばしば、主要金融当局、とくにアメリカが行ったある特定の「決定」ないし「非決定」の、直接的ないし間接的結果である。不確実性は、リスク回避的対応の悪循環を始動させ、それが次には変数の変動性、したがって一般的な意味での混乱を増大し、世界の金融システムの長期的存続可能性への信認をいちだんと動揺させた。このような社会的信頼と信認の浸食は、人的およびその他の資源がギャンブルや投機に、あるいはそれらに対する自己防衛に向けられたのでいっそう悪化した。このように、不確実性に対処するために発展してきた先物市場などの工夫は、価格変動を抑えることによってシステムを安定させるどころか、実際にはそれを増幅し、永続化させてしまっている。

(1)　この本は長い間回り道をさまよっていた。一九〇〇年にドイツ語で『貨幣の哲学』(*Die Philosophie des Geldes*)として出版され、ごく最近トム・ボットモアとデイビッド・フリスビーによって英訳された(1978)。ジンメルがドイツの大学に正規のポストを与えられなかったという事実は、フリスビーが示唆したように、当時ドイツ社会で支配的だった反ユダヤ主義によるのであろう。専門的地位がなかったせいもあってか、ジンメルは他の著述家にむしろ限られた影響しか与えなかった。その後彼の仕事は無視されていたが、最近S・ハーバート・フランケル教授の刺激的な本（*Money : Two Philosophies : the conflict of trust and authority*, 1977）によっていくぶんかは救われた。

(2) ナイトは、たとえば夜と昼の間や人口学的傾向からの予想される変化と、対応がずっと困難で市場行動の多くを特徴づける、気紛れな変化との間に有用な区別を付けている。

(3) たとえば、一九八三年にメリル・リンチは中堅幹部社員に払うボーナスとしてその年間利潤から数百万ドルを別に取っておいた。

(4) 一九八五年には、ウォール街の銀行では六万ドルの給与がビジネス・スクールで最近資格を得たばかりの者に払われていた。これは産業の新入社員の給与の約四倍である。

(5) 一九八四年に、ロンドン、シカゴ、ニューヨークの市場は、エネルギー先物契約五〇〇万件、コーヒー、ココア、砂糖の先物契約七〇〇万件に対して、五三〇〇万件の金融先物契約を記録した(J. Edwards, *London's Commodity Markets*, 1985)。

(6) 金融先物は、決められた受け渡し日に市場で決めた価格で、債券や通貨、株式のバスケットを売買する約束である。オプションは、決められた受け渡し日に市場で決めた価格で、売ったり買ったりする権利の契約であるが、かならずしも行使する必要はない。アメリカの規制は、株式売買には価格の五〇％を要求しているが、一九七三年以降シカゴで取引されている株式オプションは六％だけの頭金で買うことができる。

第5章　推測ゲーム

無知とはいつ問題となるのか。これは、効率的で安定した世界の貨幣・金融システムを組織する際、非常に重要な問題である。

無知という概念の全体について少し考えてみる必要がある。何種類かの無知がある。たとえば、避けられない無知、我々が何日の何時に死ぬかのように、恐らくは知ることができない、それ故にどうすることもできないことがある。さほど重大でない無知、知らないし、知る必要もないし、知ることに興味もない多くのこともある。我々が今この文脈のなかで言及するのは、これら両極端の間にある広大な定義されていない領域である。そこには、我々が知るべきであり、知る必要があるが、知ってはいないすべてのことがある。我々はそれを重大な無知の領域と呼ぶことができよう。

その領域にあるものはまったく相対的なものである。絶対的なものは存在しない。たとえば、家から仕事場へ車で行くつもりだとしよう。その時、バスや電車の時刻表の中の情報はその領域の外にある。しかし、乗ろうとしている特定の電車がその日は運転されないことを時刻表が知らせているのに、それを知らなかったとすれば、時刻表は重要である。それは重大な無知の領域にあるのである。政府の仕事についても同じである。支配者や権力が知る必要のあることは、彼らが置かれている物理的、政治的、経済的環境や彼らが社会に対して引き受けている責任次第で決まる相対的な問題である。環境が異なればリスクも異なり、これらのリスクに対して防衛するために異なった種類の知識が必要とされるであろう。人口センサスや国民所得、国際収支についての詳細な統計がなくても、政府がけっこううまくやっていけた時代はそれほど昔のことではない。今ではこれらのすべてが現代の良き政府にとって本質的なものとみなされている。しかし、無秩序な貨幣システムという点では、各国政府にとっての重大な無知の領域に、以前にはなかったが、今では存在するようになった事柄があるかどうかが問題である。

新たに存在する事柄があるとすると、それは技術変化や市場の性格の変化、あるいは政府の決定の変化の結果、あるいはこれらの要因の組合せに違いない。だが、専門家はそのような変化が生じたことについて、意見が一致しないであろう。

国際通貨システムとその将来の運営についての議論にとってとくに重要な二つの問題は、(1)ユーロカレンシー市場は信用を創造する独自の力を持ち、世界の貨幣供給に影響を与えることによって、インフレを増進させることができるかどうか、(2)主としては銀行業の振替における技術進歩の結果として、貨幣の流通速度に重要な変化が生じているかどうか、である。

ユーロ市場はインフレ的か

ユーロカレンシー市場の信用創造がもたらすインフレの意味は経済学者の間での多くの綿密な討論の主題となっている。数年前、スウォボダが対立する諸見解を包括的にサーベイし(Swoboda, 1980)、その問題についての主要な学派の考えを少なくとも四つに分けた。しかし、そのすべての結論は非常に怪しげな仮定とやや疑わしい考えに基づいているようである。その考えとは、「乗数」、すなわち貨幣供給総量を算出するためにマネタリー・ベースに乗じなければならない係数の存在を確認できるというものである。乗数という概念は非常に有力であり、変数として銀行預金総額とマネタリー・ベースだけを仮定する。為替相場、金利、為替管理、国債等を含む他の変数はすべて固定されている。これは、閉鎖的で規制されたシステムの国内信用創造に適用されるのと同一の分析過程をユーロ銀行にも適用しているのである。

「多段階銀行業」アプローチは、方法こそ異なるが、同じように不適切な類推をしている。すなわち、ユーロ銀行やオフショア支店の本国銀行との関係が、アメリカ銀行制度における「都市」銀行と「地方」銀行の関係になぞらえられる。それ故に、ユーロカレンシー業務には実際にはまったく当てはまらない、あらゆる種類の固定比率(たとえば預金準備率)が仮定されている。その結果、自己満足的結論として、ユーロ市場はアメリカ経済が利用できる信用を増やすことはできない、となる。(多くの文献はアメリカのものなので、この点が、実際、もっとも主要な問題になってしまう。ユーロ銀行業が世界全体に何をなすかというよりも、アメリカに何をなすか、なのである。) 結論は驚くべきである。国際決済銀行(BIS)と連邦準備制度理事会の、たとえば一九八一年の数字が示すところでは、この年にアメリカ居住者のユーロ銀行からの借入増加分は預金の増加分よりも二三六億ドルほど多い。同じ年に、アメリカ企業はユーロ債市場で二〇〇億ドルを調達した。この中のいくらがアメリカ国内で使われたかについては資料がまったくない。明らかに、経験的事実は、アメリカ経済において利用できる信用の量がユーロカレンシーの取引によって大きく影響されていることを示している。

「当初預金」アプローチは馬鹿げてさえいる。それはユーロ市場が真空の中に存在すると仮定し、その結果、ユーロ銀行業は出所の不確かな当初預金でスタートしなければならない。そして各国の銀行・信用制度は孤立して存在することになる。

スウォボダが明らかに支持するのは、彼が「世界貨幣ストック」アプローチと呼ぶ議論である。これは一九七〇年代初めに(一部分は彼自身によって)発展された議論であり、固定為替相場と、世界の貨幣システム全体をとおしてインフレ・デフレ率が一様であるという仮定にいぜんとして依存している。このいささか不利なハンディキャップにもかかわらず、スウォボダはこのモデルが四つの中でもっとも現実的であると主張している。

それは、事実、現実の世界の経験からいくつかの一般的結論を引き出している。その一つは、ユーロ銀行業は、その貸付は各国銀行が制約を受ける準備率要求に従う必要がないので、ハイパワード・マネー(1)を「節約し」、それ故にユーロカレンシー業務がなかった場合より、世界の貨幣供給を拡大するというものである。その議論はまた次のことも指摘する。ユーロカレンシー市場はある通貨から別の通貨への金融資産や負債のスウィッチを、また、各国通貨とユーロカレンシーとの間での資金の流出入を促進するので、世界の貨幣供給を膨張させる。これによって国内通貨管理にあまり影響を受けないアメリカと、非常に影響を受けるヨーロッパ諸国とでは金融システムの非対称性が一層広がっていく(2)、と。

この学派さえ、スウォボダが言うように、「無拘束の」信用創造はユーロ市場では生じないという点では他の学派に同意している。この結論は、世界の貨幣ストックは各国中央銀行の国内資産総額と、金、外国為替、IMF引出権とSDRからなる対外準備によって決められる、したがって、コントロールされているにちがいないという共通の見解によってささえられている。だが事実を見ると、世界の公的対外準備高は一九七〇年の九二〇億ドルから一九八三年の三一〇〇億ドルへと増大している。これらの対外準備のうち、ますます多くの部分がユーロ銀行から借りてきた資金からなっている。IMFは、金や他の交換可能資産の僅かな預託をベースとする割当額や引出権の継続的な増加(すなわち、信用増加)について合意している。さらに、当然にも、世界の貨幣総量のうちでは単独で最大の構成要素であるアメリカの「国内資産」と対外準備は、他の国々の対外準備とはいささか異なっている。アメリカは他の国々のようにドル準備を保有する必要がない。一九七〇年代の一〇年間における国内資産(政府証券)の増加総額のうち、約六〇%は外国の政府と中央銀行が購入したものであった。その上、このアメリカ政府証券の公的保有額は、外国政府が評価するドルの減価やアメリカの高金利に対して自国の通貨を守る必要にしたがって、毎年かなり大幅に変動している。

さらに、ユーロ市場の問題に対するこれらすべてのアプローチには奇妙な手抜かりがある。それは、一般に、各年のユーロカレンシー取引の約四〇%を占めると推定されている銀行間市場の規模と影響である。(BISが公然と認めているように)銀行間取引を除いたネットの取引について推定するために、貸付総額の数字から銀行間預金を引いても、ネットの額を正確に出すことは不可能である。ごく最近になって、マルチェロ・デ・チェッコが懐疑的に状況を評価して次のように結論したのも驚くべきことではない。ユーロドル市場が(世界の貨幣供給についてはもちろんとして)各国の貨幣供給をどれだけ増加させたかは誰にもわからないし、乗数についての各人の仮定の相違を考えると、それがインフレ的ではなかったという主張や、インフレ的であったという推定には、「健全な無視」をきめこむのが賢明であろう(de Cecco, 1982)。要するに、ユーロ銀行業を通した信用創造は無視できるものとして単純に誤解されているのでなく、実際には、我々が正しくは知らない事柄、無知の領域に属しているのである(Spero, 1980; Cornwell, 1983)。

貨幣の流通速度

第二の不確実性の問題は、貨幣の流通速度が一定であるかどうか、であった。(これは、今まで議論してきたユーロ市場を通じる信用創造の問題とも関連する。しかし、それはまた、国内システム間ならびに国内システム内部における通貨管理にも影響をあたえる。したがって、いぜんとして重要な問題である。)もしこの問題が誤解されているとしたら、それは一部には貨幣理論における関心が物価、マネタリー・ベースと貨幣供給に向けられ、古典的恒等式MV＝PTにおける他の要素にほとんど注意が向けられなかったからであろう。また、貨幣の流通速度が急激な技術変化の影響を受けていることも誤解の一因である。

銀行業の技術変化の帰結、とりわけコンピュータの広範な使用がもたらす問題は、長くて複雑な話になる。しかし、出来る限り手短にするために、関連する若干の事実を挙げておこう。一九八一年にアメリカの貨幣は小切手の振出によって年間一五兆ドルが移転し、他方、一九七三年に初めて導入され、その後大幅に改善された連邦準備電信〔フェドワイア〕システムを通して約七五兆ドルの規模が移転した。これらの資金は即日資金と呼ばれている。さらに、ニューヨーク手形交換所銀行間支払い制度(CHIPS)を通して一六五兆ドルが移転された(Mayer, 1982)。このうちの一部はユーロカレンシー取引であるが、それがどれだけかは誰も分からない。これらの資金は翌日資金と呼ばれている。しかし、一九八二年一〇月に即日資金と翌日資金は「合併」され、両者とも今日ではCHIPSを通して決済されている。これらの資金は移転するので、誰もどちらがどちらかを区別できない。これに加えて、銀行による公的ならびに民間のコンピュータ・ネットワークの広範な利用が、貨幣の取引流通速度(すなわち、貨幣がいかに早く所持者を変えるか)を非常に速めている。それはまた、もっと重要な所得流通速度(すなわち、信用がいかに早く購入のために使われるか)にも影響を与えそうである。不況時には、人々が支出や支払いを延期するので、所得流通速度は低下する。しかし、まさにその不況時に、現金に代わって信用がますます使われ、資金はCHIPSを通して銀行によって、自動振替制度を通して企業と個人によって、電子的に移転されている。そうだとすれば、不況時にも所得流通速度が増大することも大いにありそうである。

我々はここで、熱湯の蛇口を一杯に開け、冷水の蛇口を半分に開け、風呂桶の栓を抜いておいた場合に、風呂桶が何時一杯になるかを計算しなければならないような、面倒な算数をしているように思える。だがこの場合も、ある時点で取引流通速度と所得流通速度の両方にどのような変化が起きているかはたんに推測できるだけである。これも重大な無知の領域を実際に拡大するものである。

こうした技術変化は、フリードマンのハイパワード・マネーの概念に、何であるかは決して明らかではないが、何らかの関係があることは明らかである。マーチン・メイヤーはこれも皮肉に「連邦準備制度理事会が銀行に準備として維持するように要求し、毎日の営業終了時に銀行が必ず用意しておかなければならないもの」と定義している(Mayer, 1982)。一九八〇年預金金融機関規制緩和・通貨管理法の施行も準備や流通速度に関係している。アメリカのこの法律はアメリカの銀行準備を一九八一年の四〇〇億ドル(あるいは、銀行が手元に保有している一二〇億ドルを控除すれば二八〇億ドル)から一九八六年には一五〇億ドルへ減らすことを可能にすると予想されていた。しかし、どれくらいの速さで減少するか、そしてその未知の準備高が流通速度とハイパワード・マネーの概念に、したがってまた政府の貨幣供給を管理する能力にどのような影響を及ぼすかは誰もわからない。イギリスはそれを推測することは諦めたのに、アメリカが問題をでっち上げているというのは少々の驚きである。

もし、ユーロカレンシー市場の信用創造能力と貨幣の流通速度の問題が、技術進歩が生じているためにいぜんとして明らかでないとすれば、重大な無知の領域の境界線もいぜんとして明らかでなく、議論の余地があることを意味する。今の時点では誤解によって境界線が引かれ、重大な無知の領域が狭められているかもしれないのである。

この点を詳説する必要はないであろう。なぜなら、この無知も多分システムにおいてすでに認識されているはるかに大きな無知の領域に比べれば重要でないからである。それでもやはり、こうした誤解のいくつかが非常に危険なことは指摘しておかなければならない。

忘れてならない誤解の一つは、一〇年かそれ以上も前にアメリカの経済学者の間で非常に支配的であった「国際貸付は国内貸付よりもずっと危険でない」という確信である。一九七五年にラックデシェルという経済学者が、大銀行の不良貸付や支払い期限の過ぎた貸付についてのサンプル数字を、国内貸付と対外貸付について比較してみた。彼は国内貸付の方が危険なことを発見した。彼はまた、国内貸付よりも危険な対外貸付を行っていたのはたった三行だけであり、アメリカの銀行は対外貸付を分散するなら貸付損失率が二〇%

減ることも発見した。彼の結論では「国際貸付やユーロカレンシー貸付活動が国内貸付よりも危険であるとか収益性が低いとかいう議論を裏づけるものはほとんど何も発見できない」のであった(Ruckdeschel, 1975)。五年後の債務危機のまさに前夜にも、数字は同じように大変怪しげな話を語っていた。だが歴史の教訓はすべてまったく異なる審判を与えたのであった。

ヘンリー・ウォーリック、ニューヨーク連邦準備銀行総裁は、一九七七年になってもまだいぜんとして下院で、一九七一―七五年の四年間におけるアメリカ七大銀行の、ポートフォリオに対する割合で見た対外貸付損失は国内貸付損失の三分の一に過ぎない、と証言していた。後智恵ではあるが、対外貸付についてそのように短期的な見方をすることが非常に危険なことを我々は知っている。一九世紀における債務についてちょっと思い出してみれば、このような誤解はすぐに正されていたであろう。だが残念ながら、状況はアメリカの金融システムの法律規定によって、一層悪くなってしまった。というのは、貸付契約にクロスデフォルト条項――いかなる貸付でも債務不履行に陥った借り手はすべての貸付に債務不履行が適用されることを定めた規定――を入れることを要求されているからである。一部にはこの理由から、アメリカの銀行は不良対外貸付をかなり長い間「ノンーパフォーミング・ローン〔元利未払い貸付〕」として再分類するだけであった。その上、銀行は株式市場に対して必要最小限しか自行の誤りを知らせようとしなかった。しかし、証券保有者にとってのリスクを表わすムーディーズ格付け指数でＡＡＡ〔最優良〕を得ている主要アメリカ銀行のほとんどが一九八三年に損失を出し、その債務—資本比率の悪化が注目されるようになった。ブラジルのケースを除いても、一九八二年のアメリカの銀行の収益が、以前の数字から導き出される楽観的「傾向」(Dufey and Giddy, 1979, p. 253)から大きく外れたことは間違いない。

無知の領域

近年の急速な変化が広大な無知の領域を開いてしまったことの重大な問題は、市場において何が進行しているのか、そして政府の金融機関に対するコントロールの操縦桿は実際に作動するのかどうか、である。

金融システム内で進行していることを知るために何が必要かは、システムをコントロールする方法にかかっている。コントロールを維持する効果的な方法の一つは、金融機関が独自のイニシアティブで信用を創造する自由を厳しく制限することである。たとえば、東ヨーロッパでは、政府は銀行の行っていることについて知る必要はない。何故なら、投資、すなわち資本と労働の投入とコストについての主要な決定を行うのは銀行というよりむしろ政府だからである。市場の役割は小さく、信用の利用は厳しくかつ直接的にコントロールされている。理髪などの個人サービスや野菜などの生鮮食料品のような周辺市場で何が起ころうと、五カ年計画をくつがえすことはない。政府が国際金融市場の気紛れな動きについて多くの情報を集めることが重要となるのは、経済の中枢部が、たとえばポーランドが西欧の銀行から借りたように、大規模な借入れによって市場システムに巻き込まれた時だけである。そして、政府はコントロール網を十分に大きく広げ、何人たりとも為替管理を逃れることはできないこと、政府の承認を得た者だけが信用を利用でき、生産構造において半独立的役割を果たすことができることを、周知徹底させなければならない。

金融システムをコントロールするもう一つの方法は金融機関が行う対外業務の種類について非常に厳しい規則を設け、規則の侵犯に対して厳しい罰則を設けることである。たとえば、スイスは、銀行に対して、外貨建てで預金を受け入れてもよいが、スイスフラン建てで同等額を記帳する場合、それに相当する対外預金を行うことを義務づける規則を設けている。この規則さえ守られれば、中央銀行は誰が預金者であるのか、彼らがいかにしてその資金を獲得したのか、またスイスの銀行が預金に相当する額をいかに投資したのかを知る必要はない。他方、銀行員は、スイス銀行法の違反はすべてただちに厳しく罰せられ

ること、そして銀行職員も個人的に責任を問われ、刑務所に送られる可能性があることを知っている。(3)

イギリスのシステム

個人的責任を強調し、最初は金融市場のオペレーターに機能の法的分離を課し、それから仲間うちから選ばれたグループによる各グループごとの自主規制を通してコントロールするという間接的システムに依存するのが、イギリスの金融システムである。証券市場では証券取引所理事会が行政当局であり、ブローカーによる株式の〔顧客勘定での〕売買とジョバーによる株式の〔自己勘定での〕売買とが機能的に分離されていた。保険市場ではロイズが当局であり、リスクを引き受ける機能が保険ブローカー業から分離されている。同じように、金融以外の専門職業においても、外科医と内科医が機能的に分離され、各々が上級開業医のそれぞれ独自のロイヤル・カレッジによって統治されている。法律専門職は、事務弁護士〔ソリシター〕と法廷弁護士〔バリスター〕が機能的に分離され、それぞれ法律協会と弁護士協会の規制に服している。各々の場合、その目的は、顧客の利益のためでなく専門家が私利のために市場で活動する動機を取り除くことである。そうすれば、市場は専門サービスの最終消費者の需要にできるかぎり答えることになる。このような機能の分離がないと、専門職はその地位を悪用しがちである。イギリスのシステムがこのように仮定するのも理由がないわけではない。対照的に、アメリカでは、弁護士が私利のために「生産物責任」に関する生産者に対する訴訟の洪水を引き起こしている。弁護士は原告勝利の判決によって損害賠償金の一定割合を取ることを認められている。このため、驚くべきことに、(医師のような)専門サービス提供者が今日ではリスクに対して多額の保険を掛けなければならなくなっている。

機能分離の原則はイギリスでは金融機関にも適用されている。株式銀行、商業銀行または「ハイ・ストリート」銀行は古い規則の下では預金を海外に貸し出すことが許されなかった。未成年者の受託者や財産の管理人も同様であった。海外銀行は別の種類の銀行であり、さまざまな種類のさまざまな期限の手形を短期金融市場で取引する割引商社もまた別の銀行であった。そして割引商社は市場の突然の変化に対して弱いので、最後の貸し手の役割を果たすイングランド銀行の援助に頼るようにされた。しかし、この援助は優良証券を担保にしてのみ、「面倒な条件」(高金利)で利用できた。

このようなシステムの下ではイングランド銀行がさまざまな金融機関の活動のすべてを絶えず監督している必要はなかった。イングランド銀行は規律にかかわる活動を自主規制機関に任せることができた。自主規制機関はその権限と特権にしがみついて、専門職業の規則違反者を毅然と罰していると見られることに、強い共通の利益を持っていた。この規制によって医者はかなりしばしば資格を失ったし、弁護士は除名された。証券ブローカーも破産を宣告され、二度とその職業に戻ることはできなかった。国による専門家の雇用や政府の市場への参加が限られたものである限り、そのシステムは比較的に円滑かつ経済的に作動した。通貨当局がしなければならないことは、国内と(第一次大戦後は)ニューヨーク、およびヨーロッパの金融センターのトレンドを監視することであった。各銀行の日々の営業にかかわる詳細かつ分刻みの情報など必要でなかった。中央銀行がオペレーターに対して与えるほんのちょっとしたヒントや合図が利己的な対応を生み出した。だが、そのようなシステムを信頼できるためには、銀行界の規模は小さく、社交的で機能的きずなで中央銀行と密接に結ばれていなければならなかった。個々の責任は明白で、疑問の余地のないものでなければならなかった。そして、通貨当局は公平であり、システムの中の個々の銀行や銀行家の運命にはむしろ無関心でいなければならなかった。

ひとたび、ロンドン・シティのドアが外貨取引を行う外国の銀行に開かれ、ドアマットに「歓迎」の文字が貼られるやいなや、この貨幣の監督とコントロールのシステムはその運命を定められた。四半世紀近くかかったが、今やその衰退は事実上間違いない。イングランド銀行はもはや、イギリスに本拠を置いていいシティのもっとも強力な市場オペレーターに対してそのコントロール・システムを適用できない。証券市場のオペレーターは、アメリカや日本の大証券会社と競争するのなら、もはや機能の分離を維持できない。このため、ロンドン証券取引所理事長とイギリス貿易・産業大臣の間で一九八三年に交わされた、グッディソン―パーキンソン「取引」が生まれた。これによって、政府は、固定手数料の廃止などを条件に公正取引庁が証券取引所を訴追するのを止めることに同意し、証券取引所は、アメリカにならった新しい型の法的規制を受け入れることに同意した。

アメリカのシステム

しかし、難点は、イギリスのシステムの浸食に対して主たる責任があるアメリカの金融システムも、それ自体は金融規制のいま一つの浸食されたシステムの遺物である、ということである。アメリカのシステムは、五〇年前には、イギリスといくつかの共通の特徴点を持ちながらも、主要金融センターが時間的・空間的にかけ離れている広大な大陸国家によく適合しているように思えたものであった。そこでは、規制権限が連邦制度を通して中央政府から個々の州へ分散されていた。小口の貯蓄者や預金者は、貯蓄・貸付組合などの貯蓄銀行に対して（特定の制限と引き換えに）特別の援助を与える連邦法によって、またニューディール以降は連邦機関、連邦預金保険公社――銀行の倒産に対して一万ドル（現在は一〇万ドルに引き上げられた）までの預金を保証した――によって保護された。さらに、一九二七年マクファデン法によって商業銀行は州境を越えて支店を設置して営業することは許されなかった。したがって、サンフランシスコに本拠を置くバンク・オブ・アメリカはカリフォルニアでは営業できたが、ニューヨークではできなかった。逆に、チェース・マンハッタンはカリフォルニアから排除され、コンチネンタル・イリノイはイリノイ州に限定された。その目的は、金融権力の集中を防ぎ、また、事態が悪化する時、遠方の連邦機関よりも情報を入手し易い地方当局に監督と規律の責任を任せることであった。主要大銀行の安全性は一九一三年以降は連邦準備制度への加盟によっても保証された。加盟は本質的に自発的なものであり、加盟銀行には必要な時の相当量の流動性が保証された。

アメリカのシステムに変化をもたらした要因のうち何がもっとも重要であったかについては意見がいささか分かれるが、ほとんどの者は、いくつかの要因が結び合わさって、コントロールの有効性と必要な場合の適切な援助の双方が損なわれることになったという点で意見が一致している。一つの要因は、銀行は州内の銀行業務に制限されているのに、主要大金融センターを育てた顧客や預金者は州内の業務に制限されていないことであった。

非銀行、たとえばメリル・リンチのような投資商会として出発した企業や、アメリカン・エクスプレスのように旅行代理店として出発した企業、あるいはシアーズ・ローバックのような通信販売小売業者として出発した企業なども〔州際業務を〕制限されていなかった。近年これらの業者との競争によって、銀行がより対等な条件で新参者と競争できるよう、規制緩和が急がれている。その上、アメリカ当局が企業と銀行のいずれにも海外で制限なしに自由に営業することを許しているのに、国内で銀行が州境を越えて自由に営業できないことは、いささか時代錯誤に思われた。技術もまた、そのシステムを急速に崩しつつあった。裁判所がコンピュータによる州から州への借方記帳は合法であるという判決を出しているのに、旧式の小切手で行われる同一の操作を禁止することはもはや合理的ではなかった。戦後しばらくはまだ地方の株式市場と取引所はかなり重要であったが、現在では四つないし五つの主要大センターが圧倒的で、他のすべては非常に小さくなってしまっている。ニューヨーク、シカゴ、サンフランシスコ、ダラスおよびアトランタと比較すると、他の地方センターの投資や投機の資金量はごく僅かである。連邦国家の分権的コントロール・システムに頼ることはもはや金融システムの現実に適っていないのである。

ここでの議論の要点は、まず第一に、過去二五年間にわたる国際銀行業の発展を支配してきたのはアメリカの金融システムである、ということである。第二に、アメリカの当局が知らないではすまされなくなってきた時に、逆に、無知の領域が、ますます拡大していることである。これは、経済システムがさまざまな種類の規制緩和を通してだんだんにその規則を緩和してきたからである。それによってまた、銀行の通貨当局への依存が弱まり、他方、アメリカの金融システムも大規模銀行への依存を強めているので、監督機関は個々の金融機関の運命に無関心でいられなくなっているからである。

ハイエク、ケインズ、ジンメル

もう一つの議論がハイエク教授によって提起されている。ハイエク教授によれば、システムはコントロールできなくなっているので、我々はコントロールを諦めるべきなのである。政府が貨幣供給の責任を負うている、あるいは責任を負いたいと望むのは錯覚であり、その錯覚は非常に危険である。錯覚は、アダム・スミスが観察したように、政府が人々を騙し、「大惨事が引き起こすよりも、個人の運命にもっと大きな普遍的な革命」をもたらしながら、誤った意味での安全を助長する。貨幣は市場の規律に従うべきであり、市場における他のいかなる商品とも同じように、誰もがそれを販売する自由を持つべきである。このようにハイエクは言っている。しかし、この解決は政治的にはむしろ素朴なものである。実際、ある仮定を前提にすれば、その論理はとても説得的であるけれども、提案された解決は結果としてぜんぜん解決になっていない。特定の通貨での既存の契約はどうなるのであろうか。いかなる貨幣ででも税金を払う自由があるのだろうか。

商品やサービスを売ったり買ったりするたびごとに、相手方が受け取る貨幣をめぐって交渉しなければならないのであろうか。国際政治システムの中の国家がそのような非政治的システムを歓迎するであろうか。あるいはビジネスはそのような金融的無政府状態でも機能できるであろうか。このような考えそのものがまったく馬鹿げている。これは二つの根本的に誤った仮定に基づいている。第一は、貨幣は政治や政府と何の関係もない、という仮定である。第二は、貨幣に対する信認の進展には時間が要らない、という仮定である。だがこれに反して、歴史の教訓によれば、確かに政府は貨幣をコントロールする権限をしばしば悪用したけれども、健全な貨幣と十分に規制された金融システムがもたらす利益を経済システムが享受したのは、政府を通してのみであった。

この考察から、現状における無知の領域が政治的に非常に重要である別の理由が出てくる。健全な貨幣と十分に規制された金融機関を有する経済システムは確かに富を生み出した。しかし、それらはまた、社会的に破滅的な二つの問題、すなわち経済循環の谷にやってくる不況と、経済交換のより効率的な財の交換システムが作り出す富の分配の新しい不平等も生み出した。ケインズがこのシステムの循環運動について独創的な説明を行い、このシステムの欠陥を補う解決案を出すようになったのは、この二つの問題がイギリスにおいて痛々しく明白になったので、これらの問題を認めざるを得なくなったからでもあった。有名な『一般理論』をやや乱暴かつ単純に言い換えれば、ケインズは、資本主義体制はむらなく一様にも、効率的にも機能しないと論じたのであった。すなわち、資本主義体制は恐慌や不況を免れないし、経済成長を維持するために十分な実物投資を常に保ち続けるのでもなかった。まして、単なる金融政策で内在する弱さを克服することはできなかった。政府は金利をコントロールする力を持っており、金利を上げることによってブレーキとして、金利を下げることによってアクセルとして機能させることができる。けれども、いずれの方向においても政治的に実行可能な変化は限られている。金利引上げで楽観的投資家の熱狂を抑え、他方、金利引下げで悲観的投資家が投資を渋るのを相殺するほど、金融政策の力は大きくないのである。不況時に、投資不足(したがって成長と仕事の不足)を貯蓄不足のせいにすることはできない――それどころか、資本家と金利生活者はあまりにも多くを貯蓄しすぎている。したがって、ケインズにとって問題はいわばポンプに呼び水を与えるために、すなわちシステムの経済的生気を取り戻すためのかの有名な〔有効需要〕乗数を作動させるために、資本家と金利生活者以外の者がいかにして消費を減らし、投資を増やすかであった。

現代社会の経済生活を悩ます恐慌の唯一の根本的な治療は、個々人に、所得を消費にまわすことと、特定の資本資産の生産を注文することの間での選択を許さないことである。その資本資産とは、怪しげな証拠に基づくとしても、その者にとってもっとも有望な投資であるとの印象を与えるものである(Keynes, 1936, p. 160)。

権威主義的システムでは、このことは労働者を無視した一般的な布告によっていとも簡単に行うことができる。賃金を交渉しなければならない自由社会でも、そうすることができる。しかし、それは布告によってではなく国が賃金について労働者を騙すことによってである。すなわち、貨幣の量を変え、欺瞞が発見された時は既に遅すぎるという「貨幣錯覚」に頼ることによってである。

ケインズの思想は、最初から、はっきりと、とくに経済問題を論理的に考えようとする経済学者や経済学の学生たちに、多くの魅力を感じさせた。それ故、この議論に対する二つの反論は、その論理に対してでなく、その論理が依拠する基本的仮定に対して向けられている。一つは道徳的仮定であり、もう一つは実践的仮定である。

道徳的反対論はS・H・フランケル教授によって彼の著書『貨幣――二つの哲学』の中で詳述されている。この中で彼は「貨幣は政治の道具、長期的に見て社会全体の善のために政府が操作できるもの」というケインズの貨幣観を、前述のドイツの社会学者ゲオルグ・ジンメルの貨幣観と対比した。フランケルが示唆したように、ジンメルは、正しくも貨幣の管理を政治の他の部分から切り離された技術的問題としてでなく、逆に社会についての哲学に不可欠の部分として見ている。彼がジンメルのやや長くてまとまりのない著書の中に発見している含意は次のことである。すなわち、人々が抱いている貨幣の本質そのものである信頼を損なったり、打ち壊したりしても、貨幣は交換手段や価値の貯蔵手段として機能し続けるかもしれない。しかしそうなれば、社会を一つに結びつけておくために必要な権威や社会体制、社会関係への信頼も損なわれ、打ち壊される危険が発生してしまう。

フランケルによれば、ジンメルは当時のかなり安定的な貨幣システムについてさえ悲観的であった。これには二つの深遠な理由があった。第一に、彼は、だんだん複雑化する貨幣システムが要求する、ますます抽象的な思考方法を人々がいつまでも受け入れるとは信じなかった。第二に、彼は、貨幣があたかも無制限の力を持っているかのような深刻な誤解が蓄積されること、そしてこれが究極的には自由な貨幣秩序を破壊することを恐れていた。フランケルは、人間の理性の力に対するハイエクの不信に共鳴する極端な保守主義者であった。そして、彼は、多くの貨幣を投入することで問題を解決できるという今はやりの考え方を、多くの調査と研究を適用することで問題を解決できるという信念と同じように考えていた。対照的に、ケインズは、本質的に楽天的で知的で時代遅れの役人であり、資本家の慎重さやリスク回避に対して知性が勝利できる、と信じていた。だから、ケインズは次のような意図的な欺瞞の方法を弁護したのである。「舞台の上の経済役者の動機と動きは、貨幣という鏡のたんなる偏光によって影響を受けることになっている。その結果、彼らは現実の歪められた像をとらえるようになる」(Frankel, 1977, p. 72. 強調はフランケル)。

ケインズは、フランケルによれば、自ら「道徳」という言葉を使わなかったし、進歩的で自由な思考をする徹底して現代的な人間であることを誇りにしていた。それにもかかわらず、ケインズは、フランケルが示唆するように、貨幣への愛、そして資本主義社会で強められた唯物的な価値への愛を承認しなかった。彼の議論は本質的には道徳的な独自の貨幣観に基づいていたのである。はっきり述べられていない道徳的な理由によるのか、あるいはたんに貨幣を持っていて使用する人々に対する一種の知的紳士気取りのせいか、ケインズは資本主義体制や資本家について書く時、軽蔑的な用語をかまわず使用した。しかし、ケインズは、スターリン下のソ連において実践されていたような資本主義に代わる社会主義システムの成果や魅力について、彼の同時代人達の一部(とくにシドニー・ウェッブやベアトリス・ウェッブ、バーナード・ショー)が抱いていた天真爛漫な錯覚は共有していなかった。彼にとって、唯一の重大な問題は既存システムの欠陥をいかに直すかであった。市場の公平さ、開かれた機会、利害の調和などまったくの嘘ではない多くの半面の真理を示している資本主義体制の弱さを直すために欺瞞を利用することに、おそらくケインズは、つらい皮肉な正義を感じていたのであろう。とにかく、フランケルの議論では、ケインズは自らの主張を正確に自覚していたが、皮肉にも、目的は手段を正当化すると信じていたのであった。

ケインズはまた、彼がシステムの作動方法を理解していること、および政府が需要管理のためにシステムのエンジン全体をスパナとドライバーで「微調整」できるほど、この複雑な機械の部品について十分な情報を持っている、と信じていた。一九三〇年代では言うまでもなく、八〇年代ではもっと疑わしいと思われるのがこの仮定である。システムを動かしている者が、知っている必要のあるすべてのことを実際には知らなかったなら、そしてさらに、彼らが介入によって期待する結果を得られるかどうかについて確信していないなら、ケインズ的需要管理はほとんど作動しそうもないのである。ジンメルの議論に全面的に一致しなくても、このことは理解できるであろう。したがって、システムを管理する可能性について、フリードマン的であれケインズ的であれ、楽観的であり続けようとするなら、我々は次のいずれかに納得しなければならない。すなわち規則やそれを破った際の罰則は、システムを円滑に動かし続け、その社会的信頼を維持するのに十分なほど、すべての関係者に対して厳格であること、あるいは、情報に通じた介入と規制を組み合わせることによって同様なことを行うことができること、このいずれかである。そして、今や誰もが認識しているように、我々は高度に統合された国際銀行・信用構造を問題にしているので、それぞれの国の内部、少なくとももっとも重要な国の内部の信用創造機関の活動についてだけでなく、それぞれの国の外部での信用創造機関の活動についての情報も必要とされる。

要するに、我々は、さまざまな新しい問題を調べる必要があるのである。国際統計の収集は十分であるのか？　各国システム間の資金の流れについて深刻なギャップがあるのか？　これらの流れは国内貨幣供給にどのような影響を及ぼすのか？　各国通貨当局の間の境界線ははっきり定義できるのか？　金融市場と金融機関に対して権限を行使するさまざまな各国のシステムの間に、コントロールを逃れるための大きなギャップや穴が開いてしまっていないのか？

我々は何を知っているのか

情報の適切性に関する第一の質問は、バーゼルにある国際決済銀行(BIS)が発行した『統計マニュアル』を調べればよいであろう。ここには各国の対外債務について国際機関が集めた情報が要約されており、これが、国際的信用の創造と流れの変化を突き止めようとする時に中央銀行や民間の銀行(および学者)が頼りにする主要統計シリーズのすべての第一次源泉の全貌を与えている。

BIS自身は、BIS報告地域の内部と特定のオフショア・センターで営業している銀行の対外債権(貸付)と対外債務(借入、つまり預金)について、利用できる最良の推定を行う責任を負っている。しかし、それ以上の責任があるとは言わない。[4]「報告地域」とは工業国一四カ国の領土から成り、当初のグループ・オブ・テン(G10)の一〇カ国にスイス、オーストリア、デンマークとアイルランドを加えた国々である。ラテン・アメリカ諸国、アフリカの国々、中東および東アジアの国々のすべてについては言うまでもなく、オーストラリア、ニュージーランド、南アフリカ、スペイン、ポルトガル、ギリシャ、トルコ、ノルウェー、フィンランド、韓国、台湾、インド、パキスタンなどの国々は除かれている。

しかし、香港、シンガポール、パナマ、バハマおよびケイマン諸島におけるアメリカの(日本やその他の国々は含まれない)銀行の対外債権・債務は統計表に含まれている。したがって、合計は決して完全なものではないけれども、一般的な傾向を見るには十分に包括的であろう。それらの統計は四半期ごとに発行されており、変化(たとえば、アメリカの国際銀行業法の施行に伴う、カリブ海のタックス・ヘイブンからニューヨークへの銀行取引の移動)が生じると、その大まかな指標を与えている。

加盟中央銀行から集められた、その他のBIS統計シリーズにはもう少し詳しいものもある。たとえば、国ごとに、銀行貸付残高ないし供与額の満期構成を示している統計にはカリブ海のマイナーなセンターの一部とともに、レバノン、リベリア、バーレーンおよびバルバドスにある外国銀行の貸付も含まれている。

BISは、つねにユーロカレンシー貸付の成長、預金源泉、貸付の表示通貨に関して報告地域から利用できる情報の源泉であったし、いぜんとして今もそうである。パリのOECDが、対外銀行貸付、外債の発行、国際銀行貸付の満期構成とスプレッドについて発表する統計のほとんどは、BISから引き出されたものである。さらに、OECDは、広範に使われ引用されている、発展途上諸国への資金の流れについての統計表を二〇年間以上も発行してきている。だがこの表は、南から北への利潤、配当およびあらゆる種類の金融手数料の流れを考慮していないので、北から南へのネットの流れを過大評価しがちである。しかも、投資一般についてそれが提供する情報は極端に概観的なものである。国際機関によって集められる統計は、事実、加盟各国によって集められ、発表されるものと内容的には五十歩百歩である。アメリカ(投資のような問題ではイギリスも)を別にすると、ほとんどの国々は、銀行やその他の民間会社にその対外金融取引について情報の公表を要求することが必要だとは考えていない。

したがって、BISの『マニュアル』が残念ながら「対外債務残高について完全な情報を入手できる国は存在しない」(p. 96)と結論したのも驚くことではない。

BISの研究が明らかにしたところでは、世界銀行の債務報告制度は政府借入と国営企業と主要民間企業による対外借入についてのデータを集めているけれども、このデータには民間の個人や企業が国外の貸し手から受け入れた長期の債務は、それらが政府によって保証されていない場合には、含まれていない。個人の借り手は統計的に重要でないかもしれないが、法人企業が非常に重要なことは確実である。だが、法人企業の対外債務が増えているのか、減っているのかを示すのに利用できる包括的な数字はないのである。

その上、既に指摘されているように、現在のところ監視されていない直接投資が将来完全に監視されるようになるとしても、最近増えつつある共同生産取り決め――外国のパートナーが、たとえば、技術、資本設備、および経営と販売のノウハウを供給するが、最終的には、多分五年か一〇年後に、製品の一定割合を引き取るといった——については、我々はいぜんとして闇の中に残されている。資本財は貿易収支の輸入の側に、最終的輸出は反対の側に示されるが、必要とされたファイナンスはどこにも示されない。この種の取り決めがヨーロッパにおける東と西の取引ではかなり一般的になってきているし、第三世界においても、超国籍企業が安価な労働や低い税金から利潤を上げるためか、発展途上国市場で永続的な市場を確保するためか、生産の配置を変え続けているので、この種の取り決めが増えつつある。さらに、企業内貿易が相当な——国ごとに二五%から五〇%近くと異なる——割合を占めるようになっているので、企業内資金移転も増えつつある。しかし、これが統計に示されるのは、資金移転が銀行制度を通じて行われる、あるいは少なくともその眼に見える特定の部分を経由する場合のみである。

発展途上国の長期債務の監視に際しての同じような盲点は、一九八三年にチリのバンコ・ディ・フォメントに起きたような、破産している会社の株式を外国が保有している場合の問題である。政治体制が変化し、通貨はUSドルにペッグすると想定されたので、いくつかの外国銀行がチリの銀行と企業の株式を取得した。しかし、八〇年代の発展途上諸国の情勢の全般的な悪化によって、これらの多くはリスクに曝された。このため、外国人株主、とくに銀行は、その投資収益を要求して(チリの場合にそうしたように)政治的手段を行使しがちであった。

大量の短期債務も、BISによれば、公式のデータから除かれている。統計は当該国内の銀行によるその国外の銀行からの短期借入を示している。しかし、非銀行からの信用は示されていない。たとえば、外国政府や外国国営企業、あるいは外国サプライヤーが供与した短期貿易信用である。我々が知っているように、ある国が金融困難に陥りそうに見える時、銀行は輸入業者のファイナンス需要に対して冷たくなるので、別のところで信用を求めることが予想される。しかし、それに成功するかどうかは、誰もわからない。より具体的に述べれば、外国の債権者(銀行も含めて)は、借り手が他の債権者からどれだけの短期貸付を受けているのか、したがって期限が来た時に短期貸付を返済してもらえる可能性がどれだけあるのかを、知らないのである(Stewart, 1985)。

いささか驚かされる事実は、主要工業国の各々は自国の輸出業者に対して信用保険を――しばしば補助金付き安い保険料で――提供する独自の取り決めを持っているが、各国の輸出信用機関は、各国がX国へどれだけ、どのような期限で貸付を増やしているのかについての最新の情報をプールしていないことである。現在利用できるこの種のデータのもっとも包括的な統計は、キャプローンというロンドンにある民間のコンサルティング機関が行っているもののようである。

ここでの本当の問題は、統計の連続性など歴史的理由から、便宜的に銀行業統計が慣習として「免許」(すなわち、国籍)ベースというよりむしろ「所在地」ベースで作られていることである。この結果、ロンドンにあるアメリカの銀行が香港にあるオーストラリアの銀行へ行った貸付は、イギリスの資産、香港の負債として示され、報告地域の外にあるアメリカやイギリスの銀行が行った貸付はまったく示されないことになる。これは、ヘルシュタット銀行倒産後の一九七五年のバーゼル協定によって強調された政治的現実をはなはだ無視している因習である。この協定は銀行を規制する責任、そして必要な場合には救済する最終責任を、たまたまその領土内で営業をしている国の政府にでなく、免許を与えた政府に託しているのである。

ＢＩＳのデータにはその他の欠陥もある。報告地域内部においてさえ、すべての国があらゆることを報告しているわけではない。貸付の満期構成の統計では、カナダは投資銀行を無視し、イタリアは中長期貸付だけを行う大金融機関の一部を無視し、スイスはしばしば外貨建ての信託勘定で行われる大口の投資を無視している。イタリアもルクセンブルグも、アンブロシアーノ事件の後で苦々しくも明らかになったように、自国の銀行の海外子会社が行う貸付など気にもしていない(Cornwell, 1983)。銀行からの対外借入の統計では、どれだけが「実質」(非銀行顧客借入)で、どれだけが銀行間借入なのかを知ることができない。実際、情報全体の中で最大のウィーク・ポイントはおそらく銀行間貸付についての情報の欠如である。

ＢＩＳの最善の推測では、銀行間貸付がユーロ市場における貸付総額の四〇％あたりを占めている。けれども銀行間の貸付と借入の総額(すなわち、ネットでなくグロスの取引)はもっと大きいことが知られている。しかし、ある特定の銀行が、預金や貸付からの利潤に関して、ある時点でどれだけを銀行間市場に依存しているかは暗闇の秘密である。(データが存在していても、それは公表時までには少なくとも五カ月古くなっている。)このことの重要性は銀行が困難に陥り始める時、たとえばジョン・スペロが描いているフランクリン・ナショナル銀行の場合や、あるいはより最近のペン・スクウェアやコンチネンタル・イリノイのような場合に、容易に分かる。そして、この点について無知の領域が重大なのは、マルチェロ・デ・チェッコが指摘したように(Marcello de Cecco, 1982)、世界の貨幣供給の混乱した問題全体と関連するからである。

一部の情報はプールされており、さらに多くの情報をプールすることもできるというのは事実である。ＢＩＳは以前からその問題に気づいていたばかりでなく、早くも七〇年代初めから、コンピュータ・通信技術によって切り開かれた金融情報の集中化の可能性を利用する準備を始めていた。ＢＩＳは経済統計家・コンピュータ専門家作業部会を設立し、ここが現在までにすべての中央銀行のコンピュータを人工衛星と電話によってバーゼルへ繋ぐシステムを開発している。これを通して、中央銀行はＢＩＳ独自のユーロ市場取引についての統計シリーズに加えて、ＩＭＦが保有するすべてのデータを瞬時に入手出来る。しかし、当然のことながら、収集されていない情報は共有できない。その上、いささか驚くべき事実がある。というのは、ＢＩＳは中央銀行のクラブであって、通常の国際機関ではないため、大蔵大臣も商業銀行もその中央集中的コンピュータ・システムを利用できないのである。

いま一つの弱点は、銀行自身が、ある国に対して設定した貸付限度額を公表していないという事実にある。一九七四年以降、特にこの三、四年の間に設定限度額が、時にはアメリカの銀行の場合には通貨監督官からの圧力によって、時には銀行の単なる自己防衛的慎重さから、より厳しくかつ詳細になってきたというのは真実である。七〇年代半ばから、アメリカの規制当局は、いかなる借り手に対する貸付も、銀行の内部留保を加えた自己資本の一〇％を超えてはならないことを強調していた。しかし、規則があるからといって、それがあまねく守られていると推察することは間違っているであろう。形式的には守られているとしても、本質的にはそうでないのである。というのは、最終的にリスケジューリングをしなければならないのは個々の借り手でなく国であるのにもかかわらず、X国のさまざまな借り手に対して行われた貸付の全体は合計されてないからである。

このいわば暗闇の中での断崖絶壁ゲームを遊んでいるのは債権者とその政府だけではない。借り手の発展途上国政府もまた、国際金融システムがどのような限度をその国の対外債務全体に設定しているのかを知らないのである。ユーロカレンシー市場では、銀行が絶えず、まったく予想できない形で、出たり入ったりしている。七〇年代半ばまでは、市場はアメリカの銀行によって支配され、各主要アメリカ大銀行の後に一群の小銀行が続いていた。それから、ヨーロッパと日本の銀行が参加し、さらにはアラブの銀行も加わった。(5) しかし、一九七八―七九年度には日本の大蔵省は日本の銀行の市場参加に限度を設けた。そして一九八二―八三年度には、ほとんどすべての銀行が、ユーロ市場での活動を相当に縮小した。(6) ユーロ市場をとおして利用できる信用はこのようにして警告なしに減ってしまうばかりでなく、中長期信用市場や債券市場も大工業先進国(たとえば、イギリス、フランス、イタリア)や法人企業の借入の洪水によって先取りされてしまうのである。いずれの市場もいとも簡単に、不運な発展途上国借り手を「クラウド・アウト」〔締め出し〕できるのである。あるいは、途上国の客観的状況とは関係なく、途上国に課すLIBOR(ロンドン銀行間金利)に上乗せするスプレッドを、きまぐれに突然上げることもできるのである。

結論

この統計のジャングルからの重要な結論を要約しておこう。データを発表する主要国の中央銀行と国際機関は確実な一部の情報(公的な贈与と貸付、国際機関からの貸付)を知っている。彼らは、国際銀行貸付や国際債券市場からの資金調達の量と方向について、情報に通じた推測を行うことができる。しかし、対外直接投資の量と性格については、大まかな推測を行えるだけである。(7) 国際的資金の流れの非常に重要な二つないし三つの要素、すなわち非銀行からの貿易信用、超短期の信用、および大企業内部で国境を越えて行われる資金移転については信頼できる情報が得られていない。

このように情報が非常に部分的なことは、普通には発展途上国債務危機——筆者は信用危機と呼ぶが——といわれている状況をうまく管理するために明らかに重大な問題である(Strange, 1983)。またそれが、どれだけの資金が銀行システムを通して国内へ流入したり、国外へ流出しているのかについて情報不足を意味するなら、アメリカや他の工業国の国内通貨管理にとっても重大問題である。これらは国際収支勘定では「誤差・脱漏」と呼ばれるが、決して取るに足らない数字でなく、その規模は着実に増えている。一九八二年にOECDは、全加盟国の「誤差・脱漏」合計が一年に二〇〇億ドル以上も増えたことになると発表した。金融界では、これらの未知の量は短期資金の銀行への流出入、および大企業の勘定のある国からある国への移転によって生じるものと理解されている。

前述のように、銀行間市場は、情報の正確さに関する限り、重大な灰色の領域である。表5−1は、一九七三、一九七六、一九八一年におけるロンドン所在の銀行による外貨建て貸付・借入に伴う銀行間債権・債務の合計の比率についてのイングランド銀行の推定を——他の機関は推定を試みようとさえしない——示したものである。

表5-1　ロンドンにおける非ポンド銀行間取引の比率　(%)

	1973	1976	1981
英系銀行	81	59	81
米系銀行	85	85	75
日系銀行	98	95	94
その他海外の銀行	88	85	78
コンソーシアム銀行	95	94	86
合　計	85	86	81

ある銀行の他の銀行への依存度は、国内でさえ明らかでない。たとえば、アメリカでは一九八二年夏に、オクラホマのあまり知られていない銀行ペン・スクウェアが、その地域の石油ベンチャー事業にふんだんに、分別もなく貸し付けていたばかりでなく、そのために主要マネー・センター銀行のいくつかから、特にシカゴの二大銀行の一つコンチネンタル・イリノイから大量に資金を借り入れていたこ

とが発見された。ペン・スクウェアのような銀行がミッキー・マウスの仮面を付けてオフィスに現われるような男によって経営されているのに、財務省や通貨監督官局の監督官のどちらもこのような「奇行」に気づかないようでは、州際銀行業ないし全国銀行業を禁止するアメリカ銀行業規制の意図のすべては、頓挫させられるのである。

システムのこうした側面をまとめて考えてみよう。我々は、不確実性の増大が金融市場と金融取引の、その多くは投機的な性格の、著しい肥大化をもたらしていることを見てきた。それはまた、大企業と小企業との間での競争の不平等を拡大している。そして、それは、いかなる市場システムの安定性にとっても決定的な、国家権力と市場の間の力のバランスを変え、その結果、国家権力の力は弱くなり、市場はいっそう変動しやすくなったのである。

だが、こうした結果は、本当に進行していることと、その結果何が生じるかについて学者達が広めた重大な誤解によって、長い間隠蔽されてきた。この誤解の一部は暴かれたが、その他の誤解はまだ残っている。しかし、こうした事態がもたらした一般的影響は重大な無知の領域を徐々に広げたことである。ここで重大というのは、経済・金融システムの政治的コントロールと監督の観点からである。このコントロールと監督のためには知識が要求される。経済・金融システムの変化が加速され、市場と各国通貨システムは一段と世界システムへ統合されるので、要求される知識も増大し、その性格も変化する。システムをすぐれたコントロールの下におくために提唱されているさまざまな治療法や改革プランを検討し、評価しなければならないのは、こうした結論に照らしてである。

(1)　ハイパワード・マネーという言葉は、ミルトン・フリードマンとアンナ・シュワルツによって使われた、どのように計算されるものであれ、貨幣供給量を決定する元となるマネタリー・ベースを指す用語である(Friedman, M. and Schwarz, A. 1963, p. 55 参照)。

(2)　この考えに誰でも同意するわけではないであろう。最近では、アメリカでの、あるいはユーロカレンシーでの外国人やアメリカ居住者による借入・貸付の激しい変化はアメリカに責任があると議論されている。そして、この変化はタイムラグを経てから初めて明らかになるので、通貨管理を当て推量の問題にしてしまっている(ジェイン・ダリスタのインタビュー)。

(3)　『一〇億ドル殺人』やその他の金融推理小説のベストセラー作家ポール・アードマンは実際に刑務所に送られた。

(4)　グループ・オブ・テンは一九六二年のIMF一般借入協定(GAB)に署名した国々に付けられた名前であり、以下の国々である。アメリカ、カナダ、日本、西ドイツ、フランス、イギリス、イタリア、ベルギー、オランダ、スウェーデン。

(5)　アラブの銀行は全ユーロカレンシー取引の一〇%を占めている(Wohler Scharf, T., 1984)。

(6)　国際銀行信用の年間成長率は一九八〇年と一九八一年には二一%であったが、一九八三年には僅か八・五%、一九八四年には七%であった。工業国の銀行は、一九八一年には、その他の国々に対して純額で六七五億ドルの信用を供与したが、八四年には、一八五億ドルの規模の資金のネットの取り手になった(BIS, *Annual Report*, 1985, p. 111)。

(7) そのようなある半ば公的な推測によれば、これは一九七七年の三三〇億ドル、一九七八年の三七〇億ドル、一九七九年の四〇〇億ドル、一九八〇年の四三〇億ドルと増大している。しかし、このうちのどれだけが、その国へ投資を行っている外国会社によって調達された現地資本であったのかは少しも明らかでないし、明らかにできないであろう。

第6章　処方箋

世界の貨幣・金融システムの欠陥に対して手の施し得ることはほとんどない、と信じている人々がいる。筆者が技術決定論者と呼ぶ者たちは、この状況を克服するために実施できる政策が多くはないことに同意するが、状況を宿命的なものとか不治のものとかはみなさない。彼らはクリスチャン・サイエンティスト〔アメリカの新興宗教団体〕のような人物であり、神や自然、この場合にはコンドラチエフ長期波動が、いずれは救済にやって来ること、それまでの間には行うべきことはほとんどなく、ただ待つだけである、と考える。

もう一つの悲観的グループは主としてマルクス主義者とネオ・マルクス主義者たちである。彼らによると、資本主義体制全体は不治の病の運命にあり、本質的に内在的な病気なので、根本的に異なった社会主義社会への革命による死と復活のみがその病気を直すことができる。もちろん、マルクス主義者の診断は受け入れるが、非常に運命主義者的で、悲観的で暴力的な結論への議論の進め方を拒否する多くの見解もある。彼らは、資本主義に伴う社会的経済的損害を抑える、あるいは修正するための中間戦略を捜している。それも解決としてみなされなければならない考えを持っている限り、考慮に値する。

システムの基本的欠陥や弱点を誤診しているために、誤った治療法の処方箋を書いている者たちもいる。この中心は自由主義経済学者である。彼らは、情熱的な伝道師同然の自由貿易の恵みへの信仰から、世界の政治経済が感染した病巣を誤った通商政策に求め、そして経済の低成長や国際的対立、失業等々の原因を対外競争に対する保護主義的措置に捜し求めるようになった。したがって、その治療法は自由な通商政策の中に見出されることになる。また、若干の自由主義経済学者の主張では、主要貿易国の通商政策を改革し自由化するための協調的努力は、世界に健康的な経済を取り戻すために必要ではあるけれども、十分ではない。貨幣・金融的無秩序にも対処するために同時的な努力も払われなければならない(Camps and Diebold 1983; Tumlir 1983; Corden 1984)。だが、これまでに展開してきた議論からはいささか異なった結論が導かれる。貿易を自由化し、財やサービスの世界市場を本当に競争的にすることは政治的、技術的に可能であるとしても、(前章で議論したような)世界の経済的無秩序のより深刻で打撃の大きい側面はそのまま手をつけられずに残されるであろう。その側面とは、世界の金融システムの慢性的不安定、その不安定性がかもし出す投機への誘惑、およびリスクの社会的配分とゲインの機会との不均衡・不平等がますます拡大していること、である。

もう一つの重大な誤診は、経済学者よりも一部の政治学者に人気のある議論である。それは、第三章で筆者が「政治決定論者」と名付けた者たちが詳しく展開している。彼らは、世界の経済的無秩序の根本原因が、世界経済をリードし、導き、相当程度支配するアメリカの覇権力の喪失にあると信じている。安定と成長の黄金時代としてブレトン・ウッズ体制を郷愁をもって振り返りながら、彼らはアメリカの力の喪失の中にルール放棄の原因を見ている。第三章で筆者が述べたように、貨幣・金融の無政府状況を強める結果をもたらしたアメリカの政策選択には、前もって決められていたことや不可避なことは何もなかった。無政府性への道が避けられないものではなかったとしたら、秩序と安定へ戻る旅程も同様に不可能でないはずである。しかも、それは、一部の政治決定論者が言うように、アメリカ製造業の一大ルネッサンスや貿易収支の黒字への復帰、あるいは西ヨーロッパや日本その他のシステムへの参加者へより多くの防衛予算の負担や輸出制限などのハンディキャップを要求する(Cline 1983; Keohane 1984)ものでもないのである。

不可能な治療法

誤った診断を通して誤った治療法の処方箋を書くことは、患者になすすべのない――そしてなすすべもないとわかりきっている――治療法を指示する処方箋を書くよりは、理解できる誤りとして弁解できることである。医者はよく誤った処方箋を書く。何人の患者が後で不要なことが分かった手術を受けたことであろうか。神経性食欲不振を患っている多くの者が、一部の専門家が言っているように、必要なのはただの食餌療法だけなのに、精神科医のところに送られたことであろうか。いかに多くの電気ショック療法が後になって不適切だったと分かったことであろうか。しかし、医療専門職は、少なくとも学問専門職のように、経験によって達成不可能なことが既に示されている解決を「発見する」間違いをしばしば犯すような誤りには陥らない。

筆者の見解では、これが現代の問題に適用される国際政治経済学の文献全体におけるもっとも共通の間違いである。その主な原因は、国際関係の歴史の一貫した無視、より具体的には国際機関の歴史の無視である。

このことは、非常にはっきりと疑問の余地なく、国際政治システムの性格から生じる国際協調や対立の解決の限界を示している。「実行可能と考えられる」と「おそらく達成不可能」との間でどこに正確な境界線を引くかには過去の経験を基にしていぜんとして意見の不一致が残るであろう。だが、境界線上の領域を超えて不可能の大領域に横たわっていることについてはいささかも疑問がない。政治権力が決められた領土内で機能している国家に依拠し、そしてその権力がその住民の自発的(あるいは自発的ではないが、効果的に強制された)忠誠心によって支えられている限り、単純には実行できない治療法のすべてがこの不可能の領域の上にあるのである。

それ故、貨幣・金融システムの問題について気休めにはなるが実行不可能な治療法を提案する専門家は、寓話にでてくる賢い老梟のようなものである。この梟のところへ他の動物たちが、自分たちを殺して食べてしまうライオンからいかにしたら身を守ることができるかを尋ねに来た。「よし。お前たちはライオンがいつ攻撃してくるかを知れば、逃げたり、隠れたりできる。だから、お前たちはライオン全部の首に鈴を着ければいいではないか」と梟は答えた。「しかし、どのようにして鈴を着けるのでしょうか」と動物たちは続けた。「ああ、私は答の背後にある原理をお前たちに話した。それをいかに実践するかはお前たちが解く仕事だよ」と梟は言った。

この寓話は、この場合、各国の経済政策の協調という処方箋を書く者にあてはまる。また、国際組織の「改革」を処方する者にもあてはまる。それは、原理を実践に移すことができる方法のない主要国政府にとって受け入れ可能と考えられる限度をはるかに超えているのである。彼らの処方箋が、完璧への勧め(実行不可能な理想案)、異なった国際政治システムへ向けての長期の教育と漸次的段階的な進展を追求すべき理想的目標であることを認めるなら、そして、同時に、理想的な治療法がついに手の届く範囲に来る幸福な日が訪れるまでの長い間、我々が何をなすべきかを語ってくれるのなら、話は違ってくるであろう。

各国の政策協調

各国の経済政策の一層の協調は、民間であれ公的であれ、多くの国際会議で繰り返されているテーマである。それは最初はアメリカが、ドルの弱さと為替相場の不安定の解決策として「機関車理論」と呼ばれた議論を提出した一九七七年に大いに強調された。しかし、今日からすると、ワシントンが西ドイツと日本に世界経済のより高い成長の推進のために力を貸すように頼んだ時、本当に望んでいたことは、日独両国の経済がアメリカと歩調を合わせてインフレ化し、外国為替市場でのドルの悲惨な下落を抑えることだったように思える。アメリカの成長が鈍化し、日独両国がインフレ政策を取れば、「協調」は為替相場の安定と一九七九年にドル安をくいとめるのに役立ったかもしれない。しかし、そのような政策の一致は偶然であり、一般的には、西ドイツと日本がアメリカに歩調を合わせることが、それぞれの国の独自の政治的、経済的目標とつねに一致すると考え、それに依拠することは軽率であろう。このことは、アメリカがいつも一貫して同じ政策を継続することはほとんどないだけに、とくにそうである。過去一〇年の間にアメリカは、インフレの低下から失業の低下の追求へ、そして再びインフレの低下の追求へと政策目標を変えている。また、弱いドルで貿易上の利益を享受する政策から強いドルで金融上の利益を享受する政策へと、外国政府と相談することなどまったくなく、突然の政策変更について通知を出すことさえなく、変えてきた。

世界の通貨システムがアメリカ、日本、西ドイツ三カ国の通貨当局によって協調的に管理されるなら、それは一層円滑に動くであろうと提案されている。その代表的論者が既述のロナルド・マッキノン教授である。彼は一〇年以上も前に『プリンストン大学国際金融論集』の中でこの処方箋を最初に展開した(McKinnon, 1974)。

当時、IMF暫定委員会の審議を通じて国際通貨改革の可能性についての多くの甘い期待がもてはやされていた。マッキノンの論点は、システムが健全であるための鍵は(一九三〇年代半ばにおいてと同様に)二〇ないし一〇〇にも及ぶさまざまな政府の間での多角的協定にあるのでなく、主な貨幣強国の間での親密な共同にある、ということであった。この点はブレトン・ウッズの時にジョン・ウィリアムズによって強調されたが無駄に終わった点である。だが、マッキノンの議論は目立ち時宜を得ていた。それ以降も彼は技術的観点から当初の考えを精緻化した。そして、連邦準備銀行のような中央通貨当局が通貨伸び率目標を設定するに際して、純粋に国内的な指標をあまり強調せずに、その主要パートナーとの為替相場の安定、したがって他の通貨と比較した各通貨の相対的購買力の安定をもっと強調することがいかにして可能かを説明した。このことは、アメリカにとって貨幣供給の伸びがパートナー諸国よりも進み過ぎた時は、貨幣供給を抑えることを意味する(McKinnon, 1974, 1984)。

この構想に対して若干の技術的、経済的反論を行うことができるが、主要な反論は政治的なものである。この構想の基本的前提は、政府が通貨の安定を、国の安全や低い失業率、対外関係におけるフリー・ハンド等々の他のいかなる政策目標よりも優先順位を持つ第一義的価値として受け入れることである。その上、通貨の安定は、貨幣の長期的価値の安定(「共通の長期的な貨幣成長の目標」)と主要三通貨の間での為替相場の安定の両方を含んでいる。今日これは望ましいことかもしれないが、少しも現実的ではない。とりわけアメリカにとって現実的でないのである。このことは、安定したやり方でシステムを統治するというよりも、むしろシステムを搾取してきたアメリカの過去の行状から誰でも簡単に見て取れることである。第二に、この構想は、トロイカ(三頭制)の若い二人のパートナーを誘惑するかもしれない他の主要な政策的考慮とその三国取り決めとの潜在的な対立を、無視し、過小評価している。

西ドイツは、ヨーロッパ通貨制度(EMS)に、つまりヨーロッパにおける「一層の通貨安定の領域」の創設という目的に拘束されている。一九七八―七九年にブンデスバンク（ドイツ中央銀行）と西ドイツ政府の間に生じたくい違いは、後者が政治目的に優先順位を与えていることを示した。そして、このことはボンの政権が代わっても変わっていない。加えて、西ドイツには、東ヨーロッパとの貿易と平和的共存という利益がある。ワシントンはその利益を共有していないので、金融政策に対する米独の見解の相違がここから生まれやすい。日本には、アメリカの政策の気紛れな変化から適度に可能な限り逃れ、近隣のアジア諸国とより密接な相互的な結びつきを確立するいう首尾一貫した関心がある。これらの長期的国家利益はいずれも三カ国協調構想を容易にくつがえしてしまうかもしれない。

これらの政治的反論に反駁するために、マッキノンは完全に協調した政策という最終的目標には、政治家を過度に驚かせず、共同の慣行と技術が発展するための時間を与えるために、徐々に段階的に近づくべきであると指摘している。しかし、これはまさしく、ヨーロッパが一九七〇年代初めにワーナープランとヨーロッパ通貨同盟についての初期の考えに惚れ込んだのと同じ新機能主義者の謬見である。確かに、ヨーロッパ共同体の歴史は、各国国家を「継承する」ことは決して容易でないことを示している。というのは、各国の自治と行動の自由が深刻に脅かされるやいなや、「超国籍的」意思決定のペースはのろのろになり、抵抗は弱まるどころか強まるからである。このように、マッキノン構想では、第一段階の採用で利益を脅かされる政治家と官吏が警戒して、それ以上の進展に対する抵抗が強まりそうである。

ヨーロッパは、しかしながら、主要工業国の間での三国ないし国際的なマクロ経済政策の協調という考えがアメリカの自由主義者と国際主義者の間で非常に人気のあるものであることを知っている。たとえば、声望のあるエール大学教授でノーベル賞受賞者ジェームズ・トービン教授は「マクロ経済政策の協調は大西洋同盟の修復と世界経済の回復の両方を開始するための良い機会である」と指摘している(Tobin, 1984, p. 112)。しかし、この議論は「国内需要を拡大する国はその通貨が下落するので、自国の利益を共通の利益に従属させることがすべての国に同等の利益となる」という疑わしい仮定に基づいている。しかし、実際には、アメリカは金利を引き上げ、巨額の貿易赤字を埋めるのに十分な外国資本を引きつけることができ、通常の経済論理を無視できるのである。この点は国際通貨システムに内在する経済的自立性の非対称性の問題に突き当たる。言い換えれば、いかなる政党でもアメリカの政治家は、ヨーロッパや日本によるアメリカの経済的片務主義に対する不満に注意を向けそうにないのである。マリーナ・ホイットマンは同じ論集の中でもっと政治的に精緻化された議論を展開し、協調的金融政策の方向へ前進するために必要な前提条件として、アメリカとヨーロッパの間での新しい「暗黙の協定」を示唆している。

この協定の中で、ヨーロッパ諸国(日本も一緒に)が西欧の安全の維持、国際貿易・金融システムの生存能力および世界経済の健全性に対する責任を自らさらに進んで共有することと引き換えに、アメリカは、その経済政策が大西洋を超えて及ぼす波及効果に一層の考慮を払い、「世界的片務主義」——同盟国の長い間のイライラの原因であった治外法権を主張し、普遍的行動規則を押しつける努力——への傾向を抑えることに同意するであろう(Whitman, 1984, p. 51)。

ジャック・ポラク——IMFで二〇年以上も調査ディレクターを務め、後に理事になったベテランの国際公務員は、各国を制約する策が可能かどうか、ことさらに懐疑的である。政策協調について、彼は一九八一年にグループ・オブ・サーティーの論文で、そっけない控え目な言葉で次のように書いている。「各国の需要水準についてサミットで交渉できるという確信は、効用の国際比較を行う国家首脳の能力に大きく依存するに違いない。だが人間には個人の効用を比較する能力はないのである」(Polak, 1981, p. 13)。彼はまた、「共通の目標の追求を鼓舞するのでなく、各国の対立する利害の妥協をさぐるという常に厄介な問題を伴う」協調のために、ある国が調整を要求される状況も指摘している。彼の結論では、総需要の領域における政策協調の困難は非常に大きいので、困難を無視したり、存在しないと主張することでは何も得られないのである。そして実際には逆のことを示唆している。すなわち、統合は多くの不安定性を伴うので、解決のためには「分権化された意思決定」、フレッド・ハーシュの言葉では(Hirsch and Doyle, 1977)「コントロールされた解体」を追求したほうがよいであろう、と。言い換えれば、これは、金融市場の超国籍的影響や他国の政策のインパクトから各国経済を隔離するためのコントロールを取り戻した方が良いと言っているのである(Polak, 1981)。しかし、これが可能かどうかは疑問の余地がある。

率直に言えば、アメリカの各界でマクロ経済政策の協調に人気があるのは、アメリカの態度を変えようという本当の願いというより、一種のアメリカ帝国主義の無意識の反映であるように思える。それは、アメリカにはアメリカが気に入ることを行うことを許すが、他の国々は言われたことを行えという治療法である。それは、我々の経済的病いにとって実行可能な治療法ではないのである(Calleo, 1982)。

ブラントの解決策

経済改革のための多くの処方箋は、あれやこれやの形で国際機関の権限と資力を増やし、その活動の拡大を追求している。これはとくに、南北問題についてのブラント報告の診断と結論にだいたい同意する人達にあてはまる(Brandt, 1980)。彼らは、豊かな北の国と貧しい南の国が共通の基本的利害関係を有している、というその基礎的な主張を承諾する。貧しい国が経済的に発展するのを助けることは豊かな国にとっての長期的利益であり、また、投資のための資本と技術、消費のための財貨とサービスが相対的に自由に国境を超えて移動する世界市場経済を支え崩壊させないことは貧しい国にとっても長期的利益である。この目的のために、ブラント報告は、世界銀行よりもはるかに大規模で野心的な世界開発基金を通じての発展途上国への大規模かつ即時の資源移転を勧告した。武器の売却や防衛政策は資源の無駄遣いであり、削減しなければならない。資源は民間の開発に向けられなければならない。国際大企業はあまりに大きな力を持っているのでコントロールされなければならない。各国の出資への依存から脱却するために、国際機関に徴税権が与えられるべきである。市場システムの失敗と不平等を矯正するための拮抗的政治力が必要だという社会民主主義的考えへの広い意味でのコミットメントを前提にすると、これらの提案には内部的な論理一貫性がある。

これらの考えはヨーロッパでは十分一般に支持されているけれども、アメリカでは決して一般には受け入れられていない(Strange, 1981)。アメリカではブラント報告はほとんど知られていないし、反響もほとんどなかった。他の大陸においても、政府は資本主義体制の不公正に不満を言うためにブラント報告に同意する。けれども、多くの政府が、実際に、西側とソ連の両方から武器を購入する自由を自ら進んで捨てるかどうかはまったく疑わしい。また、自国の経済の深部にまで及ぶその権限を国際開発機関へ譲渡することに満足するかどうかも大変疑わしい。IMF使節団の経験では、ブラジル、アルゼンチン、ナイジェリアなど多くの国々はそのような考えにほとんどまったく引かれていない。実際、そのようなことが問題になる時、国の将来を決める決定を国際機関官僚に任せることに反対してきたのは豊かで力のある国だけでなかった。この一つの主な理由は、国際機関官僚は特定の誰にも正式な責任がないからである。多くの主人を持つ召使は誰のことも気に留めないものである。あたりさわりないことが大切にされ、挑発的な演説をすることは許されるけれども、挑発的な活動や妨害的な行動は許されないのである(Archer, 1983)。その結果、国連、ユネスコ、ヨーロッパ共同体などもっとも良く知られている国際機関は、多くの者によって、進歩の前衛をリードする代わりに、非効率で沈滞したところ、静寂な生活の好きなもの、政策よりもむしろ論文を押し進める人々の天国とみなされている。このことは、特定の技術的役割を持っている組織、国際海事機構、国際電気通信連合、国際衛星通信組織、国際海事衛星機構などには当てはまらない。これら機関の業務は国家が技術とファイナンスによって統合された世界経済の利益を享受しようとするなら、必要なものである。特に輸送と通信を扱っている組織は重要とみなされており、各国から苦情をうけることなく必要な仕事をやっていくことが許されている。残りの組織は、とくに安全や貨幣に関わる政治的に敏感な問題を扱っている組織は、債務不履行寸前の貧しい債務国が債権者の信認を取り戻すことが必要な時にいつでもIMFを呼ぶように、政府が代替的方法のない時に新しい仕事を行わせるために呼ばれるだけのようである。

しかし、ブラント報告やその他の改革プランの中に含意されている各国国家から国際団体への権力と資源の恒久的移転は、これから長期間にわたって必要不可欠なものとは考えられない。今日とはまったく考え方の異なる新しい世代の有権者や政治家が出現して、いつの日か国家を解体して権力を国際機関に委ねても良いと考えるようになるかもしれない。その日が本当にやって来るとしたら、問題を分析し、可能な改革案を作り出すことが、そのための教育過程と態度の変化にとっての有用な貢献となるかもしれない。

だが、何時その日がやって来るのか。今世紀のうちというのはありそうもない。それまでの間、我々は、通貨管理をめぐるジレンマに捕らわれ、その結果、経済不況に付きまとわれている世界経済の中で生活していかなければならない。この情況の中では改革のための提案は多くの政治的懐疑をもって見なければならない。我々が尋ねなければならない質問は次の通りである。

一、改革提案はいかに今ここで直ちに役に立つのか？
二、決定を行う権限を持った者の利己的利益に訴えることができる方法が有るのか？
三、それらは交渉できる協定の基礎を提供するのか？
四、問題の分析は正しいが、提案された解決は実行不可能ではないか？
五、ほとんどすべての政府が拒否するから実行不可能なのか、それとも、たんに、最大の拒否権を有するアメリカが、国益に反すると考え、拒否するから実行不可能なのか？

改革案

以上の質問を心に留めておきながら、少なくとも狭い国民的観点からではなく、国際的観点から問題に立ち向かっている三つの改革案を検討してみよう。そのいずれも信用と金融の管理の問題に向けられている。たとえば、ジョン・ウィリアムソンの計画はＩＭＦ特別引出権（ＳＤＲ）の巨額の発行である。マイケル・リプトンとステファニー・グリフィス－ジョンズの提案は「国際的最後の貸し手」についてのものであり(Griffith-Jones and Lipton.

1984)、ハーバート・グリューベルは国際銀行の救命胴衣としての国際預金保険公社を示唆している(Grubel, 1983)。我々はまた、フェリックス・ロハーチンやその他によってなされた金利最高限度——発展途上国のための直接的および間接的金利補助金——についての提案や、現在のジレンマから脱出する唯一の道は短期の銀行信用に代わる長期の貸付や投資である、という議論についても検討しよう(Rohatyn, 1982)。

一九八五年中に四〇億ドル、一九八六年までに四三〇億ドルという、これまでの発行総額の二倍以上の大量のSDRを発行するというウィリアムソンの議論は、債務問題は究極的には支払い不能の問題ではなくて流動性の問題であるという議論に基づいている。債務国はもともと貧乏だから債務返済のための資源を見つけることができないのでなく、むしろ債務国は返済に必要な外国為替が不足しているだけなのである。その原因は、彼によれば、貿易など対外取引が対外準備を蓄積する能力をはるかに超えて進んだからである。それ故、解決は輸入を削減する——ラテン・アメリカは一九八一年から一九八三年の間に三〇%、額にして三〇〇億ドルを削減した——ことでなく、すべての国の利益となるように、債務国に信用を取り戻すための対外準備を築かせることである。何年もの間議論されたが、ある国が対外準備の形でどれだけを必要とするかについては、輸入に対する支払いの規模以外のいくつかの要因が問題の中に入ってくるので、経済学者の間ではいぜんとして合意されていない。彼はこのことを認めるけれども、準備・輸入比率を一対二〇とする伝統的な大まかな経験則は災いを招きがちであるが、一対三〇にすれば、ほとんどの場合に深刻に脅かされることのない望ましい基準となる、と議論する。このことから次のような結論が導かれる。非産油発展途上国の――現在よりも多額の対外準備を必要とするかもしれない工業国や産油国は考慮しないで――対外準備不足だけで、一九八三年には二一〇億ドルに達し、年間約九〇億ドルの割合で増えつつある。七〇年代には銀行からの大量の借入が問題を片づけてくれていたが、一旦これが縮小し始めると問題が再び持ち上がる。ウィリアムソンの提案は、第三世界の同盟グループ77によって長い間支持されている〔SDRの発行と発展途上国融資を結びつける〕「リンク」の考えと同じではない。「リンク」の考えでは、経済発展を計画的にファイナンスする手段として対外準備が創設されるのであり、主要債務国がIMFへの依存から自由になるわけではない。たとえば、ブラジルは、一九八四年にIMF条件付ファシリティのもとで引き出すことに合意した一五億ドルと銀行から借り入れることを予定した六五億ドルと比べて、その計画は対外準備をたった五億ドル増やすだけである。ウィリアムソンはまた、一九六〇年後半にSDR創出が計画されていた時には非常に多くの議論があったが、一九八一年に落とされたリコンスティチューション〔復元、つまり返済のこと〕条項を再導入すべきである、と提案している。こうしておけば、発展途上国は新しいSDRをただたんに使ってしまうことを思い止まり、緊急時を除いて対外準備として保有しておくようになるであろう、というのである。この提案の背後にあるケインズ的分析の議論によれば、「ペーパー・ゴールド」の国際準備資産の創設は、一九七〇年のSDR協定のインクが乾くやいなやすぐに余分になった。これは、信用が急速に拡大し、世界経済がインフレ的時期に入ったからである。しかし、一九八〇年代後半には、一九八〇年代初めにおけるデフレ的状況を是正するためにSDRが必要とされるのである。論理には争う余地がない。しかし、問題は純粋に政治的である。いぜんとしてIMFにおける最大の投票権を有するアメリカの同意なしに、SDRの配分はできないのである。一九八四年にレーガン大統領がIMFの割当額の増加〔増資〕に反対した時、アメリカの大衆からの抗議はほとんど聞かれなかった。その後大統領は、渋る議会を押しきって必要な法案を通すようになったけれども、それは、大幅な割当額の増加なしにIMFがラテン・アメリカの集団的債務不履行を防ぐことができず、したがって恐らくアメリカ自身における銀行恐慌を防げなくなる、という恐れから渋々としたのであった。債権者銀行と債務者政府のその後の行動にインパクトを与えるのに十分なほど大規模なSDRの配分にアメリカが同意するのは、アメリカでずっと景気が悪化し、景気回復が「間近い」という望みに非常に勢いよく弾みをつけなければならない時であろう。さらに、ウィリアムソンとその他、とくにフランスが示唆しているように、SDRの配分は、受け取るのに値する第三世界の国と同様に浪費的で堕落した国にも施し物を与えるきらいがある。

過去一〇年間ばかりの間の銀行破綻の苦い経験から、銀行業システムの国際的性格と、中央銀行の管轄権や知識、監督の限界との間における不均衡に焦点を当てた多くの研究が生まれてきた。中央銀行が最後の貸し手として機能することが一層難しくなっている。ほんの僅かな相違を別にして、すべての研究が、現在の取り決めの不十分さと、市場が依拠している信用構造全体が危険にさらされていることで意見が一致している(Kaletsky, 1985; Dale, 1984; Cline, 1984; Moffitt, 1984; Delamaide, 1984)。この点では、問題の性格についての分析は議論の余地のない完璧なものである。中央銀行の側での情報不足に関係する現在の取り決めの欠陥については既に第五章で検討した。中央銀行は自国の銀行の他国の銀行への貸付(本店が国内で登録されている銀行による、国外に本店がある他の銀行への貸付)について情報を十分に与えられていないのである。短期貿易信用についても、また銀行のジョイント・ベンチャーやシンジケート業務への係わりについても、中央銀行は十分な情報を与えられていない。主要債務者についての情報も不完全であり、主要債務者の債務負担能力の金融的および道徳的限界を評価する能力についても同様である。その他の欠陥は各国の最後の貸し手としての中央銀行の権限における抜け穴、および、それぞれの管轄権の間にある抜け穴に関係したものである。たとえば、中央銀行は自国の銀行の海外にある子会社や支店の営業を常にコントロールしているわけではないのである。このことは、一九八三年のバンク・オブ・イタリアがバンコ・アンブラシアーノのルクセンブルグ持株会社の債務を引き受けることを拒否したことで立証された。ドルを創造する無制限の力を持っているアメリカ通貨当局を別にして、その他の中央銀行が外貨建てで銀行の債務を支払う能力は無制限ではない。そして、BISに所属し、バーゼル協定に同意した中央銀行の管轄権の届く範囲と、世界のその他の所で行われている銀行業の間には大きなギャップがいぜんとして存在する。

重要な点は、安全網の中に開いた穴はたんに一時的、技術的見落としによるものではないことである。安全な銀行システムにおける最後の貸し手の本質は、最後の貸し手と商業銀行の間での契約は、商業銀行とその顧客との間での契約を条件としていることである。最後の貸し手は、特定の条件で援助を与えるが、それは、商業銀行が支払い能力のある顧客には貸出を続けるということの厳しい了解の上でである。これは、顧客が、中央銀行が社会的責任を負っている国民経済の一部を構成しているからである。しかしながら、国際銀行業では、顧客は自国の通貨では支払い能力があるかもしれないが、ドルやマルクでは払えないかもしれない。支払い能力があるとしても、顧客に貸し出している外国の銀行を中央銀行が進んで支援することを、当然のこととみなすことができない。それは、外交政策の考慮によって、否定的にも肯定的にも影響を受けるからである。

この困難な主題に取り組んできた研究者の一部は、これらの状況でも有効な最後の貸し手の便宜は非常に望ましいものであるが、残念ながら実現できないと結論している(Moffitt, 1984; Lever and Huhne, 1985)。主要銀行を支払い不能にさせてしまう信用ショックに対して、システムはいぜんとして傷つきやすいのである。希望できる最善のことは、したがって、確実な次善の策である。すなわち、中央銀行はより多くの情報を求め、その責任範囲をあいまいにせず、どこまで責任を取るかをもっと明白にすることである。中央銀行はまた、銀行がバーゼルのネットワークの範囲を超えて営業するのを一層厳しく抑えるべきであり、できるところでは主要銀行間の契約ベースでの民間相互支援システムを促進すべきである。

国際的支援システム

他の研究者も、システムがいぜんとして非常に傷つき易いことに同意し、何とかして国際的最後の貸し手を創設することが必要であると結論する。これは、マイケル・リプトンとステファニー・グリフィス－ジョンズが「公式の明快で敏捷な国際的最後の貸し手」のために展開している議論である。彼らによれば、景気回復だけでは問題は解決しない。何故なら、「以前と同一のパターンの多くの貸付は将来に多くの問題を引き起こすだけであろうし、他方、貸付が少ないと景気回復が破壊されるか、債務不履行に陥る」からである。この議論は説得的である。しかし、いかにして国際的最後の貸し手をつくるのか、誰がなるのかを示唆する段階になると、彼らは奇妙にも沈黙してしまう。砂漠の中に、大きなケースに入った豆の缶詰の他は何も食べ物がないままに取り残された技術者、生物学者、経済学者たちについての古いたとえ話がある。この中で、経済学者は「かん切りを考えよう」と言っている。一九八四年にコンチネンタル・イリノイ銀行の救済には一一〇億ドル以上の資金が供与されたが、ＩＭＦもＢＩＳもそれ以上の額が必要となるかもしれない仕事を行うだけの資金を持っていない。それ故に、そのような通貨当局は存在しないのである。

代替的考えの一つは、銀行自体の救済のため、というよりむしろ経済のために、保険の原理に頼ることである。一九三〇年代にルーズベルト政府は、政権に就くやほとんど直ちに金融パニックに襲われた。預金者が現金を求めて銀行に殺到したので、全面的取り付けが始まったのである。政府の最初の緊急措置はすべての銀行を閉鎖する銀行モラトリアム

〔支払い停止〕であった。しかし、ニューディール政府は、長期的には、すべての銀行を強制的な保険制度に加入させ、銀行が破産してもすべての小口預金者に一定の保証を与えることにした。一九三五年に設立された連邦預金保険公社は、一部の銀行の破産をくい止めることはできなかったが、システムに安定性をもたらした。多くの預金者が囁かれた噂に一斉に反応して、健全で支払い能力のある銀行を崩壊させ、おそらく他の銀行にも山火事のように崩壊を広げる危険は、このようにして避けられた。

同じ考えが国際銀行業システムのためにグリューベル教授らによって提案されている(Grubel, 1983)。しかし、一九三〇年代のアメリカの預金保険システムとの類推は適切でない。ルーズベルト政府がアメリカ経済全体に対して案じていたのと同じように、世界信用システム全体の健全性と生存力を心配している世界政府など存在しないからである。世界の主要銀行のすべてを保険制度に加入させ、保険料を支払わせるほど強力な国際権力は存在していない。銀行システムに対する主要な脅威は、ある特定の銀行から自分のお金を引き出すかもしれない小口預金者からやって来るのでなくて、むしろ、噂が飛び始める時、銀行間クレディット・ラインの延長を拒否する他の銀行からやって来る。ある破産しつつある銀行への過大貸付でこうむるかもしれない損失に対してすべての他の銀行が保険を掛けることは、一万ドル未満の損失のために預金者に保険を掛けるよりはるかにずっと費用がかかるであろう。もっとも致命的なことは、このような目的の達成のための国際的合意を得る可能性がほとんどないことである。システムにとっての主な危険は、発展途上国に対してもっとも多く貸し出している一方、不良債権損失に対する引当金はもっとも少ないアメリカの銀行にあったし、いぜんとしてある。ソブリン〔主権国家〕リスクに大きく曝されている銀行を抱えるスイスやドイツなどの通貨当局は、銀行に不良債権を償却させるか、あるいはそれらをカバーするための多額の準備を積み立てさせ、他方、銀行には補償として税金を低くすることでその苦しみを緩和してやった。用心深くて慎重な政府は、用心深くて慎重な企業と同じように、不用心で慎重でない者を保護するために多額の保険料を進んで支払おうとはしない。タンカー運賃の突然の急激な下落に対処するために、七〇年代半ばに似たような提案が出されたことが思い出される。銀行、造船業者、海運会社および保険会社を代表するある組織が、世界の船舶の過剰供給を減らし、タンカーと運賃両方の価格を改善するように、すべてのものが古い船舶を買収しスクラップ化するために貢献すべきである、と提案した。計画の意図は素晴らしいし、理論的にも作動可能なものであった。しかし、何にもならなかった。何故なら、超大型タンカーの造船であれ、購入であれ、用船であれ、すべて不用心な者たちの過信の結果であるのに、用心深い者が彼らを助ける理由はなかったからである。その上、大手の業者、主要石油会社は自己の資力で事態に対処できるほど十分大きかった。今日の金融システムでもアメリカは実質的には同じような状況にある。危機に立つと、メキシコやブラジルの場合のように、あるいはコンチネンタル・イリノイ銀行の場合でさえ、アメリカ政府は自らが国益を守るために行動できることを知っている。ある者の利益を守るのは他の者なのである。

しばらくの間ちょっと人気を博したもう一つの考えは、「金利上限」あるいは現在の高い実質金利と途上国が支払いできる金利との間の差を「補償」することであった。貸付全体の元利支払い負担は債務者が支払いできる額を超えているので、貸付全体を不良債権として償却するショックよりも、そのギャップを橋渡しするために必要な補助金を見つける方が好ましい。このように議論された。この考えはニューヨークの投資銀行ソロモン・ブラザーズのフェリックス・ロハーチン氏によって主張されているが、やはりまた誤った類推に基づいている。ロハーチン氏は破産したニューヨーク市が信用を取り戻すのに対して責任を負った魔法使いとしてウォール街の外でも有名になった人物である。ニューヨーク市の信用回復は、地方の金融界やアメリカの政治システムの多くの人々が強い関心を抱いていた目標であった。しかし、国際システムはまったく異なっている。アメリカはメキシコとブラジルの長期的破産を阻止することに強い利益を持っている。日本は韓国の破産(ないし金融混乱さえ)を防ぐことに強い政治的、経済的利益を持っている。ドイツ連邦政府は東ドイツに対して同様な関心を抱いている。それ故、各国は特定の顧客や被保護者のためになんらかの偽装された形の「金利上限」を見つける誘因がある。たとえば、メキシコと最終的に合意されたリスケジューリング取り決めは貸付の期間を伸ばし、条件を緩和した。「緩和」とは、支払い猶予期間を設定したり延長したりすることである。その結果、リスクが引き延ばされるとしても、貸付に支払う平均利息が実質的に減少することになる。

このようなシステムを全発展途上国へ拡大することはまったく別の事柄である。一つには、それはＩＭＦから、銀行を安心させるために必要なデフレ的措置を取るように発展途上国債務者政府に強制する力を奪うからである。いま一つには、補助金を誰がファイナンスするのかという困難な問題を提起するからである。対外援助に対するアメリカの一般的態度を前提にすれば、一九八五年のＩＭＦ総会におけるかなりの変化にもかかわらず、アメリカが大規模にそのようなことを行う兆候はほとんどない。そして銀行に関しても、保険の提案に対するのと同じ反論、すなわち「用心深い者が不用心な者の愚行のために支払わなければならないはずはない」という反論が出されるであろう。その上、それは発展途上国にとってさえ多分受け入れがたいであろう。途上国の一部は、同一の救済がすべてに与えられるとしたら、金融市場と援助競争において自国の立場が損なわれたと思うであろう。そして最後に、すべての補助金につきまとう問題がある。すなわち一時的なものがシステムに組み込まれた恒久的なものになり、その結果あらゆる歪みと困難がもたらされるのをいかに抑えるか、である。

債務の危険

多くの研究者が到達した、分析としては間違いなく正しい結論によれば、「債務問題」の多くは、経済発展のために長期的資金を調達する困難がなく、また短期資金を借りることが相対的に容易でなかったならば、決して起きなかったであろう。メキシコが第一の例であるが、国の債務問題が段々と厳しくなるにつれて債務国は古い借入をますます短期で更新することを余儀無くされた。そして、債務問題は、途上国がすぐには返済する必要のない投資のための資金を調達する手段を見つけることができる限り、少なくとも表面的には解決されるのであった。これが英連邦事務局と多くの経済学教授が、一九八三年の国際通貨・金融システムについての研究の中で到達した結論である(Commonwealth Secretariat, 1985)。

しかし、再びまた、問題は目的のための手段を発見することである。世界の金融システムに今日存在する多くの不確実性がもたらした主要な帰結の一つは、短期もしくは要求払いで預金された大量の資金供給があることである。短期であれば、不確実な変数からのリスクが最小化されるからである。他方では、政府、企業、貿易業者からの短期信用に対する強い需要が存在する。政府は長期債券保有者から借りるのが常であったが、今日では大蔵省短期証券(TB)や他の短期証券の形で、あるいは銀行からも多くを借りている。企業は株主から借りるのが常であったが、企業もまた今日では銀行から多くを借りている。個人は病気や老いに対して(そうする余裕がある場合には)備えるのが常であったが、今日では政府や大規模な年金基金、住宅金融組合やインベストメント・トラストが代わりに大規模に準備をしている。インフレーションと不動産市場や金融市場の激しい変化によって悩まされたので、これら機関は非常に活発な金融活動を繰り広げなければならなくなった。これら機関の貸出・投資戦略は、自己防衛のためにできる限りリスクを分散し、できる限り長期融資は行わず、できるだけ短期貸付の相対的高収益を利用するというものであった。債券市場を調べてみると、それは政府、公益事業および先進工業国の民間企業によって支配されていることが分かる。ほとんどの発展途上国は債券を発行できないでいる。

代わりに簡単に手に入る唯一のものが、企業の直接投資、あるいはジョイント・ベンチャーや現地企業の株式の外国による買収を通じる間接の投資であった。だが、七〇年代後半のこの見通しは失望させるものであった。とくに鉱産物の開発投資では、大企業が、〇

PECの国有化と価格管理の例にひどく脅えてしまった。そして、大企業は、発展途上国のうちできるところでは投資を切り詰め、アメリカ、カナダ、オーストラリアのような安定した豊かな国での投資を増やすようになった。先進国企業のこの本能的反応によって、受入れ国政府の姿勢もいつのまにか大きく変わった。リスクを引き受け、時間や専門知識、資金を投じるように外国企業を説得するため、受入れ国政府の多くは、インドネシアの石油開発やブラジルにおける鉄鋼・エンジニアリング工場の場合のように、いつでも喜んで簡単にリスクの一部を負担したり、新しい事業のコストの一部を引き受けたりするようになった。長期的には、国家と外国企業の共生的関係が経済発展に必要な資金の調達をもっとも約束するものであることは疑いない。しかし、その過程は長期的なものであり、外国資本を引きつける機会は国ごとに非常に大きく異なっている。それも途上国債務問題にとって部分的かつ遠い将来の解決にすぎないのである。

シナリオの選択

問題の(国際システムの他の問題についても)部分的かつ遠い将来の解決にすぎないとしても、多分、合理的に期待できることはただこのような部分的解決だけである。核兵器や人口爆発、海空の汚染問題に即座の、容易な解決がないのと同じように、あてにならない金融システムの不確実性に即座の、容易な解決を求めることは難しい。他の問題と同じく、政治権力が非常に多くの国の間に拡散され、そして自分だけが国家だと考えるグループの間での競争精神が協調志向に打ち勝つような時、解決できる問題もできなくなる。

国際システムの他の解決不可能な問題と同様に、将来のシナリオを見ても最善のシナリオはもっとも起こりそうでなく、もっとも起こりそうな結果はもっとも満足できないものである。このような憂鬱な結論に到達してしまう。

どんなに善意から発し情報に通じているとしても、国際機関の権限の拡大をはかる努力は失敗している。そのための試みや国際関係の歴史が物語っているように、政府は国家主権を国際機関に引き渡すことにはいつも気が進まないのである。政府は、国際機関に戦争をすることを独自に決定させないであろう。政府は、国際機関が税金を徴収し、財政的に独立することも認めないであろう。政府は、国際機関が義務的規則を作り、有罪にたいして罰則を科す権限を持った法廷を通してそれを適用することを許さないであろう。政府は、国際機関が、国際機関を運営し、そのために働く者に無二の忠誠を要求することさえ許さないであろう。要するに、国際機関に権力などは存在せず、権力は各国家にだけ存在するのである。したがって、主要銀行と金融機関の行動に影響を及ぼし、そして主要信用市場を統治する規則を制定する立場にある唯一の権力はアメリカの権力だけなのである。

売り手と買い手、債権者と債務者、商社と銀行が他のいかなる通貨よりも、また、SDRやECUなど(第1章、注2参照)よりも、ドル建ての取引を選好するのを誰も抑えられないので、アメリカは、羨むには足らないが、特殊な立場を占めている。他の通貨がドルの支配的立場を浸食していくスピードが遅いのは、いかなる貨幣手段でも便宜さが効能の指標となるからである。すなわち、多くの人がそれを使えば使うほど、他の人々もそれを使わなければならないのである。ドル選好は、変動の激しい外国為替市場の両極端で、すなわち客観的に見て(国民経済内部における比較購買力で測って)ドルが弱すぎる時も、ドルが強すぎる時も生きている。

アメリカだけがシステムを統治する政治的可能性を持っている第二の理由は、最大の、もっとも革新的な、もっとも活発な金融市場が存在するからである。最近では、国籍がどこであれ、真に国際的な地位を熱望するいかなる銀行も、アメリカ市場で営業する用意がなければ、国際的になれないことが明らかになっている。同様に、アメリカは世界の穀物市場と世界の芸術市場を支配している。国籍はどこであれ、穀物ブローカーは、ロンドンのクリスティーズやササビーズのような美術品競売業者がニューヨークから離れることができないのとまったく同じように、シカゴから離れることができない。

ここで理解すべき重要な点は、アメリカ政府機関が、ユーロドルを借りたり、貸したりする世界中のすべての銀行に対する規則を制定する必要はないことである。一九一三年に連邦準備制度が導入された時と同様に、必要なことはただ、規則を作り、主要オペレーターを監督し、情報を要求することである。その代わりにドルの流動性不足の際に支援することを約束しなければならない。そして、これはアメリカだけができることである。ドルおよびユーロドルの銀行取引のためのニューヨーク手形交換所は、決断しさえすれば、アメリカ政府が番人を務める料金徴収所となりうる。

アメリカ政府が番人になったら、政治的友人を優遇し、政治的敵対者を差別するであろう、と反対されるかもしれない。だが、実際には既にそのようになっている。メキシコ救済のためにイギリスやフランスの銀行に頼ったが、ポーランドへ貸し付けたドイツの銀行には厳しかった。アメリカが番人を務めるか否かの唯一の相違は、銀行がどこに最終的責任があるかを知っていることだけである。そして、合理的に安定的で不変なものとして受容できる規則と基準が、ドルで取引する銀行の間で樹立されるであろう。

さらに、四年ごとの大統領選挙と政治ムードのいささか激しい変化に左右されるアメリカ政治の体質は、健全な世界金融システムのために必要とされる安定的な規制環境を提供しない、として反対されるかもしれない。この反対論になにがしかの真実はあるが、歴史が示すように、必要な場合、アメリカ人はホワイト・ハウスやキャピトル・ヒル〔連邦議会〕の変化からまったく免れている機関や当局を設立する能力を発揮している。最高裁判所の他に、中央情報局(CIA)については言うまでもなく、連邦準備制度理事会(FRB)、証券取引所委員会(SEC)、テネシー・バレー開発公社(TVA)、国際貿易委員会、連邦捜査局(FBI)などである。安定した信頼できる国際金融システムが国益に適うとアメリカが認識するようになれば、その目的のための手段とメカニズムを作り上げるのは難しいことでない。

厄介なことは、ホイットマン、カレオ等々が指摘したように、現在のところアメリカが、それから得られる報酬と利益、およびそうしない場合のリスクよりも、この責任を引き受けるコストと困難がずっと大きいことを知っていることである。それ故に、第二のシナリオは、軍事戦略と同様に、金融戦略におけるアメリカの片務的な傾向を緩和するように、ヨーロッパがアメリカに圧力をかけることである。アメリカがドル建てで取引する非アメリカ銀行に対する支援の責任をヨーロッパの中央銀行から引き受ける代わりに、ヨーロッパが西ヨーロッパの安全のための責任をアメリカの軍隊からもっと引き受けるのである。このために、新たな「暗黙の協定」が要求されるであろう。ヨーロッパ防衛政策の協調の要求は、税金であれ、借入であれ、そのファイナンスのために共通のシステムへ向かう何らかの措置を含むことは間違いない。このことは、必然的に、共通通貨単位であるECUの一層の使用と共通通貨政策へ向けての前進を必要とするし、また促進もしよう。

ヨーロッパ共同体内部の予算論議の苦悩について書いたり、考えたりする時、アメリカ人が自発的かつ一方的にそうするように、ヨーロッパ人が金融の分野でイニシアティブを取り、アメリカに何らかの圧力をかけることを思い浮かべるのは非常に困難である。だが、大きくいって、代替シナリオが二つだけある。最初は、ジャック・ポラクが示した道を追求することである。すなわち、各国当局が再び自国の経済と自国の銀行に対するコントロールを取り戻すために、金融の国際主義から撤退することである。この戦略のアメリカにとっての意味はとりわけ極端に大きなものである。それは、銀行政策の徹底的な変化――ユーロ市場を完全に閉鎖しないにしても、アメリカの銀行の外国支店への資金放出と外国支店からの資金取り入れの規制、したがってユーロドルの流出入の制限――を要求することは確実である。さもなければ、アメリカの銀行は国内で営業するか、ずっとリスクが大きい保護のない国際金融環境で営業するかを選択しなければならないであろう。「コントロールされた解体」の目的を達成するためにどのような手段が取られるにせよ、銀行活動の主要分野を切り落とすこのシナリオの、国際貿易と国際投資にとってのコストは大きく、信用構造はその規模と能力を大幅に切り詰められるであろう。「コントロールされた解体」

がいかに行われるかを想像するのは困難であり、八〇年代に、実際、年月を三〇年以上も戻すことが可能かどうかも問題である。この戦略からは、長期的には、信認と事業に多くの打撃が加えられるであろう。

残されている唯一のシナリオは、「なんとか凌ぎ続けていく」ことである。同じことの繰り返し、というのはいかなる状況でもしばしばもっとも起こりそうな結果である。これも例外でない。だが、現在、完全な崩壊と金融的破局に至る可能性はありそうもないとしても、現在の状況を続けていくことのコストも決して小さくはない。そのコストは、実際にはほとんどすべて、最終的には、経済的というよりも政治的である。アメリカ政府は主要銀行が店を閉じ、営業を止めるのを放置しておくことはできないのだ、という多くの経験ある銀行員の判断は、コンチネンタル・イリノイ銀行の救済によって確認されたのである。経済全体への打撃が大きすぎるからである。しかし、(コントロールされた解体という第三のシナリオの下でのような)コントロールできるシステムを持つことであれ、コントロールを全システムへ拡大し、そこに所在する銀行に規律を課すことであれ、代替シナリオは、今日アメリカがそれに向かって動いているように、主要金融機関の国有化である。おそらく、政府が任命した者のために追い出されたコンチネンタル銀行の経営者の例は、他の銀行をより慎重にさせ、国の内外で利潤はあるがリスクもある事業の追求にあまり熱

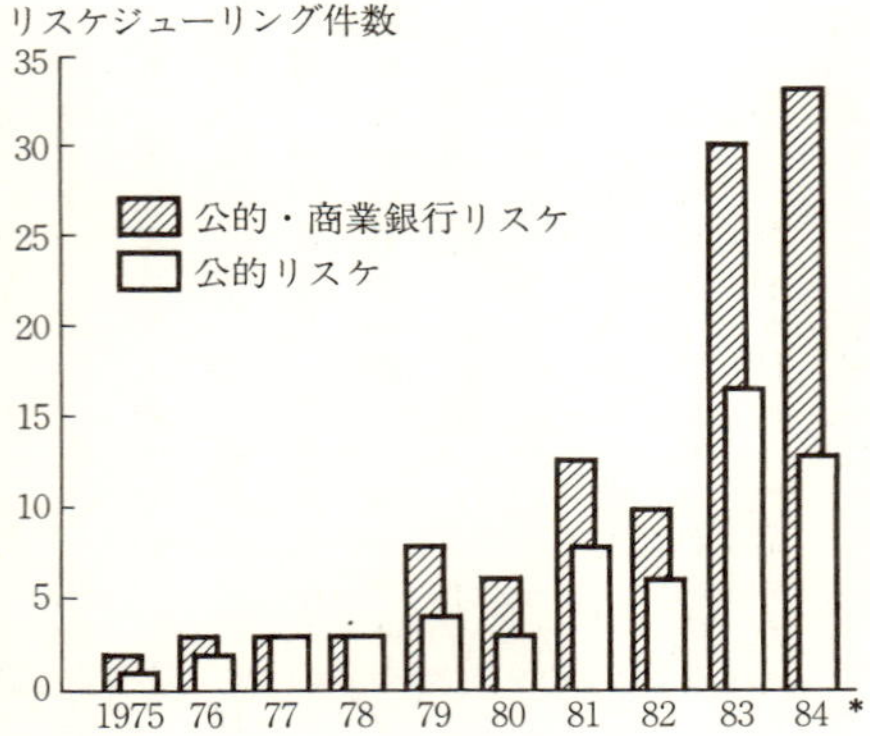

＊合意に達したが，年末までに署名されていない商業銀行リスケジューリングを含む．
［出典］ *World Development Report,* 1985.

図 6-1　多角的債務リスケジューリング（1975-84 年）．

心でなくさせるであろう。

しかし、このことは、世界の経済回復には長い時間がかかるという見通しを提起する。そして、この場合、同じことの繰り返しは、国際通貨・金融システムはだいたいは現状のまま存続すること、信用構造の縮小の調整コストは工業国の国内と国際システムのいずれにおいても政治的に弱く経済的に従属している国によってもっぱら負担されることを意味する。多くの発展途上国はこれからも長い間IMF使節団を受け入れ、外国銀行の信認を取り戻すために高い代価がかかることに気づくであろう。この認識の政治的帰結がどのようになるかは、誰も語ることができない。しかし、一九三〇年代の経験と一九七〇年代の債務状態の経験は、二つの望ましくない代替コースの間での選択を示唆している。一つは政府がより強く、したがって反対勢力に対してより弾圧的、権威主義的かつ軍国主義的になることである。この場合、平和や民主主義、自由な経済活動の見通しは暗くなる。いま一つは、政府は相変わらず弱く、不安定なままなことである。外国の信認は衰え、国は債務を抱え、不況で混乱したままである。これもまた、西側諸国の自由主義気質にとって魅力がない。

短期的には、アメリカは、軍事的保護者(あるいは干渉主義者)として、そして貿易相手国としての交渉力を使って、特権的免疫を享受し続けることができる。これは真実である。しかし、そうすることは、世界経済の大きな部分の離反をもたらす危険なリスクを冒すことになる。長期的には、これも、システムの他の部分と同様に、アメリカ自身の経済的将来に打撃を与えるであろう。

第7章　カジノを冷やすこと

故障してコントロールできなくなった金融システムを管理し、安定化することは、世界的な問題である。しかし、解決は各国によるものである。国際機関が魔法の杖を振るって金融秩序や世界経済の繁栄を取り戻すことを期待しても何の役にもたたない。(前章で見たように)最近出された解決案の結論はどれも、改革はワシントンの考えを変えることから開始しなければならない、となっている。

過去二、三〇年の間に国際機関のスタッフは強力な新しい機関のためのいくつかの非常に見事な計画を作り上げた。国際海底委員会、国連環境庁、総合商品安定化計画などであった。IMFでさえ代替勘定〔ドルなど外貨準備をSDRと交換し、特定通貨の準備としての役割を縮小させるためにIMF内に設けられる勘定〕やあらゆる国が対外準備をSDRで保有する世界を夢見た。もっと前には、ジョン・ボイド-オー卿が、世界食糧委員会——四〇年前にアメリカが不満を表明しさえしなければ、アフリカの飢饉に対処する用意をしたであろう団体——についての印象的な青写真を描いていた。

要するに、国際機関は自由な機関ではないのである。国際機関は各国政府によって作られ、永遠に各国政府に従属しているのである。貨幣・金融を取り扱う国際機関ではアメリカが最大の拒否権を持っている。国際機関官僚の権限のいかなる拡大にも反対する点では、アメリカが特別なわけではない。国際関係の歴史全体が教えてくれているところでは、各国政府は、いかなる国家主権でも国際機関に奪われるとなると、ほんのちょっとした措置を取ることにもいつも極端に慎重になる。国連の平和維持の記録は、政府がいかに油断なく、国連が戦争を行ったり戦争に係わり合う決定をする権限を禁じているかを示している。政府はまた、国連が税金を徴収し、財政的に加盟国から独立するのを認めないであろう。政府は、国連が義務的規則を作り、有罪に対しては罰則を科す権限を持った法廷を通してそれを適用するのも許さないし、国連がその職員に無二の忠誠を要求することも許さないであろう。

権力をもった新しい国際機関の青写真を作ることは、それ故に、時間の無駄である。新しい政策は各国が作成しなければならない。国際機関の行動力は、各国家の権力と正統性によってのみ発揮できるのである。国際機関の翼を動かす糸を引っ張っている国家の中では、アメリカが断然強力である。貨幣と金融の領域ではとくにそうである。アメリカは、あらゆる国籍のほとんどすべての国の銀行の行動に、良かれ悪しかれ、影響を及ぼすことができる唯一の国家である。他の国の政策――金融政策ならびに外交および通商政策――が、アメリカの政策と同じようにその国境を越えて外国に影響を及ぼすことはない。それ故に、アメリカが、国際金融システムの規制を緩和する(そして不安定化のリスクを冒す)か、あるいは主要国際金融・資本市場の金融取引を統治する規則を制定するかを決める決定的な力を持った唯一の国なのである。

アメリカは、世界市場経済に対して賢明なヘゲモニーを行使することが自国の本当の長期的国益になることを認識しなければならない。利他主義やどのみち世界の他の部分に責任があるという消極的理由からでなく、単純な利己的動機からアメリカ人、特に若いアメリカ人に経済の力の手綱を再び握るように説得しなければならない。第一次大戦以降、アメリカが国境の外に背を向け、孤立主義者となり、外のことに無関心となった時期があった。この時いつも苦しんだのはアメリカ以外の国々だけではなかった。長期的には、若いアメリカ人たちもこの無関心の代価を支払わねばならなかった。彼らは大不況で仕事を失ったし、多くの者が第二次大戦で命を落とした。現在の経済危機においても、アメリカが一方的に行動し続け、アメリカの学者が「国内主義的」決定(国内的、国民的考慮のみからする決定)と呼ぶ政策を取り続けるなら、苦しむのは第三世界やヨーロッパ、日本だけではない(Nau, 1984)。世界の主要都市のすべてで発達しつつある「カジノ資本主義」に終止符を打つのでないなら、アメリカ社会もまた影響をこうむるであろう。アメリカ社会の一部分、職のない若い黒人、希望を失った農家、仕事にあぶれた中年のブルーカラー労働者などは既に苦しんでいる。将来、もっと多くの者が苦しむであろう。現在のように事態が進行し続けるなら、世界不況が一〇年かそれ以上も続くので、そして長期的には不況から絶縁できないので、彼らは苦しみ続けるであろう。最近見られるような間に合わせの修繕では、世界も、アメリカも不況から脱出できないであろう。国内的徴候にだけ対処する解決もあまり効果がないであろう。

アメリカの一九八四年の景気回復は不況の重大さと根の深さを隠蔽してしまった。先見の明のある少数の研究者が予言したように、それは、賢明な税制改革による一時的な景気煽りがもたらした建設産業の回復と、外国からの資金の流入によって支えられた莫大な国防支出が生み出した偽りの回復にすぎないことが分かった。このようなカンフル剤注射の効果は長く続かない。公共部門が大幅な資金不足に陥り、元のもくあみになるか、あるいは七〇年代半ばのアメリカで試されたインフレ政策へ逆戻りしなくては、税制改革が投資を動かし続けることはできない。経験はそのようなコースが解決でないことを示している。ドルの信認が一九七八年に起きたように再びもう一度深刻に低下するなら、アメリカの安全は危機に陥る。再びまた、冷酷なデフレ政策に戻る激しい措置を取らなければならなくなるであろう。

どんなにそれを希望し、そうしようと望んでも、アメリカは債務と不況の大海の中の孤立した繁栄の島として存在することはできない。この真実も認識されなければならない。銀行についてはいうまでもなく、多くのアメリカ企業の長期的生存が、国内でなく国外の営業の収益性と成長にかかっている。為替相場や金利、一般的な経済見通しについて不確実性が続くなら、賭と投機へ向かう傾向、公正なあるいは不正な手段によってあぶく銭を求める傾向も存続するであろう。真面目な長期的投資は、既にいくつかの面でそうなっているように、低迷するであろう。若干のハイテク部門はうまくやっていくであろうが、経済一般は停滞状態に留まるであろう。以前と同じように政治家はコーナーを曲がれば繁栄は間近いと約束するが、間違っていたことがすぐに分かるであろう。

問題に対処するために一時的な継ぎはぎ措置が取られるだけで、ある「危機」から別の「危機」へのシステムの漂流が長引けば長引くほど、事態がいっそう悪化する可能性もある。本当に、「危機」という言葉は誤解させるものである。それは、「危機」を通り越すことができれば、快方に向かうことを意味するから、ディケンズの小説の病気のベッドのシーンのように、危険は過ぎ去るのである。

実際、最近の国際金融史では、中央銀行は危機に対処するのが得意になっている。しかし、危機はつねによけられ、避けられてきた慢性的問題である。対処するのが遅れれば遅れるほど、問題はますます悪くなる。債務問題を取り上げてみよう。一九八二年のメキシコ債務危機に際して誰もが協力にはせ参じ、おかげでリスケジューリングとリファイナンシングによって銀行システムの崩壊は避けられた。

しかし、危機から生き延びたので問題が解決されたと結論するのは、債務問題の政治的な側面を見落としている。債務者にとって、ＩＭＦによって課される緊縮政策に我慢しなければならないのが長ければ長いほど、耐えることが段々辛くなる。長く続かない苦痛は耐えることができる。だが、終わりが見えそうもない時、苦痛はより一層辛くなる。何カ月あるいは何年間もの低賃金、物資の不足、失業の後になっても新規の銀行貸付がいぜんとしてやって来ないなら、一部の政治家は過去の債務の利払いができないリスクは結局大したことがない、と考えるであろう。債務問題が未解決な状態が長引けば長引くほど、債務者と債権者の関係はますます悪化する。その上、債権者はほとんどがアメリカの銀行である。

債務問題と密接に結びついている他の三つの問題にも同じことが妥当する。それらは銀行の不安定、世界需要の不振および西側同盟諸国間の関係の悪化である。西側諸国の関係は、確かに、最近眼に見えて悪化している。西側の国家首脳たちがサミット会議で破れ目を繕い、全員がカメラに向かって微笑んだ時もあった。今日では、しかめっつらや公然の不一致が存在する。毎年、アメリカ議会に出される法案は、ヨーロッパに対してばかりでなく、今日では日本に対するアメリカの憤りの高まりを示している。そのような感情は確かに相互的なものである。こういうことは、家族の中の争いのように、遅いよりも早い方がうまく(そして簡単に)仲直りするものである。銀行システムの不安定も、時間が経つにつれて、正常化するのが一層難しくなる。毎月、新しい信用手段が考え出されるだけでなく、「証券化」された新しい資産も作られている。証券化は銀行が住宅所有者や企業に対して行った貸付を投機的市場へ回す新しい方法を見つけることを意味する。ある業務のオペレーターはある一つの規制の垣根の中に入れ、別の業務のオペレーターは別の垣根の中に分けて入れておく市場の境界線はだんだんに薄くなり、破壊されている。コンピュータ化された情報システムが金融センターの間の時間と距離をなくし、各国金融市場をもはや相互に孤立して存在できないようにしているのである。そして、金融機関の間にあったかつての区別もだんだんにあいまいになり、規制システムは有効性を失いつつある。それに対して何ごともなされず、信認を覆さないように問題を意図的にマットの下へ掃きのけて隠す状態が長引けば長引くほど、改革はますます難しくなるであろう。

世界不況自体を逆転するのもいっそう困難になる。コンドラチエフ長波は、結局は、推測にすぎない。歴史的経験は次のことも教えている。権力を握る者が徹底的改革に取り組むのを遅らせば遅らすほど、問題はいっそう悪化し、それに対処することもいっそう困難になる、と。このことは、衰退産業の再構築や不況経済地域の再生についてもあてはまる。政治では、一九三〇年代のナチの脅迫と拡張主義に対する抵抗についてと同じことが、アラブ―イスラエル平和交渉についてあてはまる。債務問題についても同じである。いずれも解決を急がねばならないのである。

アメリカが行動しなければならない

事態は差し迫っている。では、アメリカは何をしなければならないのか。もっとも重要なことは、アメリカが自国の国内経済管理に安定性と予見性を取り戻すことである。世界の金融システムは、アメリカの国内経済政策の不安定性の増大に直接的に比例して、不安定にかつ予見できなくなった。アメリカの金利が一九六〇年代初めと同じ水準に留まると想定できるなら、そして、政府の支出水準は毎年ほぼ同じに留まると想定できるなら、また、アメリカへの資金の流出入が止まると想定できるなら、多くの問題が消滅するであろう。要するに、誰もアメリカに世界のために自己犠牲を求めているのでなく、たんに自国を秩序立てておくように求めているのである。ドルの価値が、国内で購入する財とサービスの価格で測ってみて、六〇年代においてと同じように安定的であるなら、そしてその価値が、外国為替市場に混乱を引き起こすような資金のシフトによって影響されないなら、その時、過度に弱かったり、強かったりするドルのいずれかの二次的結果である多くの経済問題も消えてなくなるであろう。

しかし、アメリカの経済管理を秩序立てることは、明らかに、言うは易く行うは難しい仕事である。それは、まず最初に、行わなければならないという政治的信念が要求される。それから、その達成を容易にするための若干の制度改革が要求される。

銀行業の問題

制度改革には二種類ある。一つは、アメリカの実体経済、つまり工業、農業、貯蓄、投資、税金等々の管理の問題である。他の一つは、ニューヨーク、カラマズー〔ミシガン州にある都市〕、ケイマン諸島〔オフショア・センターの一つ〕、香港等々のどこで行われるにせよ、USドルでなされる取引の管理に関係している。

最初の点は本書の範囲を超えている。しかし、ほとんどの上院・下院議員にとって既に明らかなように、金融政策と通貨管理に関する権限の分割はホワイト・ハウスと行政府にあまりに多くの権限を与え、連邦準備制度理事会の議長を拒否権を持った大統領のなすがままにさせている。本書執筆時には、ポール・ボルカー氏が連邦準備制度をコントロールしているが、この問題はそれほど鋭い論争点になっていない。しかし、長期的には、行政府が財政赤字のファイナンスと通貨管理の突然の変更を求める権限に対して憲法上のチェックが念入りに工夫され、強化されなければならない。いかにしてこれを行うかはアメリカ人の問題である。おそらくそれは、急には、またあらゆる可能性を十分に検討することなしには出来ないであろう。アメリカは西ドイツのブンデスバンクと同じように憲法上独立している中央通貨当局を必要とするかもしれない。あるいは、ある一定の信用創造限度や支出限度を超える場合、上院もしくは両院合同経済委員会のおそらく三分の二以上の賛成投票を必要とする、というようなイギリスの銀行特許法に似た、憲法改正が必要になるかもしれない。

それまでの間、ドル建てで取引する銀行のコントロールというより差し迫った問題がある。これら銀行もまた信用を創造するからである。資本市場と為替市場への介入の仕事はニューヨーク連邦準備銀行に任されているが、財務省とともに動く通貨監督官局も銀行をコントロールする権限を有している。このような権限の分散は、大規模な再編成の時期にあることを強く示唆する。しかし、再編は、ニューヨーク、シカゴ、ダラスやサンフランシスコなどに本店のある主要銀行だけではなく、それらを超えて進められなければならな

表 7-1 国際銀行業の銀行間市場 (1984 年末) (単位 10 億ドル)

取引先	資産	負債	純ポジション
非銀行	703	422	281
関係銀行	505	504	0.8
他銀行	940	935	4.4
中央銀行	21	125	−104
CD	14	101	−87
合計	2183	2087	95

［出典］ Bank for International Settlements, May 1985. 数字は 3—6 カ月前の状況を表わしている．特定の時点の状況は誰にも分からない．

表 7-2 主要国の銀行間取引の比率と純ポジション (1984 年末) (単位 10 億ドル)

	資産	比率(%)	純ポジション
米国	614.3	28	55.5
日本	513.7	23.5	20.5
フランス	197.1	9	20.5
イギリス	161.4	7	−3.3
ドイツ	142.1	6.5	13.8
イタリア	88.2	4	0.6
カナダ	88.9	4	−9.1
スイス	75.3	3.4	7.0
BIS 報告銀行合計	2022.6		93.6

［出典］ Bank for International Settlement, May 1985. 数字は 3—6 カ月前の状況を表わしている．特定の時点の状況は誰にも分からない．

い。

アメリカは、イギリスの銀行であれ、ドイツの銀行であれ、日本の銀行であれ、国際銀行の業務を規制することのできる唯一の国である。これは主として、売り手と買い手、債権者と債務者、商社と銀行が、他のいかなる通貨よりもドル建てで取引したがる強い選好を持っているためである。日本円やドイツマルク、スイスフランの方がドルよりも実質購買力で測ってみてはるかに安定しているにもかかわらず、ドルが選好されている。ドルはまた、IMFの特別引出権(SDR)やヨーロッパ共同体のECUのような合成もしくは「バスケット」通貨よりも選好されている。こうした通貨はどれもドルと比べてそれほど便利に普遍的には受け取られていない。前に指摘したようにドル選好は、変動の激しい外国為替市場の両極端で——ドルが客観的に見て(国民経済内部における比較購買力で測って)弱すぎた時も、強すぎた時も——生き永らえてきたのである。

ドルは国際通貨システムの中で唯一無二の国際通貨であるばかりでなく、アメリカには最大でもっとも活発な金融市場が存在する。ロンドンや東京に広まった主要な金融革新のすべてを発明したのはアメリカである。アメリカは世界の穀物市場や芸術品の世界市場を支配しているのと同じように、銀行業と金融も支配しているのである。いかなる穀物ブローカーも(当初の事業がスイスやアルゼンチンで出発したかどうかにかかわりなく)シカゴから離れられないように、あるいはクリスティーズやサザビーズが芸術の世界でリードを保ち続けようとするならニューヨークで営業しなければならないのと同じように、世界中の主要銀行はアメリカ——通常はニューヨークを意味する——の内と外いずれもで営業しなければならない。

他の銀行や法人企業や富裕な個人への単純な資金移転であるかどうか、ドルから他の通貨への資金の移転を伴うか否かに係わりなく、ニューヨークでの取引は今日高度に機械化されたニューヨーク手形交換所システムを通して決済される。この最新のシステムの導入は、アメリカに国際的最後の貸し手としての役割を果たす特別の機会を与えている。金融市場は、専門家の意見がしだいに一致し、経験が一段とはっきり示しているように、その役割を果たす何らかの権力を必要とする。専門家は、権力は国家の政治力、経済力によって支えられなければならない、ということで合意している。そして彼らは、自国の銀行を支援する責任を引き受けるというバーゼル協定のような中央銀行間での協定が、本当に十分であるかどうか疑っている(Griffith-Jones and Lipton, 1984; Kaletsky, 1975; Lever and Huhne, 1985)。そのような協定は、単独の最後の貸し手に取って代わることのできるような、十分に広範にわたり効率的で敏捷な代替手段ではないのである。

いかなる法律家も、アメリカが、もしそれを望むなら、そのような役割を果たす権利を持っていることを疑わないであろう。中世ヨーロッパの君主たちの経済史にまで遡ってみても、支配者はその管轄権の中の市場で営業する者に課税し、コントロールし、規制する権利を留保していた。その権利は時々委任され、しばしば悪用されたが、放棄されることは決してなかった。今日、アメリカ政府の権力によって支えられた新しい権力が、ニューヨーク（あるいは他の主要アメリカ都市）で一定の規模で営業している銀行に、そのための免許を求めて登録するように要求することを止めるものはなにもない。その免許に付ける条件はアメリカ政府機関の選択にしたがって広範に及ぶものにすることもできる。実際、国際的最後の貸し手が行う要求はこの方法で非常に簡単に行うことができるのである。ニューヨーク手形交換所システムをアメリカ金融市場への関所として利用することもできる。現地の銀行以外のオペレーターに免許を与えるための手段としてそれを使うことは新しいことではないであろう。何故なら、国内ドル取引――たとえば株式の売却――と、国際的ユーロドル取引――たとえばジュネーブの銀行からブラジルの会社へのドル建ての銀行貸付――とを既に公平に扱っているからである。

銀行業の専門家は、良く規制されたシステムでは、銀行に次のことを要求すべきであるという点で合意している。すなわち、政府に対してであれ、あるいは企業、国内地方自治体、外国国営企業に対してであれ、貸出を行うに際して銀行が背負うことになるリスクを評価するための健全で十分確立されたシステムを持っていること、である。銀行はその世界的資産・負債に対する一定の割合で資本準備資産を保有すべきである。銀行はいかなる借り手に対しても、あるいは全造船業者とか同じ国の企業とかいったいかなる同質的な借り手グループに対しても、貸出限度額を設定すべきである。いずれのグループも、同時にすべてが金融困難に陥る不運の同時発生によって苦境に陥るかもしれないからである。銀行はまた、他の銀行の行動についての可能な限りの情報に照らして決定を行えるような立場に置かれるべきである。さもなければ、銀行は暗闇の中で射撃をしているようなものであり、他の銀行が同じ無知から引き受けたリスクによって、自行の背負うリスクを何倍にもしてしまうからである。

アメリカ通貨当局がこれらの要件のすべてを、権利の問題としてすべての外国銀行に一度に要求すれば、外国銀行とその政府両方からの即座の抵抗に出くわすであろう。しかし、その代わりに簡単にできることは、主要な国際銀行に協定を申し出ることである。国際銀行は、万一ドルでの流動性問題が生じた場合、もちろん代価を払い、かなり厳しい条件ではあるが、連邦準備制度からの援助を利用できるであろう。その利用の代価は、アメリカ通貨当局のリスク評価、貸借対照表と持ち高についてのディスクロージャー、準備比率、ニューヨークだけでなく世界中での貸付の分散についての要件にしたがって決められるであろう。

このような措置をアメリカが取ることは、自国の通貨史から学ぶことにほかならない。一九一三年に初めて連邦準備制度が設立された時、いかなる銀行もそれに参加することを法律によって義務づけられなかった。取引は基本的に同じである。すなわち「参加しなさい。そうすれば、必要な時に流動性を供給いたしましょう。しかし、定められた準備比率を遵守し、貴行の営業についての完全な情報を提供しなければなりません」。再びまた、銀行が申し出を拒否するのは完全に自由である。たとえば、日本の銀行は主たるリスクは円にあるので、アメリカの安全網は必要でないと判断するかもしれない。しかしながら、ディスクロージャーについての一部の要件は、ニューヨークのシステムを通して清算される取引の代価としていぜんとして要求されるであろう。このようにして、アメリカは国際銀行システムを二重に監督するのである。そして、最初の連邦準備制度と同じように、システムの中のすべての中小銀行を監督あるいは支援しようとはしないであろう。小銀行の崩壊は、ペン・スクウェア銀行－コンチネンタル・イリノイ銀行の場合のように、大銀行によって支援され、引き受けられている時だけが、システムにとって危険となる。しかしコンチネンタル・イリノイ銀行の関与が適切にコントロールされていたなら、そのような事態は起こり得なかったであろう。ペン・スクウェアは破産したであろうが、その影響は限られ、地方的なものに留まったであろう。

銀行が受け入れることも、拒否することもできる申し出を行うという考えは、国家のプライドや他の国家との管轄権をめぐる対立といった厄介な問題を乗り越えることにもなる。

アメリカが、議会の法令によって、外国の証人を任意に召喚する権利や、外国企業に情報の開示を要求する権利を主張する時、公然の抵抗や報復立法はないにしても、いつでも鬱積した恨みにぶつかってきた。しかしながら、外国人が望む場合、たとえば航空機メーカーや航空会社グループ、あるいは化学会社を告訴するために、アメリカの法廷を使用することを許した時、誰も反対しなかった。国家主権は話にさえ出なかった。この場合にも同じであろう。申し出を受け入れず、その代わりに、万一必要になった場合には、一九七五年のバーゼル協定によって支援を行うという自国の中央銀行の公約に頼るいかなる銀行にとっても、この道は完全に開かれているのである。

その上、最初の申し出を行うにあたって、アメリカは、他の政府や中央銀行に、その国の金融センターでその国の通貨で取引している銀行に対して同じことを要求するように、容易に要請することができる。イングランド銀行は、ポンドとユーロポンドで取引している外国の銀行に支援を提供できる。ブンデスバンクはドイツマルクで取引している銀行に同じことを要求することができる。オペレーターの本店ビルがどこにあるのか、あるいは支店がどこで営業しているのか、といった領土的原則ではなく、その取引にどの通貨が使われるかによる権限に基づくネットワークが必要なのである。現在のバーゼル協定は各中央銀行がどの通貨でどこで営業していようとも自国の銀行の面倒は見ることを約束しているが、これはあてにならない。現代の世界では通貨ごとの権力が一層の意味を持つであろう。事実、アメリカだけが、USドルの即時の供給を受けられないで困難に陥っている機関を支援するために、USドルを無限に供給できるのであり、そして市場もできると認識しているのである。

債務問題

本書の主な焦点は、貧しい国の経済発展にではなく、病んだ国際金融システムに向けられている。だが、本書を通して繰り返し強調してきたように、これらは広範な政治・経済的論争点と切り離すことができない問題である。銀行の不安定、手に負えない経済不況の継続、債務問題(1)および西側同盟諸国内部の緊張はすべていつも相互に影響し合っている。したがって、病んだ金融システムは、間違いなく、貧しい国の経済発展の道程にある困難を一層悪化させており、他方、逆に、多額の債務を負っている発展途上国の困難は、それが存続する限り、銀行システムの不安定性を一層悪化させている。したがって、即座に二つの質問が出てくる。すなわち、(1)世界の金融システムの見通しを改善するために、いわゆる発展途上国債務問題について何がなしうるのか？　(2)経済発展の困難を少なくとも部分的に和らげるために、金融システムをいかに改善ないし改革できるのか？

最初の質問に対する答は発展途上国のすべての問題を解くことを要求するものではない。それでは質問の出し過ぎであろう。各国の経済発展と工業化はすべて異なったものであったし、特定の世代と特定の社会階級にとっては非常に苦しい過程であった。この厳しい事実は変わりそうもない。ブラント報告が描いた、大規模な世界開発基金と軍備から福祉への支出の全面的スウィッチを伴う雄大な解決(Brandt, 1980, 1983)は空想に終わるであろう。政治的現実はまた、巨額のＳＤＲの発行という形での新規の公的信用の大規模な拡大による解決も許さないであろう。

しかし、このことは国際機関を通じて行えることが何もないことを意味するのではない。世界銀行とＩＭＦの活動には、前に説明したように、いぜんとしてかなり厳しい限界があることを意味するだけである。これは、一九八五年九月のソウルにおける年次総会でジェームズ・ベーカー財務長官が表明した歓迎すべきアメリカの政策変更の後でさえ変わっていない。ベーカー長官はその時ラテン・アメリカ——アメリカの国益がもっとも直接的に関係しているところ——への銀行貸付を次の三、四年にわたって二—三％増やすように提案した。これは約二五〇億ドルから三〇〇億ドルの新規の銀行貸付を増やすことになる。その間、アフリカの救済には、ＩＭＦ信託基金からの二七億ドルと世界銀行からのほぼ同額が向けられるであろう。

アメリカの公式の態度の変化が良い結果をもたらすかどうかは、本書の執筆時点ではいぜんとしてはっきりしない。銀行との実行可能な契約がこの青写真を画板から現実へと移すであろうか。二つの点を思い出さなければいけない。第一に、国際機関の役割を大きく拡大することに反対するアメリカの、とくに議会の抵抗が消えて無くなってはいない。ベーカー氏は、世界銀行が債券の発行を増やして、その資金を二倍にすべきであるとはあえて提案しようとしなかった。第二に、世界銀行など多くの国が参加した金融機関(および地域機関)を通じる公的政策と活動は必要であり、状況改善の一助となるけれども、そのような活動はおそらく問題の十分な解決にならないであろう。何故なら、提案された改革措置が取られたとしても、銀行の民間貸付への依存から究極的に逃れることはできないからである。第三世界への直接投資がもっとも楽観的な予測と同じかそれを超える規模で行われるとしても、この点は変わらないであろう。

これら改革措置の中でもっとも建設的なものは(第6章で議論した)「金利上限」の考えに基づいたものである。一つの考えは、債務国の金利支払いの負担を少なくとも部分的に軽減するために、商品の輸出収入の予期せぬ突然の減少や石油輸入コストの突然の増加を埋め合わせるために、IMFが設立した基金と同様、補償ファイナンス基金を作ることでである。これは、補助金を与えるか、金利負担コストの超過分を元本の額に組み入れることで補償するものである。この措置によって債務問題は銀行にとってすぐには危険でなくなるが、一九八四年以来多くの発展途上国と交渉された多年度リスケジューリング協定のように、急性リスクを慢性リスクへ転換するものにすぎない。銀行破産のリスクは減少するが、債務不履行を招来する政治リスクが増大するであろう。まったく同じことが世界銀行の構造調整融資戦略にもあてはまり、その有用性には限界がある。これは、IMFからの引出よりも返済期限を長くしているが、一般的には、長期貸付が得られるように銀行の信認を回復するための援助をほとんど提供するものではない。不安定であてにならない国際金融システムという現在の情況においては、それは容易な仕事でなく、確かに、現在のいかなる国際機関の能力も超えている。

債務問題解決への大きな貢献となる改革でもっとも有望な提案は、よく知られた保険の考えに基づくものである。発展途上国貸付の保険は本来のリスクを除去するものでないが、リスクを広範に分散し、保険がいつもそうするように、リスクをコストへ転形する。しかしながら、政府にとってのコストは、政府自身が銀行貸付に代わる十分な公的「援助」を供与するコストよりはるかに少なく、これによって得られる輸出注文の増大(およびそれに伴う雇用)で十分に返済されるであろう。

共同保険計画の提案は、国際資本市場における第三世界債務の「オーバーハング」を除去するため「不良」貸付を割引価格で銀行から買い上げるべきである、という提案の背後にある考えと区別しなければならない。代わりに、銀行は、長期「世界開発」債券などの保有を強制されるであろう。しかも、この提案の思わぬ欠陥として議論されているように、その取引は公衆の目に銀行が保有する「不良」貸付の規模とそれに伴うリスクを知らせるだけである。現在、これらのリスクは、あれやこれやの偶発損失準備金の形で不良債務に対する銀行の(未開示の)引当金によって隠されている。そのままにしておいた方が良いであろう。

共同保険は、国の輸出を促進し、したがって雇用を維持するために、輸出信用に保険を掛けるというすべての工業国の間に広がっている慣行からの大きな逸脱でもない。現在各国の輸出信用機関の間でのいささか複雑な形での競争は、ＯＥＣＤのガイドラインと一連の紳士協定によって何とか規制されている。代わってこの提案は、輸出でなくて輸出をファイナンスするための貸付に多くの国が保険を掛け、保証を提供することになろう(Lever and Huhne, 1985, pp. 138–139)。しかし、単一の債務者への貸付は、ＩＭＦと各債務国によって交渉で決められた限度までしか保証されないであろう。そして、保証される貸付総額は、ドルの価値と世界経済や国際貿易の成長率に調和する適切なケインズ的需要管理の原則にしたがって、毎年変えられるであろう。

問題の鍵は、この提案が強調するように、保証料を取りたて、保証人として行動する政府の力にかかっている。同じ考えに基づいた同様に役に立つ提案は、主要債権国政府が発展途上国の発行する長期債に保証を出すことである。アメリカはラテン・アメリカのために、日本はアジア諸国のために、ヨーロッパ共同体はそのアフリカ、カリブ海および太平洋の提携国のために、である。しかし、その保証は無制限には行われないであろう。債務者は、経済運営に失敗し、債権の売買価値がある一定限度以下に下がり、一定期間を超えてその限度以下にある場合には、苦境に陥るであろう。

別の形態の保証も調べてみる価値がある。旧英帝国では、特定の植民地債券は、受託者と非営利機関が保有できる安全な証券のリストに加えられていた。そのような取扱いは非常に成功している進取的な米州開発銀行のような機関が生産的長期投資のためにより多くの資金を調達するのを助けるであろう。発展途上国債券の保有者、米州開発銀行や世界銀行との協調融資に携わっている銀行、債務国でジョイント・ベンチャーを展開し、ラテン・アメリカと本国両方で仕事を作り出すことになるであろう会社などに対する優遇税制をもっと慎重に検討するべきである。マーシャル・プランで展開されたような見返り基金という考えももう一度検討すべきであろう。現在のところＩＭＦの条件では不可能な人間資本への長期投資となる教育や学校給食などの社会計画のためにそれを使えないかどうか調べてみる必要がある。

防衛問題

西側同盟国の防衛と防衛戦略は本書の主題ではない。しかし、二つの理由からそれらをまったく放置しておくことはできない。一つには、軍事問題でお互いの協調の欠如に憤激しあっている同盟国の間では通貨問題でも協調関係を発展させるのが非常に難しいからである。もう一つは、アメリカはラテン・アメリカにおける現在の汚れたイメージを変え、ルーズベルトの時代のように良き隣人として再びもう一度役割を果たさなければならないが、そのために必要な前述のようなすばらしいビジョンを不可能にしてしまっているのが、アメリカの防衛予算だからである。

防衛予算は、一般に言われているように、レーガン大統領のマネタリズムへの献身を笑いものにしてしまった。アメリカの巨額にのぼる財政赤字の主な理由は防衛予算なのである。ドルの人気は、アメリカの銀行や企業、外国の政府や企業、個人から赤字をファイナンスするのに十分なドルの流入を容易にした。しかしながら、そうすることで、実質金利は高く保たれ、アメリカでも、その他の国々でも再び、長期的生産的投資よりも投機と短期的利得が重視されるようになってしまった。

ヨーロッパは超大国の軍縮交渉がスロー・ペースなことに失望している。ヨーロッパはソ連とアメリカ両国がミサイルの型の更新を遅らせることを望んでいる。アメリカ軍の西ドイツ駐留を含むヨーロッパ防衛のためのNATOの勘定書のかなりの部分をヨーロッパが引き継ぐ徴候は、軍縮問題に関してヨーロッパにより多くの力を与えることになろう。ヨーロッパの納税者にとってのコストは、若干の雇用創造の利益で相殺されるであろう。たとえば、アメリカのPXショップが閉鎖され、アメリカ軍が部分的にはECUやドイツマルクで支払われるようになれば、アメリカから多大なコストをかけて運んできている飲食物に代わって、現地の食糧や飲物が供給されるであろう。

ここでの主要ポイントは、しかしながら、ずっと一般的なものである。すなわち、アメリカとヨーロッパの間での安全保障問題についての合意は、金融上の窮地も緩和するということである。合意に失敗すれば、さらに窮地に追い込まれるであろう。金融・経済専門家と戦略・軍事専門家の間には心の和合が必要なのである。

ヨーロッパからの突き上げ

フランスの前大統領ジスカール・デスタンが鋭く観察していたように[2]、アメリカはいつもドルが何らかの形で脅かされる時、国際通貨取り決めを変えようとする。彼は正しかった。たとえば、一九六〇年代にロバート・トリフィン教授はアメリカの国際収支赤字が継続する時の金・ドルシステムの本質的弱さを指摘していた。この時国際収支赤字に備えて各国政府が保有する対外ドル準備を複合準備単位(ＣＲＵ)に取って代える提案が出されて、アメリカも金と結び付けられるＣＲＵ準備で決済しなければならないと議論された。当時、ドルに対する挑戦は即時直接的というより観念的なものであった。だがそれにもかかわらず、ファウラー長官が交渉のテーブルに着き、その最終的結果が三年後の一九六八年のストックホルム協定、すなわちＩＭＦがすべての加盟国へＳＤＲを発行し、ＳＤＲが何らかの程度で国際準備資産として取り扱われる、ということになった。これはトリフィンが望んでいたこととはまったく同じではなかったが、アメリカの政策の変更を表わしていた。

一九七〇年代の初めにやって来た次の挑戦は円とドイツマルクが強くなったためであった。アメリカの対応は暴力的でいらだたせる、おそらく思慮のないものであった。しかし、一九七一年の一方的ドル切下げと七三年の(下方へ)フロートの決定は、確かに、徹底的なものであった。アメリカは、変動相場を合法化することによって、一九四三年に自らのお気に入りで作ったIMFによって監督される固定為替相場というブレトン・ウッズ体制を廃止したのであった。

さらに、驚くべきことは、一九七八年のブレーメンにおけるヨーロッパ通貨制度(EMS)設立に関するシュミット－ジスカール合意のアメリカへの影響であった。彼らは、この制度がヨーロッパにおいて弱いドルから免れた通貨安定の領域を作り出すことを期待した。アメリカ財務省はその考えがあまり気に入らなかったが、そのうちに最初はカーター大統領の措置で、それからポール・ボルカーが導入した通貨(供給伸び率)目標と高金利による厳しい内容の信用引締めで対応した。

ジスカール・デスタンや他のヨーロッパ人が今日示唆しているのは、ヨーロッパがアメリカに対して、自国の経済をもっと安定的にかつ責任をもって管理する、そして外国為替市場でのドルの動揺にもっと懸念を示すような手段を取るように再びまた軽い突き上げを試みる、というものである。彼らの狙いは、言葉ではそうは言ってはいないが、ECUをドルのライバルに築き上げることである。現在のところ、ECUは想像上の通貨である。ヨーロッパの街ではECUは使われていない。しかし、ECU建てで銀行口座を設けることは可能である。ECUは重要性にしたがってウエートがつけられたヨーロッパ通貨のバスケットである。ECU口座にフランで預金をすれば、その将来の価値はバスケットの構成通貨の加重平均による合計価値しだいである。ECUはまた債券発行の際に表示通貨として銀行や企業がますます使うようになっている。

これまでのところ、ヨーロッパは、ECUが各国通貨に代わって使用され始める第二段階へ最初に計画された速さで進んで行くことには身震いしている。イギリスは参加していないし、西ドイツは国内価格がドイツマルク以外でつけられるのを躊躇している。フランスは、一九八二年の資本流出を抑えるために再導入した、自由な資金の流出入を制限するための為替管理に固執している。イタリアは介入する前にリラが大幅に変動する権利を主張している。

それにもかかわらず、市場は、時々再調整しなければならないとしても、概して、お互いの為替相場をコントロールするというヨーロッパ共同体諸政府の決意をはっきりと受け止めている。だが、ドルの下落が長引くと、あるいは急落すると、資金はドルからヨーロッパの弱い通貨へでなくてより強い通貨へ逃げ込むので、いぜんとして市場は再び不安定になる。EMS内部における再調整がますます頻繁になると、EMSの信用も損なわれることになる。

ヨーロッパの通貨が弱いドルによって二極化された一九七六、七七年の悪しき経験に戻らないための唯一の代替策は、ジスカール・デスタンが示唆しているように、前進を続けることであろう。これは、西ドイツがフランスやイタリアの赤字に若干の責任を取るように、各国の準備を部分的にプールすることを意味する。そして、それは加盟国の各々が金融政策と信用創造を支配する共通のルールを受け入れることを意味する。単一のヨーロッパ中央銀行が各国の外国為替・金準備のうちのますます多くの割合を保有するようになり、各国中央銀行に対してECUを発行するであろう。中央銀行のECU保有は経済学者がマネタリー・ベースと呼ぶものを構成するであろう。ピラミッドのように、ベースの規模がその上に築き上げることができる信用の量を決定する。したがって、すべての加盟国は景気刺激的傾向となるであろう共通の政策に組み込まれるであろう。

それは簡単なことのように思われる。しかし、あらゆる種類の技術的問題――たとえばヨーロッパ共同体以外の国々との為替管理の問題――も解決されなければならないが、根本的な障害はすべて政治的なものである。というのは、それは各国経済の運営に関する各国の自律の若干の喪失を伴うからである。だが、そうだとしてもヨーロッパには経済外交のための機会が、アメリカに対してばかりでなく、大きく開かれるであろう。

次の段階の政策が取られると、民間におけるECUの使用が一段と早まることは間違いない。ECU債とECU大蔵省短期証券〔TB〕が発行されるとドル債や米国TBから資金がシフトしてくるであろう。もし、ドルは弱くなるがECUがほぼ安定的に留まるとすれば、その流れは加速する。このことはヨーロッパに第三者との交渉に際して強力な武器を与えることになる。サウジアラビアにヨーロッパ向けの石油をECU建てで輸出するように、あるいはドルの代わりにECUにその準備の一部を投資するよう要請できるかもしれない。ECU建て輸出信用計画がラテン・アメリカ向けに工夫されるかもしれない。日本とも交渉が持たれるであろう。過去の経験が当てはまるなら、アメリカは直ちにドルに対する挑戦を意識するであろう。アメリカの最初の(否定的)反応は、以前のように、ヨーロッパからアメリカ軍を撤退すると脅かすことかもしれない。これがNATO戦線での交渉の開始が非常に重要となる理由である。しかし、ヨーロッパからの強い突き上げなしには、発展途上国債務者への援助の増大や外国為替市場に秩序を取り戻すために介入するアメリカの最近の政策を誰も信用しないであろう。それらは宣伝のための短命な政策と思われてしまうのである。一九八五年九月にアメリカは、G-5でドルを下げ、主要為替相場を「目標圏」内に保つための共同介入に合意した。同じ月に、発展途上国に大規模な長期的ファイナンスを供与するためのベーカー・プランも提案された。これまでのところ大変結構である。しかし、いつまで続くかが問題である。

代替策はないのか

これまでに示唆した徹底的な改革に代わる策が二つだけある。一つは何とか凌ぐように試み続けることである。もう一つは時計の針を戻そうとしてみることである。

この後者の選択は考えられることではあるが、可能なのは恐ろしいほど経済的・金融的破局が起きた後でだけであろう。「時計の針を逆に回す」ことが意味するのは、政府のコントロールによって相互に隔離された一国の金融システムと一国の資本市場に対する一国の責任への後退に他ならない。一部の著名な経済学者は、反論を鎮めるように斜めにかまえて、「コントロールされた解体」すなわち世界経済の分裂を主張するまでになっている。そのような主張をした最初が故フレッド・ハーシュであり、彼は一九七七年に次のように書いている。「世界経済のある程度のコントロールされた解体が一九八〇年代の正統な目的であり、穏健な国際経済秩序のためにもっとも現実的なものである」(Hirsch, 1977)。前述のように(二五四頁)、その考えはＩＭＦのもっとも著名な職員の一人、ジャック・ポラクによっても賛成されて引用されている。ニューヨークにある経済学者と元中央銀行員の非公式な専門家アドバイザー集団、グループ・オブ・サーティの論文で、ポラクは次のように結論している。国内経済運営を協調し、外国為替市場を安定させ、金利を合理的水準に落ち着かせ、経済成長を維持する各国政府の能力に過大な期待をかけることは、無駄だし、誤解を生み出すことになる。「国際的意思決定が国内的決定と本当に異なることが一旦認識されたなら、重大な国際的影響を及ぼすからといって、いかなる経済政策も対外的調和を計るべきである、などとは決して議論できない。それどころか、逆に、分権化された意思決定によって非常に大きな役割が果たされることを期待したい」(Polak, 1981, p. 19)。

国際金融システムの長い経験を有する実践的政策策定者としてポラクは、主要国間での三極政策協調を主張する第一人者ロナルド・マッキノンのような経済学者と比べて、明らかにずっと懐疑的である。マッキノンの計画は技術的には可能であるが、政治的に素朴である。その構想は、日本とドイツがいついかなる時もアメリカの金融政策に従う用意がある場合にのみ作動する。しかし、単純な歴史的事実の問題として、両国は決して進んでそうしようとはしていないのである。

けれども、「コントロールされた解体」は一九五〇年代への復帰を描く婉曲的な方法にすぎない。それはユーロ市場が完全に閉鎖されなければならないことを意味する。しかし、ユーロ市場は今日領土的ベースなどほとんどなしに、コンピュータと衛星通信システムによって営業できるので、閉鎖するのは非常に難しいであろう。たとえシンガポール、バハマ、マカオがすべて協力するにしても、閉鎖はやはりうまくいかないであろう。あるいは、それは、アメリカの親銀行が外国支店を独立の銀行として機能するように、いわば進んで関係を断ち切らないなら、外国支店が強制的に閉鎖されることを意味する。各国金融システムが自律的に機能するためには、各国通貨からドルへの、あるいはドルから各国通貨への資金転換も止められなければならない。大規模な国際ビジネスは、事業を営む各国にあるさまざまな銀行に口座を持たなければならないから、銀行業者と並んで商工業業者からもはっきりと猛烈な反対が起きるであろう。これらの強力な業者たちは、あらゆる弁明を使って「コントロールされた解体」は国際信用・金融構造の規模と能力を著しく縮小させる、と糾弾するであろう。段階的にそれを行うことはできない。しかし、突然そうすることは世界経済に大変なショックであり、信認と事業は抑えられ、現在のシステムのリスクと不安定性を減らすために非常に高い価格を払うことになるであろう。

しかし、何とか凌ごうと試み続けるとしたら、どうなるであろうか。

答は、きわめて簡潔に言えば、その帰結に経済的に耐えられるとしても、自由社会にとって政治的に受け入れられないであろう、ということである。

詳細については見解が異なるかもしれない。しかし、期待できることについての大まかな見通しははっきりしている。発展途上国の静かな債務不履行リスクが増大しつつある。

途上国は支払い拒否で債権者と対決はしないであろう。いつかある日、全額支払うつもりであると誓うであろう。債務者に対して多くの同情が集まるが、債権者に対してはあまりない。多くの人々が銀行は巨額の利潤をあげており、高い利息を取って非常にうまくやっていると思っているからである。銀行は債務のリスケジューリングからもマネージメント料とコンサルティング料として余分のお金を稼ぐことさえできる。しかし、債務不履行の結果、銀行は今後発展途上国への貸付を再開しないであろう。双務的であれ、国際機関からであれ、公的援助が途上国の購買力不足を埋め合わせるのでないなら、債務国はその状態のままにおかれるであろう。弱いドルは、原材料の多くがドル建てで輸出されるので、輸出による外国為替の稼得能力が実際には減少することも意味するであろう。そして、ドルが弱くなると、金利低下の見通しも後退するであろう。何故なら、アメリカは巨額の財政赤字をファイナンスするのが困難にならないように、ドルを魅力的にしようと試みるし、そうしなければならないからである。

アメリカが外国人へ資産を多く売れば売る(外国人から借りれば借りる)ほど、いずれはインフレーションで債務を減価させようとする誘惑がそれだけ大きくなる。アメリカの農民と産業労働者は、不当に高いドルによる農産物価格の低下と高い失業率よりはインフレーションの方が好ましいと主張できる。これは道理には適っている。

将来の見通しが引き続き不確実なことは、長期的生産的投資の助けとはならない。経済循環はふたたび一九七〇年代半ばのスタグフレーションに戻るであろう。政治の車輪も再び廻り、もう一人のロナルド・レーガンともう一人のポール・ボルカーが登場し、金融ブレーキを強くかけ、経済ジェットコースターの急下降を引き起こし、一層深刻な不況に我々すべてをもう一度突き落とす時がくるかもしれない。

この時、不確実性に対するヘッジの必要が一段と強調されるようになるであろう。あらゆる部門の大オペレーターは、当然のこととしてコストを消費者に転嫁するであろう。小オペレーターは、ルーレットの円盤の上に資本を投じたかのように、自分たちの運命が自分たちでコントロールできないことに気づくであろう。ブローカーと投機家だけが肥え、富むであろう。野心のある学生はすべて、金融ディーラーになることを望むであろう。若干の急成長ハイテク部門を除くと、産業は不振の状態のままに留まるであろう。何故なら、国営企業(その損失は納税者に廻すことができる)や国営企業にますます似てくる大企業を除けば、長期投資はリスクが大きすぎて行えないからである。

情報問題(第5章で討論した)と、監督者と規制者が銀行や投機家がしていることを知らないために、金融スキャンダルや最大の銀行崩壊が起きることのないように期待しなければならない。もう一つのコンチネンタル・イリノイ銀行の危機の可能性はなくなっていない。だが、その結果は同じであろう。すなわち、さもないと経済全体への影響が大きすぎるので、アメリカ政府が債務と負債を引き継がなければならないのである。銀行業の国有化がさらに一歩進められるであろう。

しかし、はるかに重大なことは、この不況の経済シナリオの政治的影響である。一世代全体が経済システムに幻滅し、デフレーションとスタグフレーションが代わる代わるにやって来るジェットコースターから逃れることができない時、政治的反作用が必ず生じる。一九三〇年代のヨーロッパの経験は二つの共通の対応があることを示唆している。一つはあらゆる種類の政治に対する完全な反発、第四共和制下のフランスで多分頂点に達したような精神的無気力である。いま一つは、アドルフ・ヒットラーのようなデマゴーグ、政治的売薬行商人の後に従うことである。デマゴーグは、ごたまぜの社会的偏見を激しい国民感情を喚起するインチキな歴史とインチキな科学の中に包み込むであろう。前者の場合には政府は弱く、不安定になる。後者の場合には、政府は野蛮で、堕落し、弾圧的で、しばしば攻撃的になる。

これらの政治的帰結は、いずれ、国際関係に波及する。ある国の政府が弱く他の国の政府が強いと、侵略が生じる。共通の価値を持った自由民主主義国の同盟を維持することがますます困難になる。将来がどうなるかについてのビジョンの欠如は、現在の道徳も損なってしまう。アメリカはしばらくの間、おそらく、現在のように軍事的、政治的、経済的に支配的な立場からする特権的免疫を享受できるであろう。アメリカは、自分の思い通りに進み、他国に苦痛に満ちた調整を引き受けさせるために、軍事的保護者として、あるいは干渉主義のおせっかい屋として、あるいは主要貿易相手国としてその交渉力を発揮できるであろう。しかし、最終的には、そのようにして同盟を繁栄させたり、維持することはできない。「何とか凌ぐ」ことも単純にはうまく行かないのである。

一九九九年一二月三一日、新年の前日までに、我々は一つの世紀の終わりに到達する。もし、その時までに我々がいぜんとして核兵器による大虐殺に屈服していなければ、それはそれで祝賀すべきことである。しかし金融カジノの熱気を冷やし、コントロールするための前向きの実践的な措置がすぐに取られないなら、ただそれだけのことである。ほとんどの人々にとって命をかけて「双六」ゲームを行う結果は分かりすぎるほど分かっている。資本主義世界の都市中心にそびえたつ巨大なオフィス・ビル街では、いぜんとして生き残った金融ギャンブラーだけが祝杯を上げているであろう。残りの者には、アメリカの世紀の哀しみに沈んだ悲惨な終わりがやって来る。

(1) 筆者は便宜的にこのように呼んでいる。正確に言えば、信用問題というべきである。何故なら、それは、債務者の返済能力についての懸念が引き起こした信用の枯渇だからである。良い債務者は返済する必要はない。債務者が豊かになればなるほど、債権者は彼らの借用証書を保有し続けることで幸福になる。日本は、たった八〇年前には大量の債務を抱えていた国の古典的な例である。

（2）一九八五年の彼のディッチリー講演で。その要点は *The Economist*, 24 August 1985, p. 56 に要約されている。

訳者あとがき

本書は Susan Strange, *Casino Capitalism*, Blackwell, 1986 の全訳である。

本書の主張は、非常に明快である。訳者が余分な解説を加える必要はないであろう。ただ、この場を借りて若干の点を指摘させていただきたい。一九七〇年代以降、世界的に見て為替相場や金利、物価(インフレ率)などの変動が非常に激しくなり、経済は不安定になっている。八〇年代に入ってインフレは収まっているものの、アメリカの双子の赤字(財政赤字と経常収支赤字)の拡大、世界の国際収支不均衡の拡大、貿易摩擦の増大、ヨーロッパでの失業、発展途上国累積債務問題等、世界経済の先行きに多くの不安がある。しかし、他方では、世界的に金融自由化、金融革命と呼ばれるような相次ぐ革新の進展で、新金融商品や先物市場などが続々と作られ、金融取引や為替取引は国内的にも国際的にも拡大している。とりわけ「国際化」の進展は著しい。株価も世界的に一九八〇年代初頭から八七年一〇月まで驚くほど上昇した。そして、日々の金利、為替相場、株価の動向が経済の将来の動向をますます左右しようとしている。株価の暴落で世界恐慌の再現が心配され、ニュースが一日中株価の動きを伝えたのもつい最近(一九八七年一〇月末)のことである。因果関係をどのように捉えるかはともかく、実物経済の世界に比べて肥大化したと言われるほど拡大し、変動の激しくなった貨幣・金融の世界が現代資本主義の特徴であることは間違いない。スーザン・ストレンジは、この貨幣・金融の世界がしだいにカジノと似てきて、偶然に左右される要素が大きくなり、このことが逆に実物経済の不安定を拡大していると考える。「カジノ資本主義」と呼ぶわけである。おそらく、この表現で現代資本主義を特徴づけたのは、彼女が初めてであろう。そして彼女はこのように不安定になった原因を探りつつ、貨幣・金融の世界に対するコントロールを取り戻し、安定させるための処方箋を書いているのである。

彼女の発想の特徴は、独自の貨幣観に支えられて経済における信頼ないし信認の要素を強調していること、決定論的発想を徹底的に拒否し、政策ないし選択の誤りを徹底的に追究していることである。言い換えれば、解決不可能な問題はないという信念に支えられていることである。そして、貨幣や金融の問題、とくに国家間での貨幣・金融にかかわる、つまり国際通貨・金融の問題をたんに経済の問題としてでなく、政治経済の問題として扱っていく。言い換えれば、市場の力が支配する領域(経済)も窮極的には政治によって枠が決められているのであり、経済問題は結局は政治問題なのである。とくに注意すべき点は、国家間の領域に世界政府のような国際権力は存在しないことである。経済活動の国際化に伴って生じる、さまざまな問題、とくに国際通貨・金融問題の困難の原因はここにある。しかし、この政治的現実を忘れた解決策は無意味である。しかも、彼女の議論は技術的詳細にとらわれず、つねに歴史的全体的展望を追究している。

副題「国際金融恐慌の政治経済学」は訳者が加えたものである。「カジノ資本主義」がまだなじみのない表現と思われるので、本書の内容を分かりやすく伝えるためである。本書はいわゆる大恐慌の再現を占うものでないが、ストレンジは国際通貨・金融関係の不安定に現代資本主義のアキレスの踵をみている。

彼女の事実認識や情勢判断、展望、論理については多くの反論があるかもしれない。本書を読むと世界経済の見通しは暗くなり、いささか憂鬱になるかもしれない。だが、これは現在の状況の厳しさをあるいは問題の難しさを反映しているのであり、観点を変えれば、多様な可能性が存在し、選択を迫られているということである。彼女が指摘している諸問題を無視して将来を展望できないことは明らかである。非常に論争的な本である。多くの議論をサーベイしていることも本書の特徴の一つであろう。本書が多くの読者に読まれ、活発な議論の展開の一助となれば幸いである。

スーザン・ストレンジの仕事は最近わが国でもしだいに注目されるようになってい

る。本山美彦氏が彼女の国際通貨論を紹介しているし(『貨幣と世界システム――周辺部の貨幣史』三嶺書房、一九八六年)、町田実氏がS. Strange ed., *Paths to International Political Economy*, G. Allen & Unwin, 1985を監訳している(『国際関係の透視図――国際政治経済学への道』文眞堂、一九八七年)。町田氏はあとがきでストレンジ女史についての紹介をしているので、参照されたい。彼女の主要著作は、訳者の確認した範囲では、本書と町田訳書を除くと、参考文献に載せられている通りである。

翻訳に当たっては、当然のことながら、原書に忠実な訳を心掛けたつもりである。しかし、広範な分野にわたる知識を要求される原書であり、思わぬ誤りや不適切な表現をしているかもしれない。大方の御叱正と御鞭撻をたまわれば幸いである。なお、翻訳に際しては日本証券経済研究所の飯野由美子さんにさまざまな協力をいただいた。心から感謝したい。だが、言うまでもなく、誤りは、訳者の責任である。

本書の出版に当たっては、翻訳を企画された岩波書店の大塚信一氏と編集担当の十時由紀子さんのお世話になった。両氏に厚く感謝したい。

岩波現代文庫版訳者あとがき

原書が出版されたのは一九八六年であり、邦訳は一九八八年一月であった。わが国ではバブル景気の真最中であるが、一九八七年秋の世界的株価暴落(ブラック・マンデー)が世界金融恐慌の引き金となることが恐れられていた。本書は、変動相場制への移行とオイルショックにともなう一九七〇年代と八〇年代半ばまでの世界経済の混乱として、途上国債務問題、世界経済全体の低成長と景気後退、銀行システムの不安定、石油価格の不確実性、国際政治情勢の脆弱さ(ソ連とアメリカの不安定な均衡、アメリカとヨーロッパの不安定な関係)を取り上げた。そして、これらの原因を探りつつ、変動が激しくカジノに似てきた(偶然が支配する)貨幣・金融の世界に対するコントロールを取り戻し、世界経済を安定させる処方箋を提起した。その後の二〇年余の動きを見ると、旧ソ連の崩壊とロシアや東欧、中国の市場経済化をともないつつ、世界経済の相互依存性ないし統合、いわゆるグローバル化が進展した。国際的資本移動は一段と活発化し、各国金融・証券市場の拡大と国際化が進み、ますますカジノ化している。実際、九二年ヨーロッパ通貨危機、九四―九五年メキシコ危機、九五年円高、ロシアにおけるインフレと経済崩壊、九七年アジア通貨危機、九八年ロシア通貨危機、世紀末から二一世紀初めにかけてのITバブルとその崩壊、ユーロの誕生、アメリカの赤字を背景とする国際収支不均衡の拡大、各種ヘッジファンドや買収ファンドの跳梁など通貨・金融問題を中心に世界経済は動揺を繰り返している。

ストレンジは、一九八八年に『国家と市場』(西川・佐藤訳『国際政治経済学入門』東洋経済新報社、一九九四年)を出版し、世界経済のパワーを、安全保障、生産、金融、知識(情報)という四つの構造に分けて分析する枠組みを提示した。さらに、一九九六年の『国家の退場――グローバル経済の新しい主役たち』(櫻井公人訳、岩波書店、一九九八年)では、主権国家の間における非対称性(大国と小国の行動様式・支配力等の相違)の拡大、技術や金融の変化を背景とするグローバル市場経済の進展に伴う国民国家の権威の後退(退場)と非国家的権威によるパワーの拡大を指摘した。そして、グローバル経済の新たな主役として、非国家的権威を体現するテレコム(通信会社)、マフィア、保険会社、国際監査法人、国際カルテル、国際機関の実態を分析した。ここに、ストレンジ政治経済学の要点が集約されている。国民国家の権威の喪失や拡散が国際政治経済におけるヘゲモニーの喪失につながり、世界経済や国際金融市場のコントロールを難しくして大恐慌の可能性を高める、というのである。このような観点からは一九九七年のアジア通貨危機は衝撃であり、九八年に『マッド・マネー──世紀末のカジノ資本主義』(櫻井公人・櫻井純理・高嶋正晴訳、岩波書店、一九九九年)が出版された。ここでは、新たな危険として技術変化に伴う金融市場の機能の変化や金融革新、金融市場・証券取引における規模・種類の拡大、銀行の変貌、アジアの興隆、マネー・ロンダリング(麻薬など不法取引の資金洗浄)の増大、金融市場監督・規制の変化を分析する。そして、金融システムの欠陥や弱さが狂気じみたカジノ(金融・資本市場)を生み出し、冷戦終了後の日米関係や独仏関係における亀裂の拡大、および国際債務問題の未解決とマネーロンダリングにつながる犯罪防止策の欠如とあいまって、一九三〇年代の大不況を再来させることに警鐘を鳴らした。

残念ながら、ストレンジは一九九八年秋に亡くなられ、その後の事態を見ることはなかった。訳者の視点となるが、一九九〇年代以降の世界経済の大きな変化を確認しておこう。まず、日独経済の不調と米英経済の「復調」である。一九七〇年代と八〇年代の世界経済は、変動相場制への移行とオイルショックの影響が大きく、為替相場は乱高下し、金利とインフレ率は高く、変動が激しかった。しかし、西ドイツと日本はファンダメンタルズ(成長率、失業率、インフレ率、財政赤字、経常収支赤字などの基礎的経済指標)からみて相対的に優秀な経済パフォーマンスを誇っていた。西ドイツは安定的通貨を背景に欧州単一市場の完成、ECからEUへ、ヨーロッパ通貨同盟を牽引していく。だが、統一後のドイツ経済は統一に伴う負担等もあってか低迷している。八〇年代後半の日本経済は日本的経営が評価され、東京証券取引所の国内株式時価総額と売買金額がニューヨークを上回り、資産額でみた世界の銀行のトップ一〇をほぼ独占し、フローで見た資本輸出(対外投資)額でも世界一とジャパンマネーが世界を席巻する勢いであった。だが、九〇年代にはバブルが崩壊し、日本経済は長期の低迷・苦境に陥った。

米英両国経済は、一九七〇年代と八〇年代にはスタグフレーションに悩み、混迷していたが、サッチャー首相やレーガン大統領の新保守主義ないし新自由主義の下で改革にのりだした。マネタリズムといわれる主張や公約どおりに改革が進んだわけではないが、アメリカでは九〇年代にはIT産業を軸に長期の経済成長をとげ、新たな時代を謳歌する「ニューエコノミー」論も登場した。イギリスでは八〇年代に民営化やビッグバンとよばれる証券市場改革などが推進された。そしてとくに、九七年のブレア労働党政権以後のマクロ経済政策(中央銀行による独立の金融政策運営と厳しい財政赤字規律)の下で安定的経済成長を続けている。製造業の不振が目立った米英両国は、規制緩和・改革を背景に、IT産業や金融業など強みのある産業を軸に各種サービス業の拡大で雇用の拡大と経済の活性化に成功しているようである。そして、米英両国の経済パフォーマンスの良さは、イデオロギー的にもグローバリズムや新自由主義を広めることになった。

第二に、米英経済の好調といっても、それらは両国への資本流入に支えられたものであり、反面では、とくにアメリカの経常収支赤字の拡大が著しい。一九八〇年代には「双子の赤字」が問題となり、一九八五年プラザ合意でドル高是正が図られたが、現在はかつてないほどの規模の経常収支赤字にかかわらず、経済パフォーマンスの良い国や準備通貨国への資本流入は当然と見る向きが少なくない。しかし、国際収支不均衡の拡大がいつまでも続くことはありえない。各国金融・証券市場における非居住者の活動は一段と大きくなっており、一国での動揺が予期せぬ資本の流入・流出となって大きな混乱を生むかもしれない。

第三に、アジア経済の拡大である。ドイツ統一とソ連の崩壊に示される冷戦の終焉は、ストレンジの指摘するように旧西側諸国内での協調関係を弱める面を否定できないが、旧ソ連圏諸国や中国の市場経済化は資本主義世界の地理的拡大を意味した。中国は鄧小平の下で一九七八年に改革・開放路線に転換し、その後に高度成長を続け、すでに一兆ドル近くの外貨準備を保有し、経済規模(GDPで世界三位)や輸出規模でも世界経済に大きな影響を与えている。この成長を支えている一要因が海外からの直接投資などである。インド経済も成長軌道に乗ったようであり、九七年に通貨危機に見舞われた韓国やタイの回復も迅速である。九〇年代に経済規模が半減したロシアも石油価格上昇の恩恵もあって二一世紀には成長軌道を歩みだした。アジアの台頭に伴う世界経済の勢力図の変化は、世界の政治経済の方向を変えるであろう。

第四に、ストレンジはあまり重視していないが、EUとユーロの誕生である。九二年の欧州通貨危機は共通通貨の発足を危ぶませたが、九九年には新通貨ユーロが導入され、二〇〇二年からは紙幣・硬貨も流通し、二〇〇四年までにイギリスなど三カ国を除くEU一二カ国がユーロを導入した。発足当初のユーロは対ドル相場の下落もあって先行きが懸念されたが、その後相場は回復し、準備通貨や投資通貨として米ドルに「対抗」しつつある。EUも二〇〇四年には東欧諸国など一〇カ国が新たに加入して二五カ国、二〇〇七年には二七カ国となり、拡大が著しい。この拡大は一面では成功であるが、拡大に伴う調整や意思統一、運営の難しさが目立ってきた。

第五に、政治とイデオロギーの問題である。ストレンジはギルピン等の覇権安定論(たとえば、古城佳子訳『グローバル資本主義——危機か繁栄か』東洋経済新報社、二〇〇一年)を批判していたが、アメリカの正しい協調的政策に期待していたことも確かである。イラク戦争の結末は未だ分からないが、既にアメリカの失敗は明らかであり、権威や信頼の失墜は免れない。イラク戦争を支えたブレア英首相も退陣が決定している。同時に、グローバリズムとともに蔓延し、支配的になった新自由主義ともいわれる市場原理主義(市場万能主義)

のイデオロギーもそろそろ限界に達しつつある。ソロス(大原進訳『グローバル資本主義の危機』日本経済新聞社、一九九九年)やスティグリッツ(鈴木主税訳『世界を不幸にしたグローバリズムの正体』徳間書店、二〇〇二年)のグローバリズム批判によらずともグローバリズム批判は容易である。社会は市場だけでは成り立たないのである。現代の経済は信用に基づく貨幣とリスク移転・投機を内包する金融・証券取引を基底に据えている。この世界では暴騰と暴落、あるいは異常な拡大と縮小は避けられない運命であり、そのような時の混乱や破局を避けるためのセイフティー・ネットなど適切な措置が社会には必要である。しかも、ヒト、モノ、サービス、カネ、情報のグローバルな動きを止めることはできないから、国際的な協調も不可決である。米英両国でこれからどのような政権が誕生するかは分からないが、国際経済・金融問題が各国・地域相互の信頼の下で協調的解決の方向に向かうのか、対立が激化するのか、市場の力や非国家的権威に任せられるのか気になるところである。

ストレンジの議論は恐慌を予想するものではない。金融面を中心に不安定や不確実性を抱える世界にあって、それらの暴発を防ぐことの重要性の指摘である。そのためには、世界の現実を経済や政治の一面だけからでなく、安全、生産、金融、情報という四つの構造からトータルに把握する必要があり、政治経済学を展開しているのである。どのような立場に立つにせよ、伝統的な議論を批判し、歴史を学びつつ、新たな総合的観点から問題に迫る女史の方法から学ぶべきことが多い。本書は時論であるが、政治経済学と歴史を学ぶ古典でもある。

二〇〇七年二月

訳　者

本書は一九八八年一月、岩波書店より刊行された。

岩波現代文庫の発足に際して

新しい世紀が目前に迫っている。しかし二〇世紀は、戦争、貧困、差別と抑圧、民族間の憎悪等に対して本質的な解決策を見いだすことができなかったばかりか、文明の名による自然破壊は人類の存続を脅かすまでに拡大した。一方、第二次大戦後より半世紀余の間、ひたすら追い求めてきた物質的豊かさが必ずしも真の幸福に直結せず、むしろ社会のありかたを歪め、人間精神の荒廃をもたらすという逆説を、われわれは人類史上はじめて痛切に体験した。

それゆえ先人たちが第二次世界大戦後の諸問題といかに取り組み、思考し、解決を模索したかの軌跡を読みとくことは、今日の緊急の課題であるにとどまらず、将来にわたって必須の知的営為となるはずである。幸いわれわれの前には、この時代の様ざまな葛藤から生まれた、人文、社会、自然諸科学をはじめ、文学作品、ヒューマン・ドキュメントにいたる広範な分野のすぐれた成果の蓄積が存在する。

岩波現代文庫は、これらの学問的、文芸的な達成を、日本人の思索に切実な影響を与えた諸外国の著作とともに、厳選して収録し、次代に手渡していこうという目的をもって発刊される。いまや、次々に生起する大小の悲喜劇に対してわれわれは傍観者であることは許されない。一人ひとりが生活と思想を再構築すべき時である。

岩波現代文庫は、戦後日本人の知的自叙伝ともいうべき書物群であり、現状に甘んずることなく困難な事態に正対して、持続的に思考し、未来を拓こうとする同時代人の糧となるであろう。

（二〇〇〇年一月）

カジノ資本主義　スーザン・ストレンジ

2007年 3月16日　第1刷発行
2014年 11月14日　第4刷発行

訳　者　小林襄治《こばやしじょうじ》

発行者　岡本　厚

発行所　株式会社　岩波書店
〒101-8002 東京都千代田区一ツ橋 2-5-5

案内 03-5210-4000　販売部 03-5210-4111
現代文庫編集部 03-5210-4136
http://www.iwanami.co.jp/

印刷・精興社　製本・中永製本

ISBN 978-4-00-600172-8　Printed in Japan

人名索引

ア 行

カ 行

サ 行

事項索引

ア 行

カ 行

サ行

タ 行

ナ 行

ハ 行

マ　行

ヤ　行

ラ　行

参考文献

Aglietta, M., 1983, *La violence de la monnaie,* Paris, PUF.

Althusser, L., 1971, *Lenin and Philosophy,* London, New Left Books.〔西川長夫訳『レーニンと哲学』人文書院，1970年〕

Amin, S., 1980, *Class and Nation : Historically and in the Current Crisis,* New York, Monthly Review Press.〔山崎カヲル訳『階級と民族』新評論，1983年〕

Anderson, P., 1976, *Considerations on Western Marxism,* London, New Left Books.〔中野実訳『西欧マルクス主義』新評論，1979年〕

Archer, C., 1983, *International Organisations,* London, Allen & Unwin.

Attali, J., 1977, *La parole et l'outil,* Paris.〔平田清明・斉藤日出治訳『情報とエネルギーの人間科学』日本評論社，1983年〕

Bagehot, W., 1873, *Lombard Street : A Description of the Money Market,* London.〔宇野弘蔵訳『ロンバート街——ロンドンの金融市場』岩波文庫，1941年〕

Berle, A. and Means, C., 1933, *The Modern Corporation and Private Property,* New York.〔北島忠男訳『近代株式会社と私有財産』文雅堂銀行研究社，1958年〕

Blair, J., 1977, *The Control of Oil,* London, Macmillan.

Block, F., 1977, *The Origins of International Economic Disorder,* Berkeley and London, University of California Press.

Brandt Commission, 1980, *North-South : A Programme for Survival?,* London and Sydney, Pan.〔森治樹監訳『南と北

――生存のための戦略――ブラント委員会報告』日本経済新聞社，1980年〕

Brandt Commission, 1983, *Common Crisis North-South : Cooperation for World Recovery,* London and Sydney, Pan.

Brett, E. A., 1983, *International Money and the Capitalist Crisis,* London, Gower.

Brunhoff, S. de, 1976, *La crise de l'etat,* Paris, Maspero.

Brunhoff, S. de, 1978, *State, Capital and Economic Policy,* London, Pluto.

Calleo, D., 1982, *The Imperious Economy,* Cambridge, Mass. and New York, Harvard University Press.〔山岡清二訳『アメリカ経済は何故こうなったのか』日本放送出版協会，1983年〕

Camps, M. and Diebold Jr. W., 1983, 'The New Multilateralism : Can the World Trading System be Saved ?', New York, Council on Foreign Relations.

Carodoso, F. H. and Faletto, E., 1979, *Dependency and Development in Latin America,* Berkeley, University of California Press.

Cecco, M. de, 1982, 'Credit Creation in the Eurocurrency Markets', European University Institute, Working Paper No. 23.

Cline, W., 1983, *International Debt and the Stability of the World Economy,* Washington D.C., Institute for International Economics.

Cline, W., ed., 1983, *Trade Policy in the 1980s,* Washington D. C, Institute for International Economics.

Cline, W., 1984, *International Debt : Systemic Risk and Policy Response,* Washington, Institute for International Economics, April.〔越智昭二監訳『国際金融危機』金融財政

事情研究会，1985 年〕

Collier, D., ed., 1979, *The New Authoritarianism in Latin America*, Princeton University Press.

Commonwealth Group of Experts, 1984, *Debt Crisis and the World Economy*, London, Commonwealth Secretariat.

Commonwealth Secretariat, 1985, 'Development Prospects, Policy Options and Negotiations', London.

Coombs, C., 1976, *The Arena of International Finance*, New York.〔荒木信義訳『国際通貨外交の内幕』日本経済新聞社，1977 年〕

Corden, W., 1984, *The Revival of Protectionism*, New York, Group of Thirty Occasional Paper No. 14.

Cornwell, R., 1983, *God's Banker : An Account of the Life and Death of Roberto Calvi*, London, Gollancz.

Dale, R., 1982, *Bank Supervision around the World*, New York, Group of Thirty.

Dale, R. and Mattione, R., 1984, *Managing Global Debt*, Washington, Brookings Institution.

Dale, R., 1985, *The Regulation of International Banking*, Cambridge, Woodhead-Faulkner.

Davis, S., 1984, 'Markets, States and Transnational Corporations : Power in the World Grain Trading System', University of London Ph.D. Thesis.

Davis, J. S., 1975, *The World between the Wars, 1919–39*, Baltimore, Johns Hopkins University Press.

Delamaide, D., 1984, *Debt Shock*, London, Weidenfeld.

Desai, M., 1981, *Testing Monetarism*, London, Frances Pinter.

Duchene, F., 1984, *Industrial Adjustment Policies of Western Europe*, London, Macmillan.

Dufey, G. and Giddy, I. H., 1979, *The International Money Mar-*

ket.〔志村嘉一・佐々木隆雄・小林襄治訳『国際金融市場――ユーロ市場の理論と構造』東京大学出版会，1983 年〕

Duijn, J. J. van, 1983, *The Long Wave in Economic Life,* London, Allen & Unwin.

Emery, H. C., 1896, *Commodity Exchanges,* New York.

Emmanuel, A., 1969, *The Economics of Unequal Exchange : A Study of the Imperialism of Trade,* Paris, Maspero ; 1971, London, New York, Monthly Review Press ; 1974, published as *Le profit et les crises,* Paris, Maspero.〔花崎皋平訳「不等価交換」連帯編集部編『新帝国主義論争』亜紀書房，1973 年所収〕

Fabra, P., 1978, *Les flux monétaires dans un monde écartelé entre l'inflation et la diflation,* Madrid European Cultural Foundation.

Fitoussi, J. P., 1982, 'Politique monétaire passive ou politique economique ?', in *Observatoire français des conjuntures economiques,* Paris, June.

Frankel, S. H., 1977, *Money : Two Philosophies : the Conflict of Trust and Authority,* Oxford, Blackwell.〔吉沢英成監訳『貨幣の哲学――信頼と権力の葛藤』文眞堂，1984 年〕

Freeman, C., Clark, J. and Soete, L., 1982, *Unemployment and Technical Innovation,* Westport, Connecticut, Greenward Press.

Freeman, C., 1984, *Long Waves in the World Economy,* London, Frances Pinter.

Friedman, M. and Schwarz, A., 1963, *A Monetary History of the United States 1866-1945,* Princeton University Press.

Friedman, M., 1977, 'Inflation and Unemployment : The New Dimensionof Politics', Nobel Lecture, London, Institute of Fiscal Affairs.〔保坂直達訳『インフレーションと失業』

マグロウヒル好学社，1978 年〕

Galtung, J., 1975, *Social Imperialism and Subimperialism,* Oslo, University of Oslo.

Gilbert, M. (with posthumous editing by Peter Oppenheimer and Michael Dealtry), 1980, *The Quest for World Monetary Order : The Gold-Dollar System and its Aftermath,* New York, Chichester, Wiley.〔緒方四十郎・溝江義郎訳『国際通貨体制の軌跡』東洋経済新報社，1982 年〕

Gilpin, R., 1968, *France in the Age of the Scientific State,* Princeton University Press.

Gilpin, R., 1975, *US Power and the Multinational Corporation,* New York, Basic Books.〔山崎清訳『多国籍企業没落論』ダイヤモンド社，1977 年〕

Glyn, A. and Sutcliffe, B., 1972, *British Capitalism, Workers and Profit Squeeze,* Penguin Books.〔平井規之訳『賃上げと資本主義の危機』ダイヤモンド社，1975 年〕

Griffith-Jones, S. and Lipton, M., 1984, 'International Lenders of Last Resort : and Changes Required ?', London, Midland Bank.

Group of Thirty, 1985, *The Foreign Exchange Market on the 1980s,* New York, Group of Thirty.

Grubel, H., 1979, *A Proposal for the Establishment of an International Deposit Insurance Corporation,* Princeton Essay in International Finance No. 133.

Gunder Frank, A., 1966, *The Development of Under-development,* Boston, Free Press.〔大崎正治他訳『世界資本主義と低開発』柘植書房，1976 年〕

Guttenberg, J. and Herring, R., 1983, 'The Lender of Last Resort Function in an International Context', Princeton Essay in International Finance No. 151.

Hirsch, F. and Doyle, M., 1977, *Alternatives to Monetary Disorder,* Council on Foreign Relations.〔田村正勝訳『国際通貨体制の再編——八〇年代の世界政策』日本ブリタニカ，1980年〕

Hirschmann, A. O., 1983, *Rival Interpretations of Market Society : Civilizing, Destructive or Feeble ?,* Journal of Economic Literature, December.

Hopkins, T. and Puchala, D., 1979, *The Global Political Economy of Food,* Madison, University Press of Wisconsin.

Hopkins, T. and Wallerstein, I., eds., 1982, *World Systems Analysis,* Beverly Hills, California, Sage.

Hu, Y. S., 1984, *Industrial Banking and Special Credit Institutions : A Comparative Study,* London, Policy Studies Institute.

Kaletsky, A., 1985, *The Costs of Default,* New York Priority Press for 20th Century Fund.

Kaufman, H., 1985, 'Dangers in the rapid growth of debt', address to National Press Club, Washington D.C., January 16.

Keohane, R. and Nye, J., 1977, *Power and Interdependence,* Boston, Little Brown.

Keohane, R., 1984, *After Hegemony,* Cambridge, Mass., Harvard University Press.

Keynes, J. M., 1971, *Collected Writings,* 15 vols., London, Macmillan.〔『ケインズ全集』全24巻，東洋経済新報社，1977-2002年〕

Kindleberger, C., ed., 1970, *The International Corporation,* MIT Press.〔藤原武平太・和田和訳『多国籍企業——その理論と行動』日本生産性本部，1971年〕

Kindleberger, C., 1973, *The World in Depression, 1929-1939,*

Berkeley, University of California Press.〔石崎昭彦・木村一朗訳『大不況下の世界 1929-1939』東京大学出版会，1982 年〕

King, K., 1982, *US Monetary Policy and European Responses in the 1980s,* Chatham House Paper 16, Routledge & Kegan Paul.

Knight, F., 1921, *Risk, Uncertainty and Profit,* Ithaca, Cornell University Press ; 1933, reprinted in LSE reprint series, London.〔奥隅栄喜訳『危険・不確実性及び利潤』文雅堂書店，1952 年〕

Knorr, K., 1975, *The Power of Nations : The Political Economy of International Relations,* New York, Basic Books.

Krasner, S., 1978, *Defending the National Interest,* Princeton University Press.

Krasner, S., ed., 1983, *International Regimes,* Ithaca, NY, Cornell University Press.

Kuhn, T. S., 1962, *The Structure of Scientific Revolutions,* Chicago, Chicago University Press.〔中山茂訳『科学革命の構造』みすず書房，1971 年〕

Lever, H. and Huhne, C., 1985, *Debt and Danger : The World Financial Crisis,* London, Penguin.

Lewis, W. A., 1949, *Economic Survey 1919-39,* London, Allen & Unwin, reprinted 1970.〔石崎昭彦・森恒夫・馬場宏二訳『世界経済論』新評論，1969 年〕

Llewellyn, D., 1982, 'Avoiding an International Banking Crisis', in National Westminster Bank *Quarterly Review,* August.

Lomax, D., 1982, 'The Oil-Finance Cycle Revisited', in National Westminster Bank *Quarterly Review,* November.

Lombra, R. and Witte, W., eds., 1982, *The Political Economy of Domestic and International Monetary Relations,* Uni-

versity of Iowa Press.

Maddison, A., 1982, *Phases of Capitalist Development,* Oxford, Oxford University Press.

Magdoff, H. and Sweezy, P., 1981, *The Deepening Crisis of US Capitalism,* New York, Monthly Review Press.〔伊藤誠訳『アメリカ資本主義の危機』TBS ブリタニカ，1982 年〕

Mandel, E., 1977, *The Second Slump,* London, New Left Books.〔長部重康訳『現代の世界恐慌』柘植書房，1980 年(フランス語版からの訳)〕

Mangoldt, H. von, 1855, *Die Lehre vom Unternehmergewinn,* Leipzig.

Matthews, R. C. O., ed., 1982, *Slower Growth in the Western World,* London, Heinemann.

Mayer, M., 1980, *The Fate of the Dollar,* New York, Times Books.〔長谷川慶太郎編訳『ドル帝国の運命』ダイヤモンド社，1981 年〕

Mayer, M., 1982, 'The Settlements Revolution', *Institutional Investor,* April.

McKinnon, R., 1974, 'A New Tripartite Monetary Standard or a Limping Dollar Standard ?', Princeton Essay in International Finance No. 106.〔楊枝嗣朗訳「新三国通貨協定か跛行ドル本位制か？」，岩野茂道監修・現代国際金融研究会訳『ドル本位制と変動相場制』所収，関西書店，1982 年〕

McKinnon, R., 1982, 'Inflationary and Deflationary World Money', *American Economic Review,* June.

McKinnon, R., 1984, 'An International Standard for Monetary Stabilization', *International Economics* No. 8, Institute for International Economics, Washington.

Mendelsohn, S., 1980, *Money on the Move,* New York, McGraw Hill.

Mendelsohn, S., 1984, *The Debt of Nations,* New York, Priority Press.

Mikdashi, Z., 'Oil-exporting Countries and Oil-importing Countries : What Kind of Interdependence', *Millennium,* Vol. 9, No. 1.

Mikdashi, Z., 1976, *The International Politics of Natural Resources,* Ithaca, Cornell University Press.〔青木勝則訳『資源問題の国際構造』東洋経済新報社，1977 年〕

Mikdashi, Z., 1986, *World Oil : Corporate and Government Challenges,* London, Frances Pinter.

Minsky, H., 1979, *The Financial Instability Hypothesis : Capitalist Processes and the Behaviour of the Ecomomy,* Paper for a Colloquium on Financial Cases and the Lender of Last Resort, Bad Homburg, published Rome, Confederazione Generale dell'industria Italiana.

Minsky H., 1982, *Can it Happen Again ? Essays on Instability and Finance,* Armonk, NY, M. E. Sharpe.

Moffitt, M., 1984, *The World's Money : International Banking from Bretton Woods to the Brink of Insolvency,* London, Michael Joseph.〔幸島祥夫・篠原興訳『ワールズ・マネー』日本経済新聞社，1985 年〕

Morgan, D., 1979, *Merchants of Grain,* New York, Viking ; 1980, London, Penguin.〔喜多迅鷹・喜多元子訳『巨大穀物商社』日本放送出版協会，1980 年〕

Nader, R., 1976, *The Taming of the Giant Corporation,* New York, Norton.

Naisbitt, R., 1984, *Megatrends,* London, Futura.〔竹村健一訳『メガトレンド』三笠書房，1985 年〕

Nau, H., 1984, *International Reagonomics : A Domestic Approach to the World Economy,* Washington, George-

town University, monograph, December.

Nicholas, D., 1985, *Commodities Futures Trading,* London, Mansell.

O'Donnell, G., 1973, *Modernization and Bureaucratic Authoritarianism in Southern American Politics,* Berkeley, University of California Press.

Olson, M., 1965, *The Logic of Collective Goods,* Harvard University Press.〔依田博・森脇俊雅訳『集合行為論 ―― 公共財と集団理論』ミネルヴァ書房，1983 年〕

Olson, M., 1982, *The Rise and Decline of Nations : Economic Growth, Stagflation and Social Rigidities,* Cambridge, Mass., Harvard University Press.

Parboni, R., 1980, *The Dollar and its Rivals : Recession, Inflation and International Finance,* Milan, Etais Libri.

Penrose, E., 1971, *Growth of Firms, Middle East Oil and Other Essays,* London, Cass.

Polak, J., 1981, 'Coordination of National Economic Policies', Group of Thirty Occasional Paper No. 7, New York.

Poulantzas, N., 1973, *Political Power and Social Classes,* London, New Left Books.〔田口富久治・山岸紘一訳『資本主義国家の構造 ―― 政治権力と社会階級』未来社，第 1 巻 1978 年，第 2 巻 1981 年〕

Rohatyn, F., 1982, 'The State of the Banks', *New York Review of Books,* November.

Rostow, W., 1976, *The World Economy : History and Prospect,* Austin, Texas, University of Texas Press.〔坂本二郎・内藤能房・足立文彦訳『大転換の時代：世界経済 21 世紀への展望』(上，下) ダイヤモンド社，1982 年〕

Rostow, W., 1978, *Getting from Here to There,* New York, McGraw Hill.〔坂本二郎・足立文彦訳『二十一世紀への出

発――ケインズ経済学を超えて』ダイヤモンド社，1980年〕

Rostow, W., 1980, *Why the Poor Get Richer and the Rich Slow Down,* London, Macmillan.

Rowthorn, R., 1980, *Capitalism, Conflict and Inflation,* London, Lawrence and Wishart.〔藤川昌弘他訳『現代資本主義の論理』新地書房，1983年〕

Ruckdeschel, F., 1975, 'Risk in Foreign and Domestic Lending of US Banks', *Columbia Journal of World Business,* Winter.

Rueff, J., 1971, *Le Péché monétaire de l'occident,* Paris, Plon.〔長谷川公昭・村瀬満男訳『ドル体制の崩壊』サイマル出版会，1973年〕

Rustow, D. and Mugno, J., 1977, *OPEC-Success and Prospects,* Oxford, Martin Robertson.

Rustow, D., 1983, *Oil and Turmoil,* New York, Norton.

Sampson, A., 1981, *The Money Lenders,* London, Hodder & Stoughton.〔田中融二訳『銀行と世界危機』TBSブリタニカ，1982年〕

Schumpeter, J., 1939, *Business Cycles,* 2 vols., New York and London, McGraw Hill.〔吉田昇三監訳『景気循環』全5巻，有斐閣，1958-64年〕

Scitovsky, T., 1977, *The Joyless Economy,* London, Galaxy.〔斎藤精一郎訳『人間の喜びと経済的価値――経済学と心理学の接点を求めて』日本経済新聞社，1978年〕

Shonfield, A., ed., 1976, *International Economic Relations in the Western World 1957–71,* Introduction to Vol. 1, Oxford University Press.

Simmel, G., 1907, *Die Philosophie des Geldes,* Leipzig ; 1978, translated as *The Philosophy of Money,* by T. Bottomore

and D. Frisby.〔『ジンメル著作集』第2, 3巻，元浜清海・居安正ほか訳『貨幣の哲学』白水社，1976年〕

Spero, J., 1980, *The Fall of the Franklin National Bank,* New York, Columbia University Press.

Stewart, E., 1985, 'Banks, Governments and Risk Medium-Term Syndicated International Capital Market Loans to Nigeria, 1977-83', unpublished London University Ph.D. thesis.

Stewart, F., ed., 1982, *International Financial Cooperation,* London, Frances Pinter.

Stoffaes, C., 1979, *La grande menace industrielle,* Paris, Calmann-Levy.

Strange, S., 1971, *Sterling and British Policy,* London, Oxford University Press.

Strange, S., 1976, 'International Monetary Relations', Vol. 2 of A. Shonfield, ed., *International Economic Relations of the Western World 1959-71,* Oxford University Press.

Strange, S., 1981, 'Reactions to Brandt', *International Studies Quarterly,* 25, 2.

Strange, S. and Tooze, R., eds., 1982, *The International Management of Surplus Capacity,* London, Allen & Unwin.

Strange, S., 1983, 'The Credit Crisis', *SAIS Review,* Washington, Summer.

Swoboda, A., 1980, *Credit Creation in the Euromarket : Alternative Theories and Implications for Control,* New York, Group of Thirty Occasional Paper No. 2.

Tobin, J., 1984, 'Unemployment in the 1980s : Macroeconomic Diagnosis and Prescription,' in A. Pierre, ed., *Unemployment and Growth in the Western Economies,* New York, Council on Foreign Relations.

Triffin, R., 1960, *Gold and the Dollar Crisis,* New York, Yale University Press ; first appeared in Banca Nazionale del Lavoro, *Quarterly Review,* June 1960.〔村野孝・小島清監訳『金とドルの危機』勁草書房，1961 年〕

Triffin, R., 1964, *The Evolution of the International Monetary System,* Princeton Studies in International Finance, Princeton University Press.〔柴田裕・松永嘉夫訳「第一部国際通貨制度の発展：1815-1965」『国際通貨制度入門：歴史・現状・展望』ダイヤモンド社，1968 年〕

Triffin, R., 1966, *The World Money Maze,* New Haven, Yale University Press.

Tsoukalis, L., ed., 1985, *The Politics of International Monetary Relations : towards a new International Economic Order,* London, Sage.

Tumlir, J., 1983, 'The World Economy Today : Crisis or New Beginning ?', National Westminster Bank *Quarterly Review,* August, pp. 26-44.

Vaubel, R., 1978, *Strategies for Currency Unification,* Tübingen, Mohr.

Vernon, R., 1971, *Sovereignty at Bay,* New York, Basic Books.〔霍見芳浩訳『多国籍企業の新展開——追いつめられる国家主権』ダイヤモンド社，1973 年〕

Versluysen, E., 1981, *The Political Economy of International Finance,* Farnborough, Gower.

Wallerstein, I., 1974, *The Modern World System,* London, Academic Press.〔川北稔訳『近代世界システム』全 2 冊，岩波書店，1981 年〕

Wallerstein, I., 1979, *The Capitalist World Economy,* Cambridge and London, Cambridge University Press.

Whitman, M. von N., 1984, 'Persistent Unemployment : Eco-

nomic Policy Perspectives in US and Europe', in A. Pierre, *Unemployment and Growth in the Western Economies,* New York, Council on Foreign Relations.

Williamson, J., 1977, *The Failure of World Monetary Reform, 1971-7,* New York, University Press.

Wohlers Scharf, T., 1984, *Arab Banking,* OECD Development Centre.